W9-BQK-466

Исай Шоулович
Давыдов

SOS

НАУЧНЫЕ ПРОБЛЕМЫ МОРАЛИ, СЧАСТЬЯ, ДОЛГОЛЕТИЯ И БЕССМЕРТИЯ

ТОМ 4

International Scientific Center

1

Исай Шоулович Давыдов

ДУША И ТЕЛО
УМ И МОЗГ

SOUL AND BODY

International Scientific Center,

Нью-Йорк 2008

Исай Шоулович Давыдов

ДУША И ТЕЛО

SOUL AND BODY

Joseph Davydov
International Scientific Center,
17 Filbert Lane,
Palm Coast, FL 32137
United States of America

Library of Congress Catalog Number: 2007940764

ISBN: 0-9630594-7-5

Printed in the United States of America

О Боже! Дай мне мудрость для того, чтобы я мог четко и безошибочно отличать истину от лжи, добро от зла, любовь от ненависти, друзей от врагов, отвратимое от неотвратимого. Дай мне творческие способности для того, чтобы я мог познавать истину и созидать добро, чтобы сеять любовь и дружбу между людьми. Пусть пламя сердца моего и искры познаний моих проложат путь к вечному счастью и подлинному бессмертию души человеческой. Пошли мне удачу для того, чтобы я мог искоренить ложь и зло, ненависть и вражду. Дай мне силу воли для того, чтобы принять спокойно, без сожаления и боли те невзгоды, которые мне не дано предотвратить. Чтобы познавать истину, я бросаюсь в пучину невзгод только потому, что ты хочешь этого. И если злые силы свяжут мне руки, то разорви роковые цепи! Аминь!

♡♡♡♡♡♡♡♡♡♡♡♡♡♡♡♡♡♡♡♡♡♡♡♡♡♡

Всем хорошим во мне я обязан прежде всего Богу, а затем отцу, учителю и другу моему Шоулу бар Мэттио. Эта книга посвящается его светлой памяти.

Исай Шоулович Давыдов
(Йохай бар Шоул)

Автор — Исай Шоулович Давыдов
в трауре по поводу смерти отца своего
в мае 1983 года

Сведения об авторе

Давыдов Исай Шоулович получил ученую степень кандидата технических наук в 1967 году в Московском Энергетическом институте (СССР) и лицензию профессионального инженера в 1990 году в штате Нью-Йорк (США). Ныне действительный член Нью-Йоркской Академии наук (NYAS) и президент Интернационального Научно-Исследовательского центра в Бруклине (ISC). Он является автором многих интересных теоретических разработок – таких, как: рациональное решение нерешенных дифференциальных уравнений с периодическими коэффициентами, теория осциллирующей вселенной, теория сотворения и сохранения энергии и т.д.

Им открыты новые законы, такие, как: закон развития материальных категорий по замкнутому циклу и закон развития идеальных категорий по логарифмической спирали.

И.Ш.Давыдов опубликовал более 40 научных работ, в том числе книги "Миры", "Сотворение и эволюция", "Познание истины", "Бытие" и "Номогенезис", в которых впервые научно доказал объективное существование Абсолютного Бога и иных (нефизических) миров.

В 1975 году, после того как "научному" атеизму пришлось безоговорочно признать бесспорный факт расширения Вселенной, преподавателям всех высших учебных заведений СССР было "предложено" повысить свое образование по "научному" атеизму в целях профилактики, чтобы "случайно не впасть в религиозное заблуждение". Вот и пришлось доценту И.Ш.Давыдову в 1977 году успешно

6

окончить Университет Марксизма-Ленинизма по "научному" атеизму, где он окончательно утвердился в своих... научно-религиозных убеждениях.

В последние годы Исай Давыдов разработал ряд научных теорий, результаты которых предполагается опубликовать в шести томах:

ПОЗНАНИЕ ИСТИНЫ (том 1). Философские, научные и математические доказательства бытия Абсолютного Бога и бессмертия души человеческой.

БЫТИЕ (том 2). Необходимым условием для решения комплекса проблем счастья, долголетия и бессмертия является прежде всего гармония между личностью и окружающим миром. Человек может установить эту гармонию только лишь в том случае, если знает истину о структуре мира. Этому вопросу и посвящается данная книга.

ЗАПРОГРАММИРОВАННОЕ РАЗВИТИЕ ВСЕГО МИРА, том 3. Всякое эволюционное развитие происходит однозначно под воздействием законов природы. Полный свод всех законов природы представляет собой единую программу всеобщего развития материи. Законы не бывают без законодателя, программы не бывают без программиста. Так кто же является интеллектуальным Творцом законов природы и идеальной программы однозначного развития всего мира???

ДУША И ТЕЛО, том 4. Кто есть человек: материальный организм или идеальный дух? Есть ли у человека душа? Если "да", то где она находится? Почему мы не видим ее "своими собственными

7

глазами"? Почему мы не можем "пощупать ее своими собственными руками"? Как протекает сигнально-информационная связь между душой и телом? Почему развивается и умирает организм человека? Умирает ли при этом душа? Целесообразна ли своевременная физическая смерть, сбрасывающая накопленную погрешность организма? Возможна ли жизнь после смерти?

СОВЕРШЕННАЯ ЦИВИЛИЗАЦИЯ, том 5. Бог создал человека по образу и подобию своему. А человек должен построить совершенную цивилизацию по образу и подобию своего организма. Необходимым условием для решения этой проблемы и построения Рая на бренной Земле является гармония между личностью и обществом. Человек может установить эту гармонию только лишь в том случае, если знает, что он должен делать для этого. Этому вопросу и посвящается данная книга.

С книгами Исая Шоуловича Давыдова вы можете ознакомиться в крупнейших библиотеках США, России, Израиля, Канады и Японии.

1
ЛИЧНОСТЬ ЧЕЛОВЕКА

> Фундаментальной сутью каждого человека является его невесомая и незримая личность, которая всегда остается сама собой и никогда не меняется.
>
> Исай Давыдов

Я хочу начать эту книгу с самого простого, самого конкретного, самого важного и в то же время самого сложного вопроса: кто есть я "сам" или кто есть ты "сам"?

– Кто есть "Вы"? – спрашиваю я.

– Смешной вопрос! – восклицает первый.

– Я есть я – отвечает второй.

– Но что представляет собой это "я"? – спрашиваю я.

– Я – живое существо! – говорит третий.

– Но слоны, львы и кошки – тоже живые существа,. – возражаю я.

– Я – человек, – говорит первый.

– Но людей на свете много, – возражаю я опять.

– Меня зовут Емеля, – говорит третий.

– Но на свете много людей, которых зовут "Емелями". Входят ли все они в понятие вашего "я"? – спрашиваю я.

– Нет, конечно! Я есть только лишь данный Емеля, конкретный человек, – отвечает он.

– Но кого или что представляет собой конкретный человек, которого вы называете "я"? –

спрашиваю я.

– Мое конкретное "я" есть весь мой живой организм, состоящий из множества моих органов, таких, как мозг, голова, сердце, легкие, желудок, печень, руки, ноги и т.д., – говорит атеист.

– Под термином "мои" Вы имеете в виду органы, которые являются "вашими", т.е. принадлежат именно Вам, а не кому-нибудь другому. Но эти органы вовсе не есть Вы **сами**.

– Я есть все мое биологическое тело, весь мой живой организм.

– Вы опять употребили термины "мое" и "мои". Это значит, что данный организм принадлежит Вам, но не есть Вы сами. В самом деле: хотели бы Вы иметь более красивые, здоровые, выносливые, сильные руки и ноги, чем те, которые у Вас есть?

– Конечно!

– Согласились бы Вы заснуть со старыми и больными ногами, а проснуться с новыми и здоровыми ногами?

– Да.

– Перестали бы Вы быть самим собой от такого рода смены рук или ног?

– Нет.

– Если бы ваше сердце было безнадежно больным, то согласились бы Вы на гарантированную и безболезненную пересадку совершенно здорового сердца?

– Да.

– Перестали бы Вы быть самим собой от такой пересадки?

– Нет.

– Если бы ваш мозг был безнадежно больным, то согласились бы Вы заснуть с больным мозгом и проснуться безболезненно с другим совершенно здоровым мозгом?

– Да.

– Перестали бы Вы быть самим собой от такого рода безболезненной пересадки мозга?

– Нет.

– Можно ли найти на свете старика, который не хотел бы стать молодым?

– Нет.

– Если Вам стукнет 70, то хотели бы Вы стать молодым, таким, каким Вы были в 18-20 лет?

– Конечно!

– Если бы Вы стали глубоким стариком, то согласились бы Вы на безболезненную замену всех ваших одряхлевших органов на новые, совершенно здоровые и молодые?

– Конечно.

– Перестали бы Вы быть самим собой от такой полной замены всего вашего материального организма, всего вашего биологического тела?

– Нет. Но это невозможно! Это всего лишь ваша фантазия, а не объективная действительность! – возмущается атеист.

– Вовсе нет! – отвечаю я. – Это как раз то, что происходит в объективной действительности.

– Как???

– Чтобы ответить на этот вопрос, представляется целесообразным предварительно проделать следующие мысленные эксперименты.

Эксперимент первый.

Представим себе, что вы купили старую легковую машину, которая состоит из некоторого количества старых деталей и узлов. Затем каждый месяц в своей машине вы заменяете по одному узлу: старый узел снимаете и выбрасываете, а новый узел покупаете и устанавливаете. Так, шаг за шагом вы заменили двигатель, трансмиссию, аккумулятор, корпус, рессоры, колеса и т.д. Если вы замените в вашей машине последний узел или последнюю деталь, то от вашей старой машины ничего не останется. У вас теперь будет совершенно другая ("новая") машина, даже в том случае, если она будет точно такой же, как и старая.

Эксперимент второй.

Представим себе, что вы купили старый дом, который состоит из некоторого количества старых узлов и кирпичиков. Затем вы заменяете все старые узлы новыми. Если из этого дома каждый раз вы будете удалять по одному старому кирпичику и вставлять вместо него новый кирпичик, то через некоторе время все кирпичики станут новыми. Если вы замените последний узел или последний кирпичик, то от вашего старого дома ничего не останется. У вас теперь будет совершенно другой новый дом даже в том случае, если он будет точно такой же, как и старый.

Эксперимент третий.

Из биологии известно, что физическое тело человека обновляется полностью за 4 года. Каждая ткань, каждая клетка, каждая молекула, каждый атом, каждые элементарные частицы живого организма непрерывно выбрасываются и обновляются. Отработавшие элементы живого тела выбрасываются наружу, как ненужный шлак, и заменяются новыми. От материального тела, которое вы считали своим несколько лет тому назад, ныне не осталось ни одного атома, ни одной элементарной частицы. Все они ныне образуют новые соединения вне вас и гуляют где-то в просторах Вселенной.

То, что вам кажется сейчас вашей плотью, несколько лет тому назад могло быть плотью какого-нибудь другого живого организма, а через несколько лет оно может стать частью растения или какой-нибудь неживой материи. Через несколько лет от вашего нынешнего материального тела не останется ни одного атома, ни одной частички. Все они покинут вас навсегда и будут странствовать в составе других соединений где-то далеко. Вместо них в вашем теле будут функционировать другие атомы и молекулы, которые сейчас не имеют ничего общего с вами. Если вы выпили стакан воды, то эта вода, которая ныне не имеет ничего общего с вами, через 10 – 20 минут станет частью вашего организма.

У человека ежедневно погибает и восстанавливается около 70 миллиардов клеток кишечного эпителия и 2 млрд. эритроцитов, ([12], стр.262)

В живом организме человека ежесекундно умирает от 100 000 до 200 000 старых и рождается такое же количество молодых клеток. Ни один атом вашего тела не остается с вами пожизненно. За время всей вашей физической жизни все ваше тело обновляется полностью много раз. Все атомы физического организма многократно умирают и обновляются полностью в то время, как сам человек продолжает жить. Однако, сам человек не замечает этого потому, что процесс гибели и обновления его тела происходит не сразу, не скачками, а постепенно, непрерывно и безболезненно.

Следовательно, если в материальной системе заменить все элементы новыми, то от старой системы ничего не остается. Такого рода заменой вы можете получить совершенно другую систему даже в том случае, если она будет точно такой же, как бывшая.

Если все "кирпичики" здания заменяются новыми, а здание остается, то оно становится другим.

Совершенно аналогично, когда все вещественные атомы живого организма заменяются новыми, а сам живой организм остается, то живой организм в физическом смысле становится совершенно другим.

Студенты МГУ приходят и уходят, а его студенческий состав остается, но это другой состав.

Люди приходят и уходят, а человечество остается. Но в физическом смыле это "другое человечество".

Англичане приходят и уходят, а англиский народ остается, но в физическом смысле – это уже "другой народ".

Дорогие читатели! Многие из вас думают, что Вы – это ваше тело, а я – это мое тело. Но так ли это на самом деле? Нет, не так. Прежде всего это не так по следующей причине. Само выражение "мое биологическое тело" недвусмысленно означает, что данное тело всего лишь "принадлежит" мне, но оно не есть я сам. Аналогично, выражение "твое биологическое тело" недвусмысленно означает, что данное тело всего лишь "принадлежит" тебе, но оно не есть ты сам.

Кроме того, любой человеческий организм состоит из несметного множества клеток, которые рождаются и умирают так, что через четыре года весь организм полностью обновляется. От того организма, который пренадлежал ранее Вам, через четыре года ничего материального не остается: ни одной клетки, ни одной молекулы, ни одного атома, ни одной элементарной частицы. На протяжении всей вашей жизни все ваши физические органы многократно возрождаются, изменяются и умирают, а Вы остаетесь самим собой.

Эксперимент четвертый.

Возьмите три ваших фотографии, сделанные в разное время: например, в 5 лет, в 25 лет и в 55 лет. Положите их перед собой и постарайтесь дать правильный ответ на мой вопрос: на которой из них запечатлена ваша подлинная личность? Ваше "Я"? Многие из вас укажут на последнюю, ибо она ближе к вам по времени сегодня. Однако, на самом деле ни на одной из них не изображена ваша подлинная личность, ваше постоянное и фундаментальное "Я". На них изображено ваше бренное тело, которое непрерывно обновляется, рождаясь и умирая.

В этой книге на стр. 18 – 20 я привожу три фотографии моего отца Шоула бар Мэттио, заснятые в разное время:

Шоул бар Мэттио   27 декабря 1914
Шоул бар Мэттио   9 мая 1945
Шоул бар Мэттио   27 декабря 1981

Тогда я задаю вопрос: на каком же из этих трех снимков изображен в действительности мой отец сам? Ни на каком. На них изображено зримое, но непрерывно изменчивое тело моего отца. Однако на них не изображена его незримая и неизменная личность. Это значит, что человек имеет двойственную структуру: бренную материальную форму и незримое духовное содержание.

Если ты считаешь, что ты – это твое тело, то почему ты сына своего или мать свою не считаешь собой? Ведь ты есть отделившаяся часть от тела матери.

Если атеист считает, что он – это его тело, то ему следует напомнить, что любое биологическое тело состоит из множества клеток, которые непрерывно рождаются и умирают, поочередно сменяя друг друга, так, что биологическое тело полностью обновляется каждые четыре года. У семилетнего мальчика ничего физического не осталось из того тела, которое у него было в шестимесячном возрасте. Юноша имеет совершенно новое, полностью обновленное физическое тело, в сравнении с тем телом, которое он имел в семилетнем возрасте. А тело старика не сохранило ни одного старого атома, ни одной старой молекулы своего юношеского или детского тела, хотя его "я" остается тем же самым от момента рождения до самой смерти. Следовательно, ваше "я" есть вовсе не ваше тело. Но что же это?

Весомое и зримое биологическое тело индивидуального человека многократно рождается и умирает даже на протяжении одной его физической жизни. Тем не менее человек всегда остается самим собой: и тогда, когда он рождается; и тогда, когда он взрослеет, и тогда, когда он становится глубоким стариком.

Следовательно, фундаментальной сутью индивидуального человека является то, что остается самим собой на всю жизнь, а не бренное тело его, которое непрерывно меняется. Вот такую фундаментальную суть человека, которая и есть "я сам" или "ты сам", мы называем личностью.

Личность (self) – верховный центр и фундаментальная суть человека, которая остается всегда постоянной и неделимой. Если личность расчленить на части, то личность перестает быть личностью. Бренное тело человека в силу своей бренности не может содержать в себе ничего постоянного. Поэтому личность человека может быть только лишь идеальной категорией, она не может быть материальной.

Из сказанного ясно, что **весомое и зримое бренное тело человека является материальной (но менее важной!) категорией. А невесомая и незримая личность является идеальной (но более важной!) категорией.**

И сказал Господь Бог так: "Человек состоит из духа и плоти, а плоть есть прах. Если дух будет побежден плотью, то я сделаю пределом жизни человеческой сто двадцать лет, вместо одной тысячи".

Книга Бытия [1], 6–3.

Шоул бар Мэттио   27 декабря 1914 года

Шоул бар Мэттио 9 мая 1945 года

Шоул бар Мэттио 27 декабря 1981 года

2
БИОЛОГИЧЕСКИЕ КЛЕТКИ

1. Биологические клетки

Человек – это относительное подобие Абсолютного Бога; физический образ нефизического Творца. Человек имеет двойственную структуру: материальную (физическую) форму и идеальное (нефизическое) содержание.

Идеальное содержание человека представляет собой незримую, невесомую и бестелесную категорию, которая состоит в основном из генетической программы, души и психики.

Материальная форма человека представляет собой весомое и зримое физическое тело автоматического самоуправления. Фундаментальную суть этого тела в биологии принято называть организмом. Но тогда возникают вполне резонные вопросы: из чего состоит организм человека и как он функционирует?

Естественными науками достоверно установлено, что "строительными кирпичиками" всех известных нам живых организмов, от мельчайшего микроба до самого крупного млекопитающего, являются биологические клетки. Организмы могут быть как многоклеточными, так и одноклеточными. Наиболее сложными и наиболее совершенными являются биологические клетки человеческого организма.Организм человека состоит примерно из 10^{14} различных биологических клеток

Биологические клетки – "элементарные кирпичики", из которых построены все биологические системы и организмы.

Все биологические клетки в рамках своего организма имеют общее назначение и не могут существовать друг без друга. В то же время каждая из них выполняет свою определенную функцию и зависит от всех других клеток организма.

Каждая клетка ограничена от окружающей среды мембраной. Во внутреннем строении биологической клетки различают ядро и цитоплазму, которые ограничены друг от друга также мембраной. В состав любой живой клетки входят два основных класса молекул: белки и нуклеиновые кислоты.

2. Белок и аминокислоты

Молекула белка состоит из двадцати аминокислот, которые могут создавать огромное количество различных комбинаций. Последовательность аминокислот в молекуле белка определяет функцию или норму поведения белка.

Совокупность всех этих аминокислот можно образно назвать **биологическим алфавитом**, а каждую аминокислоту в отдельности – **биологической буквой**. Белок образно можно сравнить со словом или даже целым предложением, где каждая буква есть аминокислота. Если каждое сочетание букв языкового алфавита придает слову конкретный смысл, то каждое сочетание аминокислот придает белку конкретное функциональное свойство или качество.

3. Нуклеиновые кислоты

В живых клетках содержатся два типа нуклеиновых кислот:

ДНК – дезоксирибонуклеиновая кислота и

РНК – рибонуклеиновая кислота.

Как и любая другая материальная система, биологическая клетка рождается, развивается, стабильно функционирует, стареет, умирает и снова рождается. Умирая и рождаясь вновь, биологическая клетка должна сохранить молекулярный код, определяющий норму ее поведения.

В живом организме человека ежесекундно умирает от 100 000 до 200 000 старых и рождается такое же количество молодых клеток.

Молекула ДНК обладает замечательным свойством в точности воспроизводить копию и самой себя, и той живой клетки, в которой она находится. Благодаря молекуле ДНК, любая старая клетка может делиться на две новые клетки, каждая из которых содержит в себе полный и точный код передаваемой по наследству генетической информации. Если бы молекула ДНК не умела делать этого, то умирающие клетки не могли бы восстанавливаться и биологическая жизнь человеческого организма оказалась бы невозможной вообще.

Молекула ДНК представляет собой своеобразный четырехбуквенный алфавит биологической жизни, передающий по наследству генетический код от "родителей" к "детям" и состоящий в основном из следующих четырех химических агентов: аденина, тимина, гуанина и цитозина.

ДНК локализирована в ядре клетки и не выполняет всю работу сама. Как великолепный администратор, она создает своих собственных помощников. Одним из таких помощников является РНК, которая локализирована как в ядре, так и в цитоплазме. Если ДНК "программирует" процесс синтеза белков, то РНК эту программу исполняет практически.

В генетическом коде молекулы ДНК зашифрована вся наследственная информация и норма поведения живой клетки. Если речь идет о ДНК в оплодотворенной яйцеклетке женщины, то одни фрагменты наследственных кодов она наследует у сперматозоида отца, а другие фрагменты – у яйцеклетки матери. В такой молекуле ДНК оплодотворенного яйца содержится новый генетический код с отцовскими и материнскими элементами, который однозначно определяет не только поведение самого человека в будущем, но и всех его поколений.

Этот генетический код содержит полную инструкцию о цвете глаз, о работе мозга, о ритме сердца, о вкусовых склонностях, о поведении и всех других атрибутах конкретного человеческого организма. Генетический код управляет работой всего физического организма конкретного человека, но он никоим образом не влияет на идеальную душу человеческую. Если бы такой генетический код нам удалось записать на бумаге, то эта запись заняла бы сотни толстых томов. Несмотря на такое колоссальное содержание, молекула ДНК очень мала, она весит всего лишь 10^{-12} граммов.

3
ГЕНЕТИЧЕСКАЯ ПРОГРАММА И ГЕНЕТИЧЕСКИЙ КОД

> Человек – это сложнейшая само-
> регулирующаяся система. Она работает
> по определенным программам.
> Виктор Пекелис ([67], стр.163)

Материальной формой человека является **его биологический организм**. Известно, что материя не может мыслить и желать. Это значит, что материальный организм человека не содержит в себе самом ничего идеального, ни ума, ни воли. Но тогда возникает вполне резонный вопрос: кем или чем управляется целесообразное движение, изменение и развитие человеческого организма?

1. Генетический код

Ген – материальный носитель наследственности, единица наследственного материала, определяющая формирование элементарного признака в живом организме.

Генетический код – это молекулярная "запись", существующая в биологической клетке и управляющая автоматически организмом человека, его органами, системами и элементами (материальная категория, передаваемая по наследству от "родителей" к "детям", от умирающей клетки к новорожденной).

Генетическая программа – это смысловое содержание генетических кодов (идеальная категория, созданя Абсолютным Богом и существующая вне физической Вселенной). **Генетическая информация** – элемент генетической программы.

Совокупность всех генов, однозначно определяющая норму поведения того или иного конкретного организма, мы называем **генетическим кодом организма** или просто **генетическим кодом**. Совокупность всех генов, однозначно определяющая норму поведения того или иного конкретного органа (или конкретной системы) человеческого организма, мы называем **генетическим кодом** соответствующего органа или системы.

Например, сердце человека работает по генетической программе, закодиранной в нем. Мозг человека работает по генетической программе, закодиранной в мозгу. Мозг, сердце, печень, легкие, желудок и все другие органы человека работают по генетической программе, закодированной в них извне. Работа органов человека определяется автоматически генетическими кодами независимо от сознания и воли человека.

Неживая материя имеет всего лишь одну степень "свободы", которая по сути дела является для нее необходимостью. Неживая материя исполняет "команды" законов природы бессознательно и слепо, но относительно точно.

Совершенно аналогично, живой организм имеет всего лишь одну степень запрограммированной "свободы", которая по сути дела является для него необходимостью. Живой организм исполняет "команды" генетических кодов бессознательно и слепо, но довольно точно. Образно выражаясь, **организм** – это биологическое подобие электронного компьютера, не обладающее никакой осознанной свободой, никакой волей, никаким умом и никакими идеальными атрибутами вообще.

Относительной свободой выбора обладает не физический организм и не его материальные генетические коды, а невесомая и незримая идеальная душа человека и ее собственная воля, которые не обладают никакой массой, никаким объемом и никакими материальными атрибутами вообще.

Молекулярные (физические и неразумные) генетические коды управляют работой всего материального (физического и неразумного) организма человека слепо, бессознательно, однозначно и без всякой свободы выбора.

Идеальная (нефизическая и интеллектуальная) душа управляет всей интеллектуальной деятельностью человека сознательно с ограниченным множеством степеней собственной свободы. Ограниченность свободы души человеческой прежде всего выражается в том, что она не может повлиять на качество работы своего организма и его органов. Например, она не может излечить больное сердце или легкие.

2. Генетическая программа

Все гены и генетические коды яляются материальными категориями, которые передаются по наследству. Поэтому согласно основному закону природы, генетический код человеческого организма, как материальная категория, не мог бы существовать без своей идеальной противоположности, которую мы называем **генетической программой.** Если нет смыслового содержания, то нет и не может быть и его материальной записи. Современной биологией достоверно установлено объективное существование генетической программы, которая полностью определяет поведение и физическое развитие человеческих организмов.

Законы не бывают без законодателя, а программы не бывают без программиста. Поэтому атеизм обязан признать Бога не только как Творца законов природы, но и как Творца генетической программы.

Я далек от мысли о том, что такие гиганты научной мысли, как А.А.Ляпунов, А.Н.Колмогоров, И.С.Шкловский, А.Е. Кобринский и другие материалисты, якобы не понимают качественную разницу между идеальным и материальным. Однако по долгу службы они были обязаны угождать тоталитарному атеизму и поэтому вынуждены сделать одну и ту же непростительную ошибку: отождествлять идеальную генетическую программу с ее материальным кодом, а идеальный интеллект человека с искусственным интеллектом кибернетической машины, которая может "понимать" только лишь материальные коды, но никогда не научится понимать саму идеальную информацию. Приходится только надеяться, что современное человечество сочтет нужным освободить умы ученых от тяжелой обязанности путать идеальное с материальным.

3. Единственная генетическая программа и многообразие генетических кодов, см. [27], стр. 363.

Для каждого вида живых организмов существует одна-единственная генетическая программа, созданная Абсолютным Богом: для всех людей –

одна, для всех обезьян – другая, для всех лошадей – третья и т.д. Поэтому скрещивание обезьяны с человеком не дает плодовитого потомства и происхождение человека от обезьяны не представляется возможным. В этом смысле все люди одинаковы и похожи друг на друга.

В то же время наукой достоверно установлено, что биологические клетки и генетические коды каждого человеческого организма отличаются от всех других. Любая клетка каждого индивидуума уникальна и неповторима в других организмах. Например, в мире невозможно найти двух людей, у которых отпечатки пальцев были бы одинаковы. **Генетическая программа одна-единственная для всех людей. В то же время генетические коды у всех людей разные.**

Этим обстоятельством в настоящее время успешно пользуется судебная медицина. Так, например, в начале 1988 года Верховный Суд штата Нью-Йорк утвердил положение о том, что генетическое строение молекул в биологических клетках человеческого тела и крови является таким же веским вещественным доказательством в суде, как и отпечатки пальцев. Сравнение вещественных частиц семенной жидкости и крови помогло уже во многих случаях раскрыть и доказать виновность преступников. Тогда я задаю вопрос: почему на одну-единственную общую генетическую программу всего человеческого рода существует такое неограниченное множество индивидуальных генетических кодов?

Генетическая программа человека, как и смысловое содержание всех законов природы, существует вечно в ином, Идеальном Мире (а не в материальном) . Поэтому она никогда не накапливает никаких погрешностей, всегда остается постоянной и неизменной. Генетический код каждого человека, несущий идеальную программу в этом, Материальном Мире (а не идеальном), рождается, накапливает погрешность, умирает и снова рождается много-много раз. Многократно передавая генетическую информацию от одного поколения к другому, генетический код каждый раз приспосабливается к условиям внешней среды и особенностям своих предков (как к физическим, так и к нефизическим, духовным). Такого рода непрерывное изменение генетических кодов, передающих генетическую информацию из поколения в поколение, мы называем **мутацией**.

Генетическая программа является постоянной и абсолютно точной, а генетический код – относительно точной, бренной и непрерывно изменчивой категорией.

Изменения генетических кодов человеческого организма происходят не только под воздействием внешней среды, но и под влиянием интеллектуальных и волевых качеств человека.

Родители и дети выдающихся людей были обычными (невыдающимися) людьми. Ни предки, ни потомки Пушкина или Лермонтова не были известными поэтами. Ни предки, ни потомки Альберта Эйнштейна не были столь известными учеными по физике или математике. Ни предки, ни потомки Эдисона не были крупными изобретателями. Ни предки, ни потомки рабби Акиба не были столь известными и знаменитыми и т.д. Это обстоятельство свидетельствует о том, что генетические коды, передаваемые по наследству от родителей к детям, являются не главным, а всего лишь второстепенным механизмом, определяющим интеллектуальные способности человека.

Основным и главным механизмом, определяющим интеллектуальные качества человека, являются не генетические коды, а идеальная душа, которая косвенно корректирует генетические коды своего организма на свой лад.

4. Элементарные уровни генетических кодов

Рассмотрим частный пример, который нередко встречается в практической жизни: правнук похож на бабушку своего деда. И это неудивительно. Удивление вызывает то, что никто из промежуточных поколений, передающих наследственную информацию от данной прабабушки к данному правнуку, на них не похож. У дочери, у внука, а также у внучки дочери нет никаких генетических кодов, записанных на молекулярном уровне и унаследованных от данной конкретной прабабушки.

Тогда я задаю вопрос: что представляет собой и где находится тот генетический код, в соответствии с которым правнук унаследовал внешность и черты характера от бабушки своего деда? На каком уровне передается генетическая информация от прабабушки к внуку внука, если ни одно промежуточное поколение не содержит в себе никаких молекулярных кодов такого рода информации?

Генетические коды, передаваемые от прадеда к правнуку, через посредство отцов и дедов, у которых нет этих кодов на виду, свидетельствуют о том, что у генетических кодов, весомых и зримых, есть свои генетические коды более высокого ранга, невесомые и незримые.

Поведение весомого и зримого биологического организма определяется генетическим кодом, записанным на молекулярном уровне. Вес и объем этих молекул в миллионы раз меньше, чем вес и объем управляемого живого организма. Однако качество молекулярных генетических кодов выше в несметное количество раз, чем качество управляемого живого организма. Это вовсе не означает, что никто или ничто не определяет поведение молекул ДНК, ибо согласно закону причины и следствия, всякое движение или развитие протекает под воздействием внешних причин. Это значит, что у молекул ДНК есть свой "управляющий", свой генетический код, записанный на элементарном уровне. Вес и объем элементарных генетических кодов в миллионы раз меньше, чем вес и объем молекулярных генетических кодов. Однако качество элементарных генетических кодов выше в несметное количество раз, чем качество молекулярных генетических кодов.

Согласно диалектическому закону перехода количества в качество, такого рода уменьшения количества (веса) "управляющих" кодов не может продолжаться до фантастической бесконечности без изменения качества весомости. Поэтому у генетических кодов, записанных на уровне весомых элементарных частиц, должен быть свой "управляющий" код, записанный на невесомом энергетическом уровне фотонов. Качество управления невесомых фотонных кодов должно быть в несметное количество раз выше, чем качество управления весомых кодов, записанных на элементарном уровне.

Согласно тому же закону перехода количества в качество, такого рода уменьшения количества материи, содержащиеся в управляющих кодах, не могут продолжаться до фантастической бесконечности без изменения качества материальности. Поэтому у материальных генетических кодов, записанных на каком-то уровне фотонов, должен быть "управляющий" генетический код, который не обладает никакими материальными атрибутами. Такого рода нематериальную категорию, определяющую поведение материальных генетических кодов, мы называем идеальной генетической программой

Таким образом, законы диалектики, такие, как: основной закон природы, закон перехода количества в качество и закон причины и следствия – фактически наносят сокрушительные удары по ключевым позициям "научного" атеизма, хотя формально атеизм только на них и держится. Поэтому признание законов диалектики неизбежно ведет атеизм к научной религии.

Человечество еще никогда не придумывало большую глупость, чем субъективное возражение против генетической программы, созданной Богом.

Генетики еще не было тогда, когда Дарвин писал свои книги. Дарвинизм без генетики – это все равно, что арифметика без чисел. Поэтому дарвинизм полностью опровергается генетикой.

4
ЛИЧНОСТЬ И ВОЛЯ

1. Идеальное содержние человека

Напомним читателю, что материальной формой человека является его бренное, весомое и зримое биологическое тело. На языке биологии это тело мы называем организмом. Все органы, элементы и системы человеческого организма находятся в состоянии непрерывного движения и изменения так и только лишь так, как предписано им законами природы и генетическими кодами, но никак иначе. Иначе говоря, организм человека движется, изменяется и развивается по генетической программе, закодированной в его биологических клетках.

Такое движение и изменение человеческого организма ни в коей мере не зависит от идеального интеллекта или нематериальной воли самого человека. Например, работа сердца, легких, мозга и других органов человека не зависит от воли самого человека. Однако, генетическая программа человека предписывает физическому организму в определеннных условиях подчиняться нефизической воле человека. Так например, человек может сесть, лечь или встать по своей собственной осознанной воле. Он может выполнять ту или иную интеллектуальную работу, стать инженером или врачом, поехать во Францию или Москву, жениться на Тане или Мане и т.д.

Таким образом, "живой" организм человека не обладает никакой осознанной свободой и поэтому остается "неразумной" категорией до тех пор, пока к работе материального организма не подключается нематериальная воля человека. Организм человека можно назвать "живым" в полном смысле этого слова лишь после того, как к работе организма подключаются такие идеальные категории, как идеальный интеллект и идеальная воля, делающие человека сознательным и свободным.

Это значит, что идеальное содержание человека является более важным, чем его материальная форма – бренное тело. Но тогда возникает вполне резонный вопрос: что же представляет собой это важное идеальное содержание человека?

Наиболее существенными атрибутами идеального содержания человека являются личность, воля и интеллект, без которых человек перестает быть человеком. Здесь ознакомимся с понятием воли.

Воля (will) – это источник целенаправленных желаний индивидуальной личности, целеустремленность идеального духа. Она оценивается количеством степеней ее свободы,

2. Необходимость существования воли

Все материальные элементы и системы обязаны беспрекословно подчиняться законам природы. Однако согласно основному закону природы, всякому действию должно соответствовать противодействие, а всякому подчинению должно потиводействовать стремление к освобождению. Материя не может испытывать никакого стремления вообще, потому что она неразумна и мертва. Следовательно, индивидуальную волю, стремящуюся освободить материю от полного подчинения всеобщим законам природы, следует искать вне материи и вне Материального Мира.

Поэтому индивидуальная воля души человеческой является идеальной категорией, которая должна была существовать даже тогда, когда не было никаких живых существ. В противном случае неживое вещество никогда не смогло бы превратиться в живое существо.

3. Воля и личность

Воля является существенным атрибутом личности, без которой личность перестает быть личностью. Если у человека отнять свободу выбора между добром и злом, то человек перестает быть человеком и превращается в неживое вещество. Воля является существенным атрибутом души, без которой душа перестает быть душой. Если у живой души отнять свободу выбора между добром и злом, то живая душа перестает быть живой душой и превращается в ничто. Поэтому Бог, создавая душу человеческую, даровал ей свободу выбора между добром и злом, но не дал ей права на ошибку. И если душа человеческая избирает путь зла, то Бог отбирает у нее эту свободу выбора и тем самым уничтожает ее.

4. Физическая потребность и воля

Физическая потребность живого организма не есть воля личности. Мало того, они представляют собой такие же противоположные категории, как материя и идея. Физическая потребность живого организма суть материальная категория в то время, как воля личности есть идеальная категория. Физическая потребность выражается действием

генетического кода, в то время как воля выражается духовной (идеальной) сутью человека.

Предположим, вы проголодались и "хотите"
кушать. В то же время у вас есть желание сбросить
излишний вес, и поэтому вы "не хотите" кушать.
"Хотению" вашего физического организма противопоставляется желание вашей идеальной души.
Тогда я задаю вопрос: кто вы есть на самом деле –
тот, кто "хочет" кушать, или же тот, кто "не хочет"
кушать в данный момент времени?

Если вы почувствовали голод и говорите, что
"хотите" кушать, то тем самым вы выражаете
потребность ваших генетических (физических) кодов, автоматически срабатывающих при голодании
вашего организма независимо от вашего желания.
Если же вы сознательно говорите, что "не хотите"
кушать, то тем самым вы выражаете желание (волю)
души своей избавить свое тело от излишнего веса.
Очень часто говорят так: физически я хочу есть
много, а умом своим я ограничиваю свои физические потребности, чтобы не растолстеть.

Вы – это ваша интеллектуальная личность,
воля которой вступает в целесообразный конфликт
с нецелесообразными потребностями вашего
физического организма.

Волевым мы считаем человека, который
подчиняет свои нецелесообразные физические
потребности целесообразным желаниям идеальной
души своей.

Любовь суть идеальная категория и поэтому
представляет собой духовную (а не физическую)
ценность. Половой акт в отличие от любви
представляет собой физическую, материальную

категорию, а не духовную, не идеальную. Многие люди вступают в половой акт без любви. Есть люди, которые вступают в половой акт даже с тем, кого ненавидят. Нередки случаи, когда человек презирает самого себя за свои половые прихоти. Поэтому любовь не есть половой акт. Половой акт – физическая потребность генетических кодов, любовь – духовная ценность идеальной души.

Другой пример: молодой парень страстно "хочет" физической близости с красивой женщиной. В то же время он категорически "не хочет" иметь с ней ничего общего, потому что испытывает отвращение к ее духовному миру. Стремлению генетических кодов материального тела к физической близости противопоставляется отвращение идеальной души к духовному уродству. Тогда я задаю вопрос: кто этот парень на самом деле – тот, кто стремится к физической близости, или тот, кто испытывает отвращение к духовному уродству?

Этот парень – интеллектуальная личность, воля которой вступает в целесообразный конфликт с нецелесообразными потребностями своего физического организма.

Если вы говорите: "Я хочу быть счастливым и бессмертным", то прежде всего возникает вопрос: какое именно понятие вы вкладываете в слово "я"? Законченный атеист считает, что он – это его тело. Верующий считает, что он – это его душа. Большинство людей не вкладывает в слово "я" никакого понятия. Они считают, что я – это есть я и все.. Однако незнание истины не решает проблему. Для решения проблемы счастья и бессмертия мы должны знать прежде всего, что фундаментальной сутью человека является личность, обладающая волей.

Осознанная воля человека есть идеальная категория, а физические потребности его организма – материальная категория. Их следует четко отличать друг от друга.

Некоторые ученые считают, что даже растения, как и животные, обладают своеобразной "нервной системой" и своеобразной "волей". Растения откликаются на такие внешние раздражения, как электрический ток, температура, свет, звук и т.д. Они устают и нуждаются в ночном отдыхе.

Однако растения "откликаются" на внешние раздражения не потому, что обладают своего рода неосознанной "волей", а потому что это закодировано в их биологических клетках. Любая "нервная система" всегда является материальной категорией, а не идеальной. Поэтому растения не обладают вовсе никакой волей и никакой свободой.

6. Критика атеизма

За последнее столетие в биологических науках были сделаны большие открытия. Однако, атеисты и материалисты продолжают придерживаться той формулировки, которую Фридрих Энгельс (1820-1895) дал еще в позапрошлом веке: "Жизнь есть способ существования белковых тел, существенным моментом которого является постоянный обмен веществ с окружающей их внешней природой...", ([88], стр.132) Эта формулировка не выдерживает вообще никакой научной критики по следующим пяти причинам.

Во-первых, она пытается раскрыть только лишь внешнюю форму жизни, способ ее внешнего проявления, в то время, как наука интересуется сущностью, внутренним содержанием жизни.

Во-вторых, белковые тела не обязательно являются живыми. Например, если в живом мясе содержится до 14% белка, то в неживой муке его содержится 11%, то есть всего на 3% меньше.

В-третьих, постоянный обмен веществ с окружающей природой происходит не только у живых тел, но и в неорганической природе. Например, земля и небо постоянно обмениваются водой: земля дает небу пары воды, а небо льет на землю дожди. Легковая машина, на которой вы едете, непрерывно потребляет бензин и отдает в окружающее пространство выхлопные газы. Но никому и в голову не придет мысль назвать вашу машину "живой".

В-четвертых, главенствующую роль в биологической жизни играют не белки, а нуклеиновые кислоты (ДНК и РНК). Конечно, белки являются важнейшими компонентами живой клетки. Но нуклеиновые кислоты являются еще более важными. Если белки можно назвать "исполнительными" компонентами живой клетки, то такую нуклеиновую кислоту, как ДНК, можно назвать "руководящей".

В-пятых, многие ученые в настоящее время считают, что жизнь возможна не только на молекулярном (белковом) уровне, но и на элементарном (небелковом) уровне, см. ([90],стр.205-206); ([26], стр.349, 375–382) .

40

Формулировка понятия "жизни", данная Фридрихом Энгельсом, настолько отстала от современных достижений науки и техники, что от нее начинают отходить даже сами материалисты. Например, крупный и талантливый ученый-материалист Иосиф Самуилович Шкловский пишет: "Конечно, обмен веществ есть существеннейший атрибут жизни. Однако, вопрос о том, можно ли сводить сущность жизни прежде всего к обмену веществ, является спорным. Ведь и в мире неживого, например у некоторых растворов, наблюдается обмен веществ в его простейших формах

Существенными недостатками старых гипотез о возникновении жизни на Земле, и в частности, гипотезы академика А.И.Опарина, является то, что они не опираются на современную молекулярную биологию... Эта задача далеко не простая и вполне удовлетворительного функционального определения основного понятия "жизни" пока не существует", ([90], стр.147-148)

Другой советский ученый А.А.Ляпунов рекомендует характеризовать живое существо как высокоустойчивую самоуправляемую молекулярную систему, которая содержит в себе генетическую программу размножения и эволюции. Такая формулировка живого существа является также несостоятельной, потому что она рассматривает живое существо (а не организм!), как кибернетическую систему, в которой нет никакого места для собственной воли и осознанной свободы. Кибернетическая система не является живым существом. Она не обладает основными качествами живого существа – интеллектом, волей и свободой. Поэтому функциональные (кибернетические) особенности не в состоянии отличить живое существо от неживого вещества.

Наукой достоверно доказано, что живое существо, как и неживое вещество, состоит из одинаковых материальных "строительных кирпичиков", из одинаковых элементарных частиц и атомов. Неживое вещество состоит из наиболее простых молекул, а живые организмы – из более сложных. Определенная часть атеистов на этом основании торжественно провозглашает, что живое существо и неживое вещество являются в равной степени материальными системами, которые друг от друга отличаются только лишь сложностью построения молекул.

Несостоятельность такой трактовки признается даже самими материалистами, например, академиком А.И.Опариным ([66], стр.3) В самом деле, живая материя примерно на 95% состоит из самых обыкновенных неживых атомов: водорода, углерода, азота и кислорода ([68], стр..43). Химический анализ живого организма убеждает нас в том, что больше половины нашего материального тела состоит из самой обыкновенной воды (H_2O). Каждый день человек выпивает несколько литров воды и такое же количество воды он выбрасывает наружу.

Разве неживая водопроводная вода становится живой после того, как я ее выпил? Разве вода, содержащаяся в нашем живом теле, становится неживой от того, что она испарилась в окружающее пространство? Конечно, нет! Вода, как была неживой, так и осталась неживой, независимо от того, где она находится: в теле человека, в водоеме или в составе дождевой тучи. То же самое мы можем сказать и о любом другом веществе, из которого состоит материальное тело любого живого организма. Следовательно, содержание жизни не определяется ни материальным телом, ни сложностью построения молекул, ни функциональными особенностями. Но чем???

На этот деликатный вопрос пытался ответить еще Платон (427-347 до н.э.), который считал, что в темницу нашего материального тела заключена идеальная душа. Позднее Фома Аквинский (1225-1274) писал, что "целесообразность живых существ не может быть сведена только к физическим явлениям. Она обусловлена наличием в живом теле (даже у растений) особого "жизненного принципа", имеющего первичное происхождение" ([66], стр.16). В настоящее время определенная часть ученых считает, что во всех живых организмах существует особая нематериальная жизненная сила. Такое научное течение в современной биологии называется витализмом. **Витализм** – научное течение в биологии, согласно которому во всех живых организмах существует особая нематериальная жизненная сила, ([88], стр.61)

Проблему происхождения жизни невозможно решить до тех пор, пока не будет дано четкое определение понятию "жизнь". Понятию "жизнь" невозможно дать четкое определение до тех пор, пока из понятия "живого существа" исключается его идеальное содержание, пока мы не откажемся от атеистических догм о "материализации духа".

Я предлагаю простое и четкое решение этой проблемы (как сказал бы Крылов: "а ларчик просто открывался").

Жизнь – это существование со множеством степеней осознанной свободы, ([26], стр.349-359) .

Живое существо – это неразрывное единство материального тела и идеальной души. Материализм и атеизм изучают только лишь весомую и зримую физическую форму живого существа, исключая из рассмотрения его невесомое и незримое идеальное содержание – интеллект и волю. Они напрасно и безнадежно ищут душу человека в элементарных частицах, атомах и молекулах его организма. Однако если бы не было идеальной души, то не было бы и физического организма живого существа.

5
ЖИВОЕ СУЩЕСТВО И НЕЖИВОЕ ВЕЩЕСТВО
([26], стр. 349–359)

1. Неживая материя и законы природы

Качество любого объекта мы оцениваем количеством степеней свободы, которыми он обладает. В зависмости от количества и качества степеней свободы мы различаем следующие формы физической реальности: неживая материя, биологический организм и живое существо.

Неживая материя (по Библии: "прах земной") не имеет никаких признаков жизни, она мертва. Движение, изменение и развитие неживой материи всецело зависит от законов природы и внешних условий. Неживая материя выполняет любую команду законов природы беспрекословно и слепо, не понимая их смыслового содержания. Она не обладает никакой свободой и никакой волей вообще.

Туча и дождь. Известно, что вода под действием солнечных лучей испаряется с поверхности морей и океанов. Пар поднимается вверх и образует тучи. Эти тучи проносятся над землей и льют дожди. При конкретных условиях вода не может не испаряться. Пар обязан превратиться в тучи. А тучи должны лить дожди. Вода (как неживое вещество) абсолютно равнодушно, слепо и совершенно четко выполняет частные предписания законов природы, полный свод которых представляет собой всеобщую программу движения, изменения и развития материи. У нее нет и не может быть никакого другого выбора, никакой свободы и никакой собственной воли.

Возьмем **металлический шарик** и покатим его по гладкой поверхности. Шарик будет двигаться строго прямолинейно. Он не завернет ни направо, ни налево. Если внешние силы не заставят его изменить направление движения, то он сам не сделает этого никогда. Шарик будет абсолютно равнодушно, слепо и совершенно четко выполнять предписание закона инерции (как частного фрагмента всеобщей идеальной программы движения материи): находиться в состоянии прямолинейного движения до тех пор, пока внешние силы не выведут из этого состояния. Шарик будет пассивно и совершенно равнодушно исполнять и любое другое даже самое активное движение, предписанное ему какими-нибудь другими законами природы (другими частными фрагментами всеобщей идеальной программы движения материи) У него нет и не может быть никакой собственной воли. Его движение целесообрано не потому, что он умнее живого существа, а потому что за него все заранее продумал тот, кто составил законы его движения. Имя Творца законов природы – Абсолютный Бог

2. Биологическая жизнь и генетическая программа. Опустим **зерно пшеницы** в плодородную почву. Всеобщая программа механического движения материи здесь отодвигается на второй план. Вместо нее на переднем плане действует теперь качественно иная, так называемая генетическая программа, закодированная в этом зерне. Этот код однозначно определяет превращение зерна в стебель, а стебля – в множество других зерен. Такое размножение зерен пшеницы целесообрано не потому, что зерно обладает волей, а потому что волей обладает тот, кто снабдил его генетическим кодом. Имя его – Абсолютный Бог.

Движение или изменение биологического объекта однозначно зависит не только от внешних условий и законов природы, но и от **генетической** программы, закодированной в нем извне. В целом, биологический объект может и обязан реализовать всего лишь одну-единственную степень "свободы", которая по сути дела является для него также необходимостью.

Такого рода биологический объект, функционирующий по неосознанной индивидуальной необходимости в соответствии с генетической программой, но не обладающий никакой осознанной свободой, мы называем **биологическим организмом,** **живым организмом** или просто **организмом.** Бессознательное существование такого организма принято называть **биологической жизнью.**

Организм – автономный и неделимый биологический объект, управляемый автоматически индивидуальной (генетической) программой, закодированной в нем извне на молекулярном уровне. Организм не обладает никаким умом и никакой волей. Поэтому биологическая жизнь не есть жизнь в прямом смысле этого слова. Напротив, она представляет собой бессознательную противоположность сознательной жизни.

Атеизм целенаправленно смешивает и отождествляет понятие жизни с понятием биологической жизни. Однако это недопустимо. Например, биологическую жизнь растений нельзя путать с сознательной жизнью человека.

3. Свобода воли и живое существо

Рассмотрим теперь движение **цыпленка**. Вот он бежит прямо. Затем он увидел зерно, завернул налево и клюнул это зерно. Далее он увидел водичку, завернул направо и выпил капельку воды. В конце концов он услышал лай собаки и спрятался под наседкой.

В этом примере цыпленок может уклониться от прямолинейного движения, которое предписывается ему законом инерции. В отличие от металлического шарика цыпленок не является уже равнодушным, слепым и беспрекословным исполнителем законов природы и генетической программы. Он имеет некоторую свободу выбора и обладает своей собственной примитивной волей. Поэтому мы можем назвать цыпленка "примитивным" живым существом.

Мошка. Сравним теперь движение неживых молекул газа с поведением живых мошек. Движение молекул газов внешне представляется "хаотическим". На самом же деле оно строго подчиняется законам механики и может быть точно вычислено при наличии сложного математического аппарата. Движение каждой пары молекул полностью зависит от условий их предшествующего столкновения. В то же время условия каждого столкновения полностью зависят от движения тех молекул, которые придут в столкновение. Каждая молекула абсолютно равнодушно и совершенно четко выполняет предписания законов механики. У нее нет и не может быть никакого выбора, никакой своей собственной воли.

Движение мошек вовсе не выглядит хаотическим. Вот мы видим, что какая-то мошка неподвижно висит в какой-либо точке пространства. Затем она стремительно бросается в сторону и занимает новое положение, никого на пути не задевая. У мошки есть выбор: двигаться в ту или иную сторону, висеть в той или иной точке пространства, столкнуться с другими мошками или обойти их и т.д. В данном случае мошка предпочитает никого не задевать на своем пути. Она не хочет столкновений. Таким образом, живая мошка отличается от неживой молекулы прежде всего тем, что мошка обладает своей собственной индивидуальной волей.

4. Живое существо и человек

Весомый и зримый объект, обладающий в трехмерном физическом пространстве двумя и более степенями осознанной свободы, мы называем **живым существом**. Живое существо имеет двойственную структуру: материальную (менее важную) и идеальную (более важную). Материальной формой живого существа является **живой организм**, а его идеальным содержанием – вечная **душа** и бренная **психика**.

Человек, как и всякое другое живое существо, имеет двойственную структуру: материальную (менее важную) форму и идеальное (более важное) содержание. Материальной формой человека является **его биологический организм**, а его идеальным содержанием – вечная **душа** и бренная **психика**.

Однако, не всякое живое существо есть человек. В отличие от всех остальных видов живых существ, известных нам, человек является наиболее интеллектуальным. Вследствие этого он обладает наибольшим количеством степеней осознанной свободы. В то же время, в отличие от Бога, свобода которого является абсолютной, человек обладает относительной свободой своей воли.

Это значит, что в полном соответствии с Библией, **человек** – это относительное подобие Абсолютного Бога, материальный образ нематериального Творца.

Весомое и зримое тело человека является его биологическим организмом, а не самим человеком. Организм человека является материальной категорией, а сам человек имеет двойственную структуру: как материальную, так и идеальную. Поэтому человек живет "сознательной жизнью" в полном смысле этого слова, а его организм живет только лишь "биологической жизнью". Но это не одно и то же.

Организм человека, так же как и организм растений, является материальной категорией. Поэтому он сам по себе не обладает никакой осознанной свободой.

Например, сердце, легкие, печень и другие органы человеческого организма, автоматически управляемые его генетическими кодами, работают совершенно бессознательно и независимо от воли самого человека. Поэтому организм человека, как и организм растений, живет бессознательной биологической жизнью, а не сознательной.

Однако человек в рамках дозволенной ему осознанной свободы может сесть или встать, ходить или лежать, читать или петь, стать врачом или инженером, быть добрым или злым и т.д. Это значит, что он живет сознательной жизнью, а не биологической (бессознательной) жизнью.

Организм человека не обладает никакой свободой воли вообще, и поэтому фундаментальной сутью человека является его идеальное содержание, а не его физический организм.

5. Сознательная жизнь

Поведение человека и любого живого существа зависит не только от законов природы и генетической программы, но и от его сознательной воли. **Сознательной жизнью** или просто **жизнью** мы называем существование со множеством степеней осознанной свободы, см. [26], стр.349-359).

Интеллект является чисто идеальной категорией и не содержит в себе ничего материального. Искусственный интеллект является материальной копией идеального интеллекта, хотя не содержит в себе самом ничего идеального. Поэтому искусственный интеллект вовсе не есть интеллект, ибо принадлежат они к существенно противоположным категориям. Напротив, искусственный интеллект является материальной противоположностью идеального интеллекта, см. [27], стр. 348 – 379.

Жизнь есть существование со множеством степеней осознанной свободы. Биологическая жизнь есть неосознанное существование организма с одной-единственной степенью необходимости, протекающее по командам и кодам генетической программы. У биологического организма нет и не может быть никакой осознанной или собственной свободы. Биологический организм, как любая другая материальная категория, не может понять и осознать самого себя. Поэтому биологическая жизнь человеческого организма вовсе не есть жизнь в той же мере, в какой мере искусственный интеллект не есть вовсе интеллект. Напротив, биологическая жизнь организма является несвободной и неосознанной противоположностью осознанной жизни человека.

Жизнь растений представляет собой биологическую жизнь, имеющую одну-единственную степень запрограммированной необходиимости. В этом смысле биологическая жизнь растений является неосознанной противоположностью осознанной жизни. В отличие от этого, жизнь человека состоит из двух противоположностей: биологической жизни организма, имеющей одну-единственную степень запрограммированной необходимости, и сознательной жизни, имеющей множество степеней осознанной свободы.

Целесообразность существования, движения и развития неживой материи и самого биологического организма не имела бы никакого смысла, если бы не было живого сознания. Таким образом, идеальное сознание является наиболее существенным атрибутом жизни и при том в такой степени, что без него жизнь нельзя было бы назвать жизнью. Это значит, что прежде всего **жизнь человека есть осознанное** и **относительно свободное существование**.

Радиоприемник остается всего лишь потенциальным (а не действительным!) радиоприемником до тех пор, пока он не настроится на какую-либо радиоволну. Совершенно аналогично: биологический организм человека остается всего лишь потенциально (а не действительно!) живым организмом до тех пор, пока человек не начнет сознавать себя, свой организм и окружающую среду.

Поэтому биологическая жизнь не является жизнью в полном смысле слова. Она может быть названа жизнью только лишь условно и относительно в качестве признака, отличающего неживую материю от того самого организма,   который является всего лишь потенциальным (а не действительным!) носителем осознанной жизни.

Интеллект обеспечивает свободу. Чем выше интеллект, тем больше степеней свободы и тем выше качество жизни.   Если интеллекта нет, то нет и свободы. Если нет свободы, то нет и жизни.

Рассматривая множество других примеров и пользуясь научным методом индуктивного познания истины, мы можем перейти от частных примеров к общему выводу и сформулировать закон живого и неживого следующим образом:

Живое существо отличается от неживого вещества прежде всего тем, что живое существо обладает идеальным содержанием и своей собственной индивидуальной   волей. У неживого вещества нет и не может быть никакого идеаль-ного содержания и никакой собственной индивидуальной воли.

Таким образом, понятию живого существа может быть дана научная формулировка только лишь в том случае, если не подчинять научный поиск атеистическим догмам. А для этого прежде всего нужно четко отличать идеальные категории от материальных. Живым существом называется целе-сообразное единство материального организма и идеальной души, имеющее свою собственную индивидуальную волю. Такая формулировка полностью соответствует современному уровню развития науки.

Кроме того, она позволяет четко отличать живое существо от таких кибернетических систем, которые моделируют поведение человека. Ни одна кибернетическая система не может испытывать исходное желание, ни один робот не может обладать идеальным содержанием и своей собственной волей. Поэтому всякие попытки атеизма уложить живое существо в рамки современной кибернетики обречены на провал. Это все равно, что искать "вечный двигатель".

Например, искусственный спутник Земли никогда не станет живой категорией, какой бы программой мы его ни снабдили, потому что у него нет и не может быть никакой воли и никакого интеллекта. Он движется по орбите и выполняет какую-то программу. Если какой-либо метеорит, встреча с которым не предусмотрена программой спутника, будет приближаться к спутнику, то спутник никак не будет реагировать на внезапно возникшую опасность. Он будет продолжать совершенно спокойно выполнять свою программу и двигаться по обычной орбите до тех пор, пока метеорит (или снаряд) не столкнется с ним и не уничтожит его. Неживой спутник никоим образом не реагирует на опасность, и его никоим образом не волнует гибель. По мере возможности он четко выполняет раз и навсегда заданную ему извне программу, с полным равнодушием к любой опасности.

Однако если бы спутник был "живым

существом", то во время опасности он постарался бы изменить программу своего движения, ушел бы от встречи с метеоритом и лишь позже вернулся бы на старую орбиту, продолжая выполнять заданную программу. Конечно, в принципе человек может снабдить спутник и такой программой, согласно которой он будет уклоняться от любой опасности. Но это будет исходить от воли человека, а не от воли спутника, которой у спутника нет и не может быть.

В общем аспекте мы различаем следующие семь форм жизни:

1) духовная жизнь (жизнь души человеческой);

2) жизнь на энергетическом уровне;

3) жизнь на элементарном уровне;

4) жизнь на молекулярном уровне;

5) биологическая жизнь (бессознательная жизнь биологического организма);

6) жизнь (сознательная жизнь живых существ);

7) духовная жизнь — жизнь души человеческой..

6
ИНТЕЛЛЕКТ И ВОЛЯ

1. Всегда ли выполнима воля?

Живое существо отличается от неживого вещества прежде всего тем, что живое существо обладает своей собственной индивидуальной волей, в соответствии с которой оно каждый раз стремится изменить любую действующую "программу" своего движения, изменения и развития. Возникают вопросы: всегда ли свободна воля? Любая ли воля выполнима?

Безусловно, любая личность абсолютно свободна хотеть все, что ей угодно. В реальном мире нет ничего такого, что могло бы наложить запрет или ограничить то или иное желание живого существа, каким бы фантастическим или несбыточным это желание ни было. В этом и только в этом смысле любая воля является абсолютно свободной. Однако такая свобода воли является чисто субъективной потому, что она никак не учитывает объективных возможностей претворения предмета воли в реальность. Например, любому человеку дозволено мечтать сколько угодно о физическом бессмертии своего бренного тела, хотя физическое бессмертие не представляется возможным вообще.

2. Интеллект и воля

Для исполнения воли прежде всего совершенно необходимо знать: как достичь желаемого результата. Знать это может только лишь ум или интеллект. Под термином "**ум**" мы здесь подразумеваем такую идеальную противоположноть материального мозга, которая способна осознанно решать некоторые задачи. Основное назначение ума заключается в том, чтобы разработать индивидуальную программу личности и тем самым обеспечить реальную свободу ее воли. Своего рода ближайшими "помощниками" ума в этом деле являются память и сознание.

Инстинкт – бессознательная реакция живого существа в соответствии с его генетическими кодами (материальная категория).

Ум – идеальная противоположность материального мозга, способная осознанно решать некоторые элементарные задачи.

Интеллект – высокоразвитый ум, способный обеспечить свободу воли (идеальная категория). Он способен не только познавать истину, но и создавать новые, творческие идеи. Интеллект является существенным атрибутом творца, без которого творец перестает быть творцом.

Личность, как фундаментальная суть человека, обладает волей. Ум или интеллект получает "задание" от воли, отбирает нужную информацию, перерабатывает ее и создает индивидуальную программу, способную обеспечить свободу воли. Такого рода умственную или интеллектуальную деятельность мы называем **мышлением**. Согласно этой индивидуальной программе, невесомое и незримое сознание человека руководит его весомым и зримым телом. Бренное тело человека претворяет на практике субъективную волю личности в объективную действительность. Такая свобода воли обеспечивает человеку полноценную жизнь.

Чем меньше сила ума, тем у́же реальные возможности воли. Если ум отсутствует вовсе, то реальные возможности воли сужаются настолько, что живое существо практически не может отклониться от действующей программы. Свобода такой воли равна нулю. Есть все основания полагать, что к такой категории живых существ, обладающих примитивной "волей", но не обладающих почти никаким умом, прежде всего относятся бараны.

Несмотря на полное отсутствие ума, простейшие живые существа все-таки являются живыми, потому что у них есть воля, хотя эта воля либо попросту полностью совпадает с действующей программой, либо не может отклониться от нее из-за полного отсутствия ума. Неживое материальное тело отличается от них тем, что у него нет и не может быть абсолютно никакого элемента воли.

На более низкой ступени развития находятся такие живые существа, которые обладают элементарным умом, т.е. инстинктом. Свобода воли таких организмов не равна нулю, но очень мала. Чем больше сила ума, тем шире реальные возможности и свобода воли. Примером тому могут служить менее развитые и более развитые животные.

Интеллект обеспечивает свободу воли. Чем выше интеллект, тем больше степеней осознанной свободы и тем выше качество живого существа.

3. Воля и индивидуальная программа личности

Для исполнения воли прежде всего совершенно необходима такая новая программа, которая неизбежно привела бы живое существо от исходного состояния к желаемому результату с учетом реальных возможностей. Такую программу может разработать только лишь ум или интеллект.

Индивидуальная программа, создаваемая интеллектом человека для претворения содержания его воли в реальность, не обязательно должна быть продуктом творчества. Она попросту может состоять из отдельных кусков уже существующих программ, отобранных и соединенных интеллектом в нужной последовательности. Такие живые существа не могут создавать качественно новые формы программ.

Индивидуальную программу личности следует четко отличать от генетической программы, закодированной в биологических клетках человека. Генетическая программа человека, общая для всех людей, создана Абсолютным Богом. Индивидуальная программа создается интеллектом каждого человека только лишь для исполнения своей собственной воли. Генетическая программа существует вечно в Идеальном Мире и однозначно определяет норму поведения бренного организма, живущего в Материальном Мире.

Если генетический код принадлежит физическому телу или даже мозгу человека, то индивидуальная программа принадлежит его идеальному интеллекту. Если генетическая программа не может руководить развитием живого организма без своей материльаной копии, без генетического кода, то индивидуальная программа может обойтись без всякой своей материальной копии, без всякого кода.

В самом деле, если в вашем сознании существует идеальная программа поездки из Москвы в Ленинград (или из Вашингтона в Нью-Йорк), то нет никакой необходимости в материальном коде этой программы. Вы садитесь в машину, заводите двигатель, нажимаете на педали, едете, заворачиваете куда надо – и в конечном счете прибываете в пункт назначения. Здесь идеальная программа вашей поездки претворена в материальную действительность непосредственно под руководством вашего интеллекта без всякого промежуточного материального кода.

Правда, между вашей индивидуальной программой о поездке и самой поездкой на практике обязательно должен существовать своеобразный промежуточный мост в виде действующего сигнала, а не в виде записанного кода. Особые отделы вашего идеального интеллекта переводят идеальные предписания индивидуальной программы на материальный язык нервной системы, в результате чего ваши ноги нажимают на педали, а ваши руки поворачивают руль. Однако в кодовой записи здесь нет никакой необходимости. Другое дело — кибернетическая система с программным управлением, которая выполняет вашу программу через посредство материального кода без вашего участия.

Исполнитель программы не обязан понимать ее смыслового содержания. Он должен только лишь отличать код одного предписания от кода другого предписания, код одной команды от кода другой команды. Он обязан также исполнять каждую такую команду совершенно однозначно. Если станок работает и выдает продукцию по программе человека, то это вовсе не означает, что станок якобы "понял" идеи человека, вложенные в программу. Человек закладывает в станок материальный код идеальной программы, а не саму идеальную программу. Станок исполняет команды материального кода, написанного на машинном языке, не понимая смыслового содержания идеальной программы. Аналогично неразумная природа исполняет совершенно слепо команды материальных кодов объективных идеальных программ, разработанных Богом.

Если один человек выполняет программу, составленную другим интеллектом, с полным или частичным пониманием, то неразумная материя выполняет ее совершенно бессознательно, без какого бы то ни было понимания программы и смыслового содержания тех кодов, приказания которых она исполняет.

4. Интеллект и воля человека

Интеллект человека развит больше, чем "ум" любого другого известного нам живого существа. Поэтому воля человека в сравнении с волей других живых существ обладает наибольшим количеством степеней свободы.

Например, кошке очень хочется съесть ласточку. Мы можем об этом судить по тому, как кошка жадно наблюдает за быстрым полетом ласточки. Однако ум кошки не настолько развит, чтобы создать для нее качественно новую индивидуальную программу полета, которая позволила бы кошке исполнить в действительности свою волю: догнать и съесть ласточку. Если кошка не в состоянии догнать ласточку в полете, то человек уже создал и претворил в жизнь качественно новую программу полета в космос. Это оказалось возможным, потому что человек обладает высокоразвитым умом. Такой высокоразвитый ум принято называть **интеллектом**.

5. Воля и неволя

Интеллект человека обеспечивает реальную свободу его воли в достаточно широких пределах, но не безгранично. Познание истины расширяет эти пределы, поэтому интеллект не должен ставить препятствий научной истине. Широта такой свободы зависит от степени развития интеллекта. Однако реализация воли зависит не только от интеллекта, но и от условий реального мира. Если внешние условия в какой-то сфере реального мира таковы, что разум подчинен безрассудству, то даже самому высокому интеллекту бывает очень трудно, а иногда даже и невозможно вырваться из крепких цепей безрассудства, в то время как безрассудству не нужно никакого ума для того, чтобы разум оставался в его оковах.

Такое зависимое от безрассудства положение разума мы признаем высшей формой **трагедии**. В этом нет никакой вины разума. В этом нет никакой заслуги безрассудства. В этом вина трагической ситуации, которая является следствием накопленной погрешности человеческого общества.

Если внешние условия в какой-то сфере реального мира таковы, что наука подчинена атеизму крепкой государственной властью, то даже самой высокоинтеллектуальной науке бывает очень трудно, а чаще всего невозможно, вырваться из крепких оков атеизма, в то время как атеизм не нуждается ни в каком интеллекте, чтобы держать науку в повиновении. Такое зависимое положение науки от атеизма является трагичным. В этой трагедии нет никакой вины науки. В этой трагедии нет никакой заслуги атеизма. В этой трагедии вина государственной власти, подчиняющей науку атеизму.

Воля убийцы может прервать программу текущей физической жизни его жертвы. Но душа убийцы будет наказана за это по заслугам, а душа его жертвы перевоплотится в новорожденное тело ребенка. Воля врача может продлить физическую жизнь человека. Любовь и милосердие души человеческой сделают ее бессмертной. **Любовь лечит, а ненависть калечит.**

6. Конфликт интеллекта и воли

Трагическая ситуация может случиться не только между интеллектом и окружающей реальностью. Она может иметь место также между интеллектом и волей одной и той же личности.

Воля человека обладает всего лишь относительной (ограниченной) свободой. Такое обстоятельство вызывает необходимость в двухсторонней связи между личностью и интеллектом. Если личность хочет невозможного, то интеллект "отговаривает" ее. Если личность меняет свое желание в недостаточной мере, то интеллект снова отговаривает ее. Тогда личность принимает окончательное решение. Если воля выходит за рамки возможностей интеллекта, то между волей и интеллектом возникает конфликт. Если в таком конфликте побеждает воля, то личность называется **эмоциональной**. Если в таком конфликте побеждает интеллект, то личность называется **интеллектуальной**.

Воля личности поработить мир или изобрести "вечный" двигатель неизбежно приводит к трагедии, если такая воля не сдерживается интеллектом. Если у личности для исполнения своей воли не хватает своего интеллекта, то она прибегает к услугам интеллектов других людей. Слишком сильная воля делает личность агрессивной, слишком слабая воля не позволяет ей использовать всех возможностей интеллекта. Наиболее оптимальным является гармоничное равновесие между волей и интеллектом. Личность называется разумной, если существует гармоничное равновесие между ее волей и интеллектом. Всякое отклонение от такого равновесия является следствием несовершенства человеческой личности.

7. Абсолютная воля

Человеческая личность является относительно совершенной. Однако существует и абсолютно совершенная личность – Бог. **Божественный интеллект** является абсолютно совершенной идеальной категорией, способной ставить и решать абсолютно любые проблемы без всякого исключения. Бог может претворить в действительность все, что ему угодно. Поэтому Божественная Воля, обладающая Божественным Интеллектом, не имеет никаких ограничений и является абсолютно свободной. Законы реального мира разработаны Божественным Интеллектом. Поэтому не Божественный Интеллект зависит от законов, а законы природы зависят от Бога. Абсолютно свободной является только лишь Воля Бога.

Свобода человеческой воли относительна. Она зависит от интеллекта личности; от внутренних и внешних условий. Интеллект и познание истины делают волю человека более свободной. Свобода человеческой воли может расширяться только лишь в таких пределах, в каких она может помогать Воле

Бога, но не может мешать ей. Горе тому, кто хочет мешать Воле Бога. Благо тому, кто хочет служить ей. Горе тому, чей ум не в состоянии понять это. Благо тому, кто понял это.

Реализация человеческой воли ограничена в основном четырьмя факторами:

1) прежде всего воля любого человека должна соответствовать Воле Бога;

2) любая воля должна соответствовать законам реального мира;

3) интеллект должен обладать достаточными знаниями, достаточным количеством информации, необходимой для решения данной проблемы;

4) интеллект должен быть достаточно совершенным, чтобы решать такого рода проблемы.

Идеальный интеллект человека не является абсолютно совершенным, хотя он к этому и стремится. Абсолютно совершенным является только лишь интеллект Бога, хотя он и не обладает никаким материальным мозгом. Воля Бога абсолютно свободна, потому что он обладает абсолютно совершенным интеллектом. **Абсолютная свобода Бога – это тот предел, к которому всегда приближается высокоинтеллектуальный человек, но которого он никогда не достигнет.**

Реальная свобода воли у других живых существ еще меньше, чем у человека, а для некоторых простейших живых существ она равна нулю.

7
ДУША И ПСИХИКА

Познание духа есть самое конкретное, а потому самое высокое и трудное.

Гегель, т..3, стр. 6

1. Психика

Живой человек, как и всякое живое существо, имеет двойственную структуру: идеальную и материальную. Материальная форма человека представляет собой весомое и зримое физическое тело автоматического самоуправления. Фундаментальную суть этого тела в биологии принято называть организмом. Идеальное содержание человека – это такие его невесомые и незримые атрибуты, как: личность, душа, психика, воля, интеллект, сознание и т.д. Здесь и в 16-ой главе мы рассмотрим понятия "души" и "психики".

Согласно основному закону природы, ни одна материальная категория не может существовать без своей нематериальной противоположности. Поэтому материальное тело живого существа также не могло бы существовать без своей нематериальной противоположности, без идеального содержания.

Идеальное содержание человека обычно называют душой или психикой. Однако мы не смешиваем эти два понятия, а четко различаем их друг от друга.

Нематериальную противоположность материального тела живого существа, которая не может существовать без биологического организма, принято называть психикой.

Психика (psyche) – такое идеальное содержание человека, которое рождается, развивается, стареет и умирает вместе с его физическим организмом.

Душа – идеальное содержание человека, которое может существовать вечно (вечная противоположность бренного организма).

Известно, что материя не может желать, мыслить, сознавать и т.д. Тогда возникает вопрос: откуда же берется психика как идеальное содержание материального организма? Атеизм отвечает так: никакой души у человека нет; у него есть только психика. Ум, интеллект, воля, сознание, мысль и любая субъективная идея человека – все это есть отражение его материального мозга и материальной нервной системы. Такая точка зрения не выдерживает никакой критики.

2. Оригинал и копия – зеркальное отражение

В самом деле, зеркало отражает вашу внешность только лишь в том случае, если вы стоите перед зеркалом. Если вас нет, то нет и вашего отражения в зеркале. Если мы видим зеркальное отображение человеческого лица, то мы должны понимать, что существует и само подлинное человеческое лицо. И если нам не дано увидеть свое собственное лицо без зеркала, то это вовсе не означает, что у нас нет своего истинного лица. Если бы не было человеческого лица, то не было бы и его отражения в зеркале. Зеркало является всего лишь орудием, предназначенным для формального воспроизведения временной копии нашего подлинного лица, существующего вне и независимо от зеркала.

Зеркало не может быть источником человеческой внешности. Совершенно аналогично, физический мозг не может быть источником нефизической информации. Материальный мозг не может отражать идеальную информацию, если она к нему не поступила. И если нам не дано увидеть глазами или пощупать руками нашу душу, то это вовсе не означает, что ее нет. Мы должны совершенно четко понимать, что если бы не было подлинной и вечной души, то не было бы и ее временной копии – психики.

3. Телевизионное отображение

Если вы в Вашингтоне смотрите по телевизору прямую трансляцию из Москвы и видите на экране изображение Май Плисецкой, то это недвусмысленно означает, что сама Мая Плисецкая находится в Москве на телевизионной студии. Если бы подлинной Маи не было вообще, то не было бы ее и на экране вашего телевизора.

Это значит, что изображение на экране телевизора является всего лишь формальной копией живого человека, а не самим человеком. Телевизор передает только лишь то, что он получает от студии.. Совершенно аналогично психика является всего лишь формальной копией идеальной души, а не самой идеальной душой. Физический организм передает идеальной психике только лишь то, что получает от идеальной души.

4. Радиоотображение

Для образного и наглядного сравнения приведем еще один пример – радиопередачу. Предположим, Вы сидите в своей квартире и слушаете по радиоприемнику песню, которую поют на радиостанции. На ваших глазах песня "исходит" прямо из радиоприемника. Однако звуковые волны этой песни на радиостанции и в вашей квартире вовсе не представляют собой одно и то же.

Мы все достаточно хорошо знаем, что где-то далеко от нас на передающей станции находится живой человек – источник подлинной песни. Радиостанция преобразует звуковую речь этой песни в радиоволны и распространяет их в окружающее пространство. Если вы настраиваете ваш приемник на нужную волну, то приемник выдает ("отражает") то, что получил от станции.

Через любой сколь угодно малый объем пространства проходит громадное количество таких радиоволн, передаваемых различными станциями. Все они обладают свойством не перепутываться и не перемешиваться друг с другом. Каждая радиоволна сохраняет свою автономность и независимость от всех других волн. Мы эти радиоволны не ощущаем вовсе. Однако это не означает, что они не существуют. Любую радиоволну мы можем уловить с помощью радиоприемника, настроив его на соответствующую радиостанцию.

Таким образом, если песня на наших глазах исходит прямо от радиоприемника, то эта песня только лишь на первый взгляд кажется нам продуктом радиоприемника. Более глубокий анализ показывает, что на самом деле песня, которую мы слушаем по радиоприемнику, является не продуктом радиоприемника, а всего лишь формальной копией, местным воспроизведением той подлинной песни, которая звучит на радиостанции. Радиоприемник является всего лишь орудием, предназначенным для воспроизведения у Вас на квартире копии той подлинной песни, которая звучит на радиостанции.

И если певец находится на радиостанции настолько далеко от нас, что мы не можем его пощупать руками, то это вовсе не означает, что его нет. Мы должны совершенно четко понимать, что если бы не было живого певца, живой песни, то не было бы и копии этой песни.

Таким образом, радиоприемник не может быть источником песни. Он не может воспроизводить (или "отражать") звуковые волны, если к нему не поступают радиоволны. Он может только лишь принимать радиоволны, переработать их в звуковые волны и воспроизводить звуковую речь совершенно бессознательно, "слепо" и без всякого понимания ее смыслового содержания.

5. Оживление мозга

Совершенно аналогично материальный (физический) мозг человека не может быть источником идеальной (нефизической) информациии. Прежде чем "отражать" какую-то идеальную информацию, материальный мозг должен ее получить извне. Мозг может служить приемником и источником только лишь материальных сигналов. Чтобы переработать материальные сигналы в идеальную информацию, их нужно понимать. Чтобы их понимать, нужен интеллект. Мозг (как и радиоприемник) не может иметь никакого интеллекта до тех пор, пока потусторонняя душа не "оживит" его.

Это значит, что источник идеальной информации, поступающей в мозг и "оживляющий" биологический организм человека, существует в Идеальном Мире, вне и независимо от всякой материи.

Детский ум не в состоянии понять сущность радиопередачи. Поэтому он приписывает радиоприемнику "свойство говорить, как человек". Только лишь взрослый ум оказывается в состоянии усматривать за радиоприемником и необходимую радиопередающую станцию, и связывающие их радиоволны, без которых радиоприемник не стал бы говорить. Так и атеист, неспособный анализировать дальше того, что видит глазами, приписывает материальному телу биологической системы "свойство" жить и мыслить. Только лишь детальный научный анализ приводит его к необходимости познания души.

Если бы атеист в этом вопросе занимал ту же позицию, какую он занимает в вопросах психики и души, то он должен был бы сказать об этом следующее: "Песня – это продукт радиоприемника, которая полностью от него зависит. Поэтому никакого другого источника у этой песни нет и быть не может. Живой певец – это антинаучная вымышленная категория, придуманная религией".

Однако ни один атеист не осмеливается сделать такое заявление по следующим причинам: во-первых, ему это не нужно; во-вторых, ему никто не поверит.

В работе [25] мы привели математические доказательства того, что идеальные категории развиваются или угасают по закону логарифмической спирали. Поэтому в определеннных условиях они могут быть вечными и бессмертными. Вечную противоположность бренной психики мы называем идеальной **душой.** Психика представляет собой посюсторонннюю (бренную) копию потусторонней (вечной) души.

Психика может быть всего лишь копией, а не оригиналом. Поэтому психика (как копия) не могла бы существовать без своего оригинала, которую мы называем душой.

Горские евреи четко различают понятия "джун" и "нашумо". Нашумо – это душа, которая живет в качественно ином, Идеальном Мире. Джун – это ген (**gen**) который управляет поведением человека в этом (материальном) мире. В лексиконе горских евреев вообще нет термина: "душа вышла вон". Вместо этого они говорят: "джун вышел вон" (джуну вадарахт).

Идеальная душа, существующая вне и независимо от материального организма, является существенным атрибутом живого существа, без которого оно не может быть мыслящим, а следовательно, живым существом.

Дух (**spirit**) – идеальная и неделимая категория автоматического самоуправления, имеющая осознанную волю и обладающая множеством степеней собственной свободы. Дух не содержит в себе никаких материальных атрибутов. Дух существует в Идеальном Мире, а не в материальном.

Душа (**soul**) – идеальный дух, способный поддерживать осознанную жизнь в материальном организме, то есть такое идеальное содержание живого существа, которое может жить вечно, даже после физической смерти живого организма .

Согласно закону отрицания отрицания, материальный мозг, отражающий идеальную информацию, нуждается в идеальной душе, которая посылает ему эту информацию.

Согласно закону целесообразности, бренный и уязвимый организм человека, нуждается в вечной идеальной душе человеческой, которую никто не может убить, кроме Абсолютного Бога, да и то только лишь за тяжкие преступления.

Богу нужны люди, способные принимать правильные решения. Поэтому люди, склонные совершать тяжкие преступления, снимаются из обращения.

Обремененная физическим телом и зависимая от материального мозга, психика не может проникнуть из Материального Мира в иной (Идеальный) Мир и обозревать его. Однако, свободная душа может проникнуть из Идеального Мира в Материальный Мир и видеть все, что тут происходит.

Тело и душа являются противоположными категориями прежде всего в том смысле, что материальное тело **не может** существовать без своей нематериальной противоположности (без идеальной души), а идеальная душа **может** существовать без своей противоположности (без материального тела). **Живое существо** есть гармоничное единство материального тела и идеальной души.

Образно выражаясь, человек, как и дерево, имеет двойственную структуру. Если дерево состоит из временных листьев, которые сменяются и обновляются ежегодно, и постоянного корня, который существует и развивается десятки или даже сотни лет, то совершенно аналогично человек состоит из временного биологического тела, которое сменяется и обновляется из поколения в поколение, и бессмертной души, которая существует и развивается вечно.

Согласно закону первичности идеи и вторичности материи, неразумная материя не может быть творцом разумной идеи. Так, например, телевизор не может быть творцом живого и мыслящего диктора или певца. Он может изображать на своем экране только лишь формальную копию живого человека, существующего в объективной действительности вне и независимо от всякого телевизора. Но он не может изобразить его самого.

Совершенно аналогично, неразумный материальный организм не может быть творцом мыслящей структуры, без которой живое существо не может быть живым существом. Чтобы живое существо оставалось живым существом, его физический организм нуждается в мыслящей структуре, которая существует в объективной действительности вне и независимо от всякого биологического организма. Такую мыслящую структуру живого существа мы называем идеальной душой.

Если согласно основному закону природы уязвимое биологическое тело живого существа не может существовать без своей неуязвимой противоположности – идеальной души, то это недвусмысленно означает, что идеальные духи не могут навредить друг другу. Они живут совершенно независимо друг от друга, и у каждого из них свои программы, которые нигде не пересекаются, как параллельные линии. В двухмерном пространстве можно построить сколь угодно большое количество одномерных пространств, а в n-мерном пространстве – сколь угодно большое количество (n-1)-мерных пространств.

6. Качество души и психики

В нашем примере звуковые волны, воспринимаемые вашим ухом, являются всего лишь неточной, а искаженной копией звуковых волн той песни, которую поют на радиостанции. Эту копию вы снимаете при помощи вашего радиоприемника. Степень искажения копии зависит от качества ваших ушей, от помех, а также от качества радиопередающих и радиоприемных устройств.

Экран телевизора или зеркало отражает копию оригинала всегда с некоторым искажением. Совершенно аналогично, психика человека является искаженной копией его души.

Душа "вселяется" в биологическое тело не в полном смысле этого слова. Мозг или нервная система "снимает" всего лишь искаженную копию потусторонней души и воспроизводит ее примерно так же, как радиопримнк воспроизводит речь диктора на радиостанции. На данном этапе своего развития человек даже в зрелом возрасте не способен "снять" точную копию своей идеальной души. Процент точности такого рода "копирования" начинается с нуля в момент рождения ребенка и возрастает до 20-30% в зрелом возрасте.

Психика человека никогда не использует на 100% всех возможностей души своей. Поэтому душа знает больше и предвидит грядущие опасности лучше, чем психика.

7. Критика атеизма

Что может атеизм противопоставить научным законам, кроме небылицы о мыслительных особенностях высокоорганизованной материи.

Если бы даже живое существо и было всего лишь мыслящей высокоорганизованной материей, то согласно основному закону природы, такого рода высокоорганизованная материя не могла бы существовать без своей нематериальной противоположности, без идеальной души.

Современная наука доказывает все это элементарно просто на базе таких исходных предпосылок, от которых атеизм при всем своем желании никак не может отмахнуться без того, чтобы потерять свою атеистическую сущность. Например, известно, что закон отрицания отрицания – это тот сук, на котором сидит "диалектический" материализм, как "научная" база атеизма.

Из этого закона следует, что если зерно пшеницы мы понимаем как продукт стебля, то стебель мы обязаны понимать как продукт зерна. И если мы не можем увидеть глазами или пощупать руками то исходное зерно, из которого вырос стебель, то это вовсе не означает, что его не было. Если бы не было исходного зерна, то не было бы ни стебля ни тех свежих зерен, которые мы видим в колосе.

Совершенно аналогично, если идеальную психику атеизм понимает как продукт высокоорганизованного материального мозга, то материальный мозг он обязан понимать как продукт высокоорганизованной идеальной души. И если мы не можем увидеть глазами или пощупать руками ту идеальную душу, продуктом которой является материальный мозг, то это вовсе не означает, что идеальной души якобы нет. Если бы не было идеальной души, то не было бы ни материального мозга ни идеальной психики, которую атеизм понимает как продукт материи. Движение

76

информации происходит по следующей схеме:

$$\text{Душа} \rightarrow \text{психика} \rightarrow \text{мозг} \rightarrow \text{организм} \rightarrow$$
$$\rightarrow \text{мозг} \rightarrow \text{психика} \rightarrow \text{душа.}$$

Атеизм существует за счет преднамеренного смешения таких понятий, как подлинник и копия, душа и психика. Смешивать эти понятия – это все равно, что путать зерно, из которого вырос стебель, с тем зерном, которое растет в колосе. Такая путаница практически означает отказ от закона отрицания отрицания, без которого "диалектический" материализм перестает быть диалектическим, а "научный" атеизм – научным.

Атеизм не может открыто признать существование первичной души живого существа. Поэтому какую бы формулировку ни старались материалисты дать понятиям "души" и "психики", каждый раз они наталкиваются на непреодолимое препятствие: либо формулирвока не соответствует современному уровню развития науки, либо она путает понятие "идеальной души" с понятием "высокоорганизованной материи", либо же понятие "души" отрицает какую-либо основную догму атеизма.

Подвергая анализу мнение большого количества ученых, идеалистов и материалистов, мы приходим к следующему выводу: понятию "души" невозможно дать такую научную формулировку, которая бы не противоречила основным догмам атеизма и материализма. В то же время научная проблема "души и психики" не может быть решена до тех пор, пока не будут четко разграничены понятия незримой "души" и зримого "организма".

Однако, атеисты не сдаются. Продолжая тактику "уловок", они говорят: "Материальный мозг состоит из таких же материальных элементов, из каких состоит любое неживое вещество. Следовательно, у живого тела нет никакой идеальной души". Совершенно верно то, что мозг состоит из атомов, как и любая неживая материя. Именно из этого следует совершенно противоположный вывод: душа является необходимостью, без которой неживая материя не может стать живой.

Живое тело обладает таким особым качеством, каким не обладает ни одно неживое вещество. Качество это заключается в том, что живое тело вступает в резонансную связь с идеальной душой, излучая и принимая биологические волны уникального типа. Неживая материя переходит в живую в тот момент своего эволюционного развития, когда она приобретает способность вступать в биологическую радиосвязь с идеальной душой.

Образно выражаясь, биологическое тело является трехмерной подвеской к многомерной сути идеальной души. Чем больше количество измерений, тем выше совершенство души.

8
РЕАЛЬНОСТЬ И НЕВОЗМОЖНОСТЬ
([26],стр.100-105), ([26],стр.221-226)

> Точно так же, как нельзя заточить
> карандаш топором, невозможно видеть
> объекты, размеры которых меньше, чем
> длина волны используемого света.
>
> Роланд Глазер ([20], стр.137)

1. Бог и космонавты

Атеизм внушает народным массам заведомо ошибочное мнение о том, что у человека якобы нет никакой идеальной души. Такое мнение он объявляет научно доказанным фактом. Но так ли это?

Бесспорный факт расширения физической Вселенной положил конец атеистическим небылицам. Какими бы пламенными или гневными ни были речи атеистических ораторов, рано или поздно истина все равно восторжествует. На "гневных осуждениях" далеко не поедешь. Скрывать от народа факт расширения Вселенной далее стало невозможно. Вот и пришлось атеизму уже к 1975 году признать и обнародовать тот самый факт расширения Вселенной, который не на шутку перепугал атеистических лидеров.

В период с 1970-го по 1980 год по всему Советскому Союзу прокатились нескончаемые волны атеистических семинаров и массовых митингов. Всем ученым и преподавателям высших учебных заведений было вменено в обязанность закончить университеты марксизма-ленинизма, где проводилась особая атеистическая обработка ученых мозгов.

Доценты и профессора в любой отрасли науки, не получившие дипломов об окончании этих университетов, рисковали потерять работу.

Однажды на так называемом "научном" семинаре по атеизму в 1975 году в Советском Союзе один из слушателей задал профессору вопрос: как доказать научно, что Бога нет?

Профессор вежливо улыбнулся и ответил, что самым достоверным научным доказательством является то, что космонавты не нашли на небе никакого Бога, см. [25], стр. 103 – 104.

Тогда все тот же голос из зала крикнул:

– Я был в Москве, искал Брежнева, но не нашел его. Означает ли это, что Леонида Ильича Брежнева нет? В зале все дружно засмеялись, кроме лектора, которому было не до смеха. Вежливость и улыбка мигом исчезли с лица ученого атеиста. Он в бешенстве ударил кулаком по столу и заорал во весь голос:

– Кто спросил это?

Но зал, перепуганный не на шутку, молчал.

Возникает вопрос: почему в данном конкретном случае атеистического пропагандиста постигла неудача? Ответ простой: причина неудачи заключалась в том, что слушателями семинара были крупные ученые. Обычно слушателями атеистического агитатора являются малограмотные, простые и доверчивые люди, которые восхищаются каждым, кто говорит от имени науки, если даже этот "каждый" несет антинаучную чушь.

Простые люди в своей повседневной практике привыкли считать реальностью только лишь те весомые и зримые вещи, которые обладают объемом.

Многие из них даже не догадываются об объективном существовании таких невесомых и незримых категорий, которые не обладают никаким объемом вообще. Но в приведенном выше эпизоде слушателями были не малограмотные люди, а крупные ученые, которые хорошо знали разницу между "невозможной категорией" и "необнаруженной реальностью". Поэтому атеистического лектора и постигла неудача.

Из этого примера видно, что атеизм объявляет бестелесного Бога и незримую душу невозможными категориями только лишь на том основании, что мы не можем их увидеть глазами, услышать ушами, пощупать руками или зарегистрировать приборами. Это означает, что одним из наиболее популярных методов научного атеизма является преднамеренное смешивание схожих по форме, но различных по содержанию понятий, таких, как: "необнаруженная" или "незримая" реальность и "невозможная категория". На самом деле это далеко не одно и то же.

"Научному" атеизму, в сущности лишенному всяких истинно научных оснований, приходится преднамеренно создавать путаницу похожих понятий и тем самым просто-напросто обманывать простых людей. Ловко подменяя в сознании неискушенного человека понятие "необнаруженной реальности" схожим понятием "невозможной категории", атеизм успешно привлекает на свою сторону сотни миллионов простых и доверчивых людей по пресловутому принципу: "Я вижу дом. Значит, дом существует! Я не вижу Бога. Значит, Бога нет!"

Опираясь на современные данные естественных наук, мы можем сформулировать принципиальное отличие между противоположными понятиями необнаруженной реальности и невозможной категории следующим образом.

Естественными науками достоверно установлено объективное существование бестелесных, невесомых и незримых категорий, которые невозможно видеть глазами, слышать ушами, щупать руками и даже регистрировать приборами. Бестелесные, невесомые и незримые категории, такие, как: нейтрино, антинейтрино, антифотоны, радиоволны, подлинное время, законы природы, информация, идея, душа, Бог, интеллект, ум, любовь и т.д. – мы считаем объективной реальностью вовсе не потому что видели или не видели их глазами, слышали или не слышали их ушами, щупали или не щупали их руками, регистрировали или не регистрировали их приборами, а потому, что мы обнаружили их нашим интеллектом при помощи научного умозаключения. Объективное существование таких категорий доказывается научными законами.

Отсюда следует вывод: если человек не хочет впасть в роковое заблуждение, то он должен прежде всего четко различать понятия "невозможной категории" и "необнаруженной реальности".

Объективной реальностью мы называем все то, что существует независимо от субъективного (человеческого) сознания, если даже это субъективное сознание никак не может его обнаружить или понять.

2. Незримая реальность
Мы можем видеть глазами только лишь весомые и зримые объекты, обладающие объемом.

Иногда наши глаза лгут. Например, гигантские звезды мы видим маленькими. Наши глаза остаются абсолютно слепыми в отношении звуковых волн. Если мы не можем видеть звуковые волны глазами, то это вовсе не означает, что их нет вообще. Мы твердо знаем о фактическом существовании звука потому, что слышим его своими ушами, хотя не видим его своими глазами. В то же время наши уши являются абсолютно глухими в отношении световых волн. Если мы не можем слышать световые волны ушами, то это вовсе не означает, что их нет вообще. Мы твердо знаем о фактическом существовании света, потому что видим его своими глазами, хотя не можем слышать его своими ушами.

Наши глаза остаются абсолютно слепыми, а наши уши одновременно с этим остаются абсолютно глухими в отношеии обычных радиоволн. Если мы не можем видеть глазами, слышать ушами или ощущать руками обычные радиоволны, то это вовсе не означает, что их якобы нет вообще. Мы твердо знаем о фактическом существовании радиоволн потому, что радиоприемник улавливает их и преобразует в звуковые волны, которые мы можем уже слышать ушами. Это означает, что мы можем обнаружить через посредство технических приборов то, что не можем непосредственно слышать ушами, видеть глазами или щупать руками.

Однако, и технические приборы не являются всемогущими и всесильными. В мире существует множество вещей и явлений, которые невозможно непосредственно обнаружить не только никакими физическими органами человека, но и никакими приборами вообще. Например, мы не можем видеть глазами, слышать ушами, щупать руками или регистрировать приборами никакие идеальные категории, такие как: Бог, душа, интеллект, ум, воля, мысли, идеи, законы природы, программы эволюционного развития и т.д. Но это вовсе не означает, что их якобы нет. Теперь даже сами атеисты говорят, что право на объективное существование имеет все то, что доказано наукой или практикой.

Вещественные органы человека (глаза, уши, руки) и технические приборы, имеющие положительную массу, могут обнаружить только лишь то, что состоит из положительной энергии. По самой сути своей они не могут обнаружить все то, что состоит из отрицательной энергии (например, антифотоны), а также идеальные категории, которые не содержат в себе никакой энергии вообще (Бог, душа, ум, идея и т.д.) Чтобы физически обнаружить антифотоны, необходимо построить приборы из концентратов отрицательной энергии, а это в нашем вещественном мире не представляется возможным, хотя в условиях антивселенной такие приборы и можно было бы построить.

Бог, душа, ум, любовь и все другие идеальные категории – по самой сути своей не могут быть обнаружены физически потому, что они не содержат в себе ничего физического, ничего материального. Мы не можем обнаружить физически то, что не содержит в себе ничего физического. Материя не может видеть идею. Если мы не можем видеть глазами невидимое, слышать ушами неслышимое, щупать руками бестелесное или регистрировать приборами нематериальное, то в этом нет ничего удивительного. Напротив, было бы в высшей степени удивительно, если бы мы могли непосредственно видеть, слышать, щупать или регистрировать идеальные (нефизические) категории материальными (физическими) органами или приборами. Если мы не можем видеть глазами, слышать ушами, щупать руками или регистрировать приборами объективную идею, то это вовсе не значит, что нефизических категорий якобы нет вообще. Это означает, что мы можем обнаружить своим идеальным интеллектом через посредство логических умозаключений все те идеальные и антивещественные категории, которые мы не можем непосредственно слышать ушами, видеть глазами, щупать руками или регистрировать приборами.

Чтобы обнаружить объективную идею, необходим идеальный интеллект или ум.

Например, если мы смотрим телевизор, то мы не можем непосредственно видеть глазами, щупать руками или регистрировать приборами ум того конструктора, который создал этот телевизор. Однако мы знаем, что целесообразная конструкция телевизора не могла возникнуть сама собой, без интеллектуального творца. Поэтому мы обнаруживаем ум конструктора, создавшего телевизор, через посредство нашего интеллекта при помощи логического умозаключения.

Совершенно аналогично: мы не можем непосредственно видеть глазами, слышать ушами, щупать руками и регистрировать приборами Абсолютного Бога. Однако, мы твердо знаем, что неживая и неразумная материя не могла возникнуть и превратиться в целесообразную конструкцию человеческого мозга сама собой, без абсолютно совершенного интеллектуального Творца.

Мы обнаруживаем Бога, создавшего всю

Вселенную и нас самих, через посредство нашего интеллекта при помощи логического умозаключения. Абсолютно совершенный и идеальный Бог может быть обнаружен и понят только лишь идеальным (нефизическим) интеллектом, а не физическими органами человека, такими, как глаза, уши, руки и т.д.

Объявлять Бога невозможной категорией только лишь на том основании, что мы его не видим своими собственными глазами, – это означает отождествлять невозможную категорию с необнаруженной реальностью. Отождествлять невозможную категорию с необнаруженной реальностью. – это значит перепутать объективную реальность с субъективными ощущениями. Перепутать объективную реальность с субъективными ощущениями – это значит опуститься на дно субъективного материализма и антинаучного атеистического суеверия.

Биолог Роланд Глазер по этому поводу пишет так: "Видеть молекулы нельзя, о внешности молекулы не может быть и речи. Вместо "портрета" молекулы мы получаем ее научно-обоснованное описание.", см. [20], стр.141.

Еще в древности (18 веков тому назад) рабби Шимон бар Йохай писал, что существуют цвета "видимые и невидимые, зримые и незримые". Остается только лишь сожалеть о том, что современный атеизм все еще не додумался до этого.

3. Необнаруженной реальностью мы называем любую категорию, которая существует объективно, но которую субъективная личность еще не обнаружила или не в состоянии обнаружить вообще. Необнаруженная реальность существует объективно, то есть независимо от субъективных возможностей человека. Если какую-либо объективную реальность мы не видим глазами, не слышим ушами, не щупаем руками или не регистрируем приборами, то это вовсе не означает, что она якобы не существует.

И если та или иная категория, которая существует реально и объективно, еще не обнаружена тем или иным человеком, то для него и только лишь для него такая категория остается необнаруженной реальностью до тех пор, пока он ее не обнаружит. Как только такой человек обнаружит объективно существующую категорию, она становится для него обнаруженной реальностью. Так душа и Бог остаются для атеиста необнаруженной реальностью до тех пор, пока он остается атеистом. Если только атеист своим умом при помощи логического умозаключения обнаруживает Бога или человеческую душу, то он перестает быть атеистом, а Бог и душа становятся для него обнаруженной реальностью. В обоих случаях объективная реальность остается объективной реальностью. Только в одном случае она обнаружена человеком, а в другом – нет.

Если дальтоник не в состоянии различать цвета, то это вовсе не означает, что разноцветная радуга является якобы невозможной категорией.

Если кто-то объявляет себя "бездушной" кибернетической машиной, беспрекословно и слепо исполняющей волю своего "вождя", то это вовсе не означает, что души нет вообще. Если у кого-то не хватает логики и ума для того, чтобы обнаружить и понять Бога, то это также вовсе не означает, что якобы Бога нет вообще.

4. Невозможная категория

В отличие от необнаруженной реальности, **невозможными категориями** мы называем все те небылицы, существование кторых противоречит законам бытия, которые созданы Абсолютным Богом. К невозможным категориям прежде всего относятся: вечные двигатели, вечная материя, бессмертие физического организма, бесконечность физической Вселенной, целесообразный продукт творчества без интеллектуального Творца, самопроизвольное превращение неживой материи в живое существо, частица без античастицы, женщина без мужчины, мужчина без женщины, сигнал без информации, генетический код без идеальной генетической программы, материя без идеи, коммунизм т.д.

Если мы говорим, например, что коммунизм и вечные двигатели являются невозможными категориями, то мы делаем это вовсе не потому, что мы никогда не видели собственными глазами "вечных двигателей" или коммунистического общества, а также вовсе не потому, что нам якобы просто так хочется. Мы говорим так потому, что понятия "вечных двигателей" и "коммунизма" вступают в разительное и несовместимое противоречие с научными законами природы и общественного развития.

Возможность создания вечного двигателя второго рода полностью исключается вторым законом термодинамики. Возможность построения коммунизма исключается основным законом природы, согласно которому ни одна материальная категория не может существовать без своей противоположности. Из этого закона недвусмысленно следует, что общественная собственность не может существовать и успешно развиваться без частной собственности. Намерение создать коммунистическое общество, в котором наряду с общественной собственностью не будет никакой частной собственности, столь же противоестественно, сколько противоестественно намерение создать чисто мужское общество, изолированное от всех женщин, или чисто женское общество, изолированное от всех мужчин.

И если мы говорим, что все атеистические догмы (такие, как: самосотворение материи или самопроизвольное превращение неживого вещества в живое существо без всякого интеллектуального творца) являются невозможными категориями, то вовсе не потому, что видели или не видели их глазами, слышали или не слышали их ушами, щупали или не щупали их руками, регистрировали или не регистрировали их приборами, а потому что они вступают в разительное и несовместимое противоречие с научными законами.

5. Объем и качество, см. [26], стр. 193-197.

Чем больше физические размеры вещественного тела, тем легче мы можем щупать его своими собственными руками и тем отчетливее мы можем видеть его своими собственными глазами. Но значит ли это, что чем крупнее вещественное тело, тем оно важнее и качественнее? Значит ли это, что крупногабаритные физические тела важнее и качественнее, чем бестелесные категории? Конечно, нет! Согласно вариационному принципу Гамильтона–Остроградского, любая физическая система стремится реализовать такое движение, которое требует минимума энергии. Поэтому путь к совершенству, к которому стремятся все развивающиеся элементы и системы, есть прежде всего путь экономии энергии при одновременном повышении важности и качества выполняемых функций. Следовательно, качество той или иной развивающейся системы улучшается не с увеличением ее физических размеров (длины, ширины, высоты), а с ростом компактности и экономичности при исполнении все более и более качественных и важных функций.

Естественно, что малогабаритные категории требуют для своего движения, изменения и развития меньше энергии, чем крупногабаритные. Отсюда мы делаем очень важный научный вывод, подтверждаемый практикой: **чем меньше размеры физического объекта, тем выше его качество.** Вот почему качество небольшого человеческого мозга значительно выше, чем качество всего его физического организма, а качество человеческого организма значительно выше его кибернетической модели, размеры которой превысили бы размеры кремлевской башни.

Из биологии известно, что небольшой мозг является более важной и качественной системой, чем все остальное тело человека, которое почти в сто раз тяжелее мозга. Молекула дезоксирибонуклеиновой кислоты (ДНК), которая входит в состав живой клетки и которая в миллиарды раз меньше мозга, является более совершенной и важной системой, чем сам мозг. Однако, возникновение и развитие ДНК, содержащей генетический код, было бы невозможно без еще более важного кода, который содержится в недрах совершенно невесомого и бестелесного фотона. А энергетические коды на элементарном уровне фотонов были бы невозможны без более качественных идеальных программ, которые не содержат в себе ничего материального вообще, даже энергии.

"Неслышимых, незримых, невесомых и бестелесных категорий в мире нет!"– заявляет ученый атеист, выступающий перед неискушенной публикой. Однако, перед настоящими учеными, работающими в области естественных наук, он этого не смеет сказать. Не смеет потому, что естественными науками достоверно установлено объективное существование неслышимых, невидимых и бестелесных реальных категорий, которые не обладают никаким весом вообще. К ним прежде всего относится поле (электромагнитное, вакуумное, биологическое и т.д.). Объем и вес обыкновенного фотона равны в точности нулю. Однако каждый фотон несет в себе колоссальную программу развития материи.

Идеальные категории не содержат в себе никаких материальных категорий, даже физической энергии. Их невозможно увидеть глазами и измерять метрами. Если атеист изъявляет желание увидеть объективную идею своими собственными глазами, то мне невольно вспоминается древняя сказка о короле, которому слуги донесли о том, что маленький мудрец обладает колоссальным умом. Глупый король был удивлен тем, что в маленькой голове укладывается такой большой ум. Он распорядился убить мудреца, раскрыть ему мозг, извлечь оттуда его ум, взвесить, а затем измерить все размеры этого ума: длину, ширину, высоту. Только глупый король мог не знать, что ум человека не обладает весом и физическим объемом, что его нельзя увидеть глазами и поймать руками. Король выглядел бы еще более смешным, если бы приказал арестовать и бросить за решетку все те "законы природы", согласно которым он старел.

6. Биология – наука, изучающая материальные формы жизни (наука о живой природе). Если вы сначала видите одежду вашего собеседника, затем обращаете внимание на его тело и в конечном счете заглядываете в его душу, то биология совершенно аналогично начинает процесс изучения со сравнительно крупных весомых и зримых органов живого существа (глаза, уши, легкие, почки, печень, желудок, сердце и т.д.) Затем шаг за шагом она распространяет сферы своего исследования на очень маленькие, но более важные клетки, в которых содержится генетический код. И только лишь теперь биология подходит вплотную к невесомому, бестелесному и незримому, но самому важному идеальному содержанию живого существа. Это идеальное содержание живого существа и есть не что иное, как потусторонняя душа и ее посюсторонняя копия, называемая **психикой**.

Если первоначальная биология представляла собой науку, изучающую биологические системы и организмы, то ныне она, как физика и астрономия, могла бы поставить точку и заявить, что идеальная душа (как нематериальная противоположность биологического организма) не является уже предметом биологии и что изучением души должна заниматься другая наука, которая называется **витализмом**. Однако, если физика не может изучать материю в отрыве от объективной идеи и если астрономия не может изучать Вселенную в отрыве от

Идеального Мира, то биология тоже не может изучать живое существо в отрыве от его души, ибо живой организм, оторванный от души, перестает быть живым организмом, ([23],стр.6-11), ([26],стр.10-16)

7. Физической реальностью (материей) мы называем нулевую сумму ненулевых противоположностей. Объективность существования физических категорий относительна, а не абсолютна. Для внешнего наблюдателя физической реальности нет вообще, потому что ее общая сумма равна идеальному нулю. Для идеальной души, воплощенной в биологическое тело, она представляет собой "коллективное сновидение". Для внутреннего наблюдателя она зависима от органов чувств живого существа и поэтому представляет собой иллюзорный мир его субъективных ощущений. Например, если бы у нас были качественно "другие" глаза, то физический мир представился бы нам в "совершенно ином свете".

Мы можем видеть своими глазами, слышать своими ушами, щупать своими рукми и регистрировать приборами только лишь физическую реальность, которая зависима от наших органов чувств. Всякую другую объективную действительность мы можем обнаружить только лишь при помощи нашего интеллекта.

Масса, объем, размеры и все физические атрибуты души равны идеальному нулю. Поэтому увидеть душу "глазами" не представляется возможным. О физической внешности души не может быть и речи. Вместо "портрета" души мы получаем ее научно-обоснованное описание. Обнаружить душу можно только лишь с помощью интеллекта.

9
НАУЧНЫЕ ДОКАЗАТЕЛЬСТВА СУЩЕСТВОВАНИЯ ИДЕАЛЬНОЙ ДУШИ

Тело человека приходит и уходит, а душа – остается.

Исай Давыдов

Где находится идеальная душа? – естественный вопрос. Но чтобы задать его, надо знать: что такое пространство? Нет и не может быть права у человека спрашивать "где?", если он не знает, что такое пространство. Поэтому читатель должен ознакомиться с моей теорией свободы и пространства в моей книге Бытия, см. [26], стр.221-374.

Чтобы ответить на этот вопрос, прежде всего надо знать, что представляет собой многомерное пространство, как физическое, так и идеальное.

Вся физическая Вселенная вместе со всеми живыми существами, ее населяющими, в рамках идеальной вселенной представляет собой "мерцающую точку", потому что вся ее масса равна идеальному нулю. Душа находится в идеальной вселенной, а волновая информация, распространяемая ею даже со сколь угодно малой скростью, пересекает всю физическую Вселенную, а следовательно, и мозг живого существа, мгновенно.

В работе [25] мы привели математическое доказательство существования и развития идеальной души человеческой. Здесь мы приведем другие, научно-философские доказательства этой истины.

1. Доказательство относительного бессмертия человека

Предпосылка первая. Бог является бессмертной категорией в абсолютном смысле слова.

Предпосылка вторая. Человек есть относительное подобие Абсолютного Бога.

Следовательно, человек является бессмертной категорией в относительном, а не в абсолютном смысле слова, см. книгу [25], стр.186.

2. Доказательство существования бессмертной души человеческой

Предпосылка первая. Человек является бессмертной категорией в относительном, а не в абсолютном смысле слова.

Предпосылка вторая. Физическая форма человека не может быть бессмертной ни при каких обстоятельствах.

Следовательно, существует вечная душа, которая может сделать человека относительно бессмертным.

3. Доказательство третье – бренная психика и вечная душа

Живое существо представляет собой неразрывное единство биологического организма и идеальной психики. Психика является существенным атрибутом живого существа, без которого оно перестает быть живым существом. Поскольку идеальная психика неразрывно связана и зависима от биологического организма, она обязана подчиняться законам природы. Поэтому согласно основному закону природы, посюсторонняя психика обязана иметь свою потустороннюю противоположность – идеальную душу.

Согласно закону бренности материи, биологическое тело любого живого существа является бренным, то есть оно рождается, развивается, достигает высшей стадии своего развития, накапливает погрешность, стареет и умирает.

Согласно основному закону природы, бренный и смертный организм живого существа не мог бы существовать и развиваться без своей вечной и бессмертной противоположности. Вот эту вечную и бессмертную противоположность бренного и смертного организма мы и называем идеальной **душой,** или просто **душой** живого существа. Бессмертной противоположностью смертного тела живого существа может и должна быть только лишь его идеальная душа, которая существует вечно. Если бы не было вечной души, то не было бы и смертного тела.

Однако в бренном Материальном Мире нет и не может быть никаких бессмертных и вечных категорий. Поэтому бессмертную противоположность смертного тела живого существа следует искать вне материи и вне Материального Мира вообще. Это значит, что бессмертная душа человеческая существует вне его материального тела в ином, Идеальном Мире, а не Материальном.

Таким образом, психика человека рождается и умирает в Материальном Мире вместе с его бренным телом по закону замкнутого цикла. Идеальная душа человеческая существует и развивается вечно по закону логарифмической спирали в ином, Идеальном Мире. Однако, если человек в Материальном Мире ведет себя **преступно,** то его идеальная душа в Идеальном Мире не развивается, а сворачивается по закону логарифмической спирали вплоть до полного **исчезновения** [25].

Психика – это бренная копия вечной души. Бренная психика и бренный физический организм человека существуют вместе в Материальном Мире, а его вечная душа существует в Идеальном Мире.

4. Доказательство четвертое – разумная противоположность неразумной материи.

Неразумная материя обладает всего лишь одной степенью неосознанной "свободы", которая по сути дела является для нее необходимостью.

Свобода выбора или множество степеней свободы есть невозможная категория материи и всего Материального Мира.

Согласно основному закону природы, неразумная материя, обладающая одной степенью необходимости, не могла бы существовать без своей разумной противоположности, обладающей множеством степеней свободы. Однако, первобытная материя не только существовала, но и развивалась, хотя в новорожденной Вселенной не было никаких живых существ, а всякая неживая материя обладала всего лишь одной степенью "необходимости".

Следовательно, разумную противоположность неразумной материи, обладающую множеством степеней свободы, следует искать вне материи и вне Материального Мира вообще. Это значит, что существует иной мир, для которого идеальный дух, обладающий своей собственной осознанной волей, интеллектом и множеством степеней свободы, является необходимой категорией, которую мы называем духом.

Таким образом, дух существовал уже тогда,

когда не было никаких живых существ. Поэтому дух никак не связан с живым организмом. Однако ни один живой организм не обладал бы умом и множеством степеней собственной свободы, если бы им не управлял дух. Такого рода идеальный дух, способный воплощаться в живой организм, мы называем идеальной **душой**.

5. Доказательство пятое – уязвимое тело и неуязвимая душа

Всякое физическое тело любого живого существа, любая его биологическая система и любой его орган – могут быть легко разрушены в результате несчастного случая или злого намерения.

Материальный организм живого существа является уязвимым: его можно помять, порезать, поранить, раздавить, искалечить, убить и т.д. В Материальном Мире нет и не может быть не только никаких бессмертных живых существ, но и никаких "неуязвимых" категорий.

Согласно основному закону природы, легко **уязвимый** организм живого существа не мог бы существовать и развиваться без своей **неуязвимой** противоположности, надежно защищенной от всяких случайностей и от всяких злых намерений. Такой неуязвимой противоположностью уязвимого организма может быть только лишь идеальная **душа** живого существа.

Идеальная душа, как неуязвимая и бессмертная категория, может существовать только лишь в Идеальном Мире, так как существование неуязвимых или бессмертных категорий в Материальном Мире не представляется возможным вообще.

Еще в древности (18 веков тому назад) Рабби Шимон бар Иохай писал об этом так, ([23],стр.6), ([25], стр.285-289): "Самое грубое и неважное лежит на поверхности, а самое совершенное и важное спрятано глубоко".

Согласно закону целесообразности, живое существо имеет двойственную структуру. Оно состоит из уязвимого тела и неуязвимой души.

Если бы идеальная душа вселилась в биологическое тело живого существа в буквальном смысле слова, то злой человек мог бы убить ее. Тогда бессмертная душа перестала бы быть бессмертной, что противоречит закону целесообразного развития мира. Поэтому в целях полной безопасности душа никогда не вселяется в биологическое тело. Она всегда остается в Идеальном Мире вне всякого зла и вне всякого насилия. В то же время биологическое тело не может жить без идеальной души. Поэтому материальный мозг живого существа снимает посюстороннюю копию потусторонней души. Такого рода копию мы называем психикой. Она и определяет поведение живого существа.

Если мы образно говорим, что идеальная душа вселилась в материальное тело или покинула его, то в буквальном смысле мы имеем в виду, что душа управляет поведением человека извне через посредство его психики.

Идеальная душа, полностью и надежно защищена не только от всякого несчастного случая, но и от любого злого намерения, от всякой ненависти. Никто и ничто не может нанести ущерб идеальной душе, кроме нее самой. Душа обладает свободой выбора между добром и злом, между развитием и деградацией.

6. Доказательство шестое – перевоплощение душ

Согласно закону перехода количества в качество, с течением времени количественные изменения физической жизни человека должны перейти в ее качественные изменения.

Вместе с тем согласно закону отрицания отрицания, физическая жизнь человека должна перейти в свою диалектическую противоположность. Такой диалектической противоположностью физической (посюсторонней) жизни человека может быть только лишь его идеальная (нематериальная, потусторонняя) жизнь. Носителем такой потусторонней жизни может быть только лишь вечная душа, а не бренная психика, потому что психика умирает вместе с организмом.

День переходит в ночь не для того, чтобы тьма наступила на вечные времена, а для того, чтобы снова наступил день. Лето переходит в зиму не для того, чтобы лютые морозы наступили на вечные времена, а для того, чтобы снова наступило лето. Вы разрушаете свой старый дом не для того, чтобы остаться бездомным навеки, а для того, чтобы переселиться в новый, более современный дом. Совершенно аналогично, идеальная душа покидает устаревшее тело не для того, чтобы человек исчез навеки, а для того, чтобы вселиться в новоорожденное тело здорового ребенка. Я, старый и больной, уйду из этого мира не для того, чтобы исчезнуть навеки, а для того, чтобы вернуться молодым и здоровым. Жди меня, и я вернусь.

Душа человека вечна, а тело является временным убежищем для нее, как гостиница для путешественника Такого рода целесообразное переселение идеальной души в физический организм принято называть **перевоплощением душ.**

Закон орицания отрицания является обязательным для физических категорий и необязательным – для идеальных категорий. Поэтому физическая жизнь человека по истечении некоторого времени должна обязательно перейти в свою диалектическую противоположность – нефизическую жизнь. Однако, душа человека может, но не обязана перевоплотиться обратно в биологическое тело новорожденного ребенка. Как увидим дальше, это зависит как от Воли Бога, так и от воли индивидуальной личности.

Тело и душа являются противоположными категориями прежде всего в том смысле, что материальное тело не может существовать без своей нематериальной противоположности (без идеальной души), а идеальная душа может существовать без своей противоположности (без материального тела). Живое существо есть гармоническое единство материального тела и идеальной души.

И когда тело человека накапливает такое количество ошибок, что становится неполноценным, тогда душа его покидает неполноценное тело с тем, чтобы вновь воплотиться в более полноценное развивающееся тело новорожденного ребенка. Если человек свою текущую жизнь прожил "двуногим волком", то в следующей жизни он родится настоящим волком. И наоборот, если волчья душа вселяется в человека, то мы имеем дело с различного толка недобрыми людьми, которые являются ложкой дегтя в бочке меду человеческой жизни.

7. Доказательство седьмое – смысл жизни.

Если бы не было вечной души человеческой, то в физической жизни человека не было бы никакого смысла. Однако, согласно закону целесообразности, физическая жизнь человека не может быть бессмысленной. Следовательно, у каждого бренного человека есть своя собственная нематериальная душа, которая в определенных условиях может быть вечной и целесообразной.

8. Доказательство восьмое – зеркальное отобржение информации.

Согласно основному закону философии, идея – первична, материя – вторична. Не телевизор является творцом человеческой идеи, а идея инженера является творцом телевизора. Это означает, что материя не обладает никаким разумом. Поэтому материальный (физический) мозг не может быть источником идеальной (нефизической) информации.

Чтобы распространять информацию, мозг нуждается в душе, которая предоставит ему эту информацию.

9. Доказательство девятое — двойственная структура человека

1. Интеллектуальный человек имеет двой--ственную структуру – материальную форму и идеальное содержание.

2. Материя не обладает никаким умом

3. Следовательно, роль интеллектуальной деятельности отводится идеальному содержанию человека, которое мы называем душой. Психика есть промежуточное звено, связывающее интеллектуальную душу с физическим телом.

ОБЩИЕ ВЫВОДЫ

Существование души можно считать научно доказанным, хотя мы не можем увидеть ее глазами, услышать ее ушами, пощупать ее руками и зарегистрировать ее приборами. Мы можем обнаружить душу только лишь высоким интеллектом своим через посредство умозаключений. Душа – это категория из неведомого нам Идеального (нематериального) Мира. У нее нет ушей, глаз, языка... Поэтому такие материальные категории, как слышать, видеть, говорить и т.д., в буквальном смысле слова для нее неприемлемы. О них можно говорить только лишь образно. Душа и не нуждается в этом потому, что у нее есть более совершенные методы получения и отображения информации.

Некоторые люди ошибочно называют душу человека его сознанием. Однако это не так. Согласно закону отрицания отрицания, если сознание – продукт психики, то психика – продукт души.

Бессмертие души человеческой можно себе представить как бесконечное циклическое развитие, каждый цикл которого состоит из двух поочередно чередующихся и сменяющих друг друга противоположных фаз: "бодрости" и "сна". Такое чередование напоминает нам "бесконечное" чередование дня и ночи, света и тьмы и т. д. Фаза бодрости души — это бестелесная духовная жизнь человека в идеальной вселенной. В этой фазе душа человека полностью освобождена от бремени физической жизни на Земле. Фаза "коллективного сновидения" души продолжается на протяжении всей физической жизни человека, начиная с момента рождения и кончая до момента смерти физического организма. Когда душа воплощается в новорожденный организм ребенка, она "засыпает". После физической смерти человека – его душа "просыпается".

Критика атеизма

Если "диалектический" материализм отрицает существование идеальной души, то тем самым он отрицает и существование противоположностей, единство которых он считает источником диалектического развития. Поэтому "диалектический" материализм, отрицающий существование души, перестает быть диалектическим. Несостоятельность "диалектического" материализма в том и заключается, что он признает противоположности тогда, когда речь идет о революционных переворотах, и не признает их тогда, когда речь идет о душе.

Научное изучение живого организма невозможно без научного исследования его души. "Диалектический" материализм отрывает материальные физико-химические и биохимические процессы живого существа от его души. Он накладывает запрет на научное исследование идеальной души, объявляя ее несуществующей. Он пытается исследовать материальную форму живого организма, отбрасывая ее идеальное содержание. Поэтому атеизм является могучим тормозом развития науки, а материалистическое толкование происхождения жизни носит однобокий, уродливый и антинаучный характер.

10
ПРАКТИЧЕСКИЕ ДОКАЗАТЕЛЬСТВА СУЩЕСТВОВАНИЯ ИДЕАЛЬНОЙ ДУШИ ЧЕЛОВЕЧЕСКОЙ

Душа – это подлинная и вечная противоположность бренной психики. Психика рождается и умирает вместе с биологическим телом человека. Идеальная душа покидает непригодное материальное тело человека каждый раз после его физической смерти для того, чтобы воплотиться в новорожденное развивающееся тело ребенка. Возникает вполне уместный вопрос: подтверждается ли такая научная теория идеальной души практикой?

1. Опрос пациентов после клинической смерти. Достижения современной науки и техники сделали возможным возвращение человека к жизни после его клинической смерти, то есть в тот период времени, когда работа сердца и легких полностью остановилась, а распад клетчатки еще не начался. Люди, возвращенные к жизни после клинической смерти, являются своего рода уникальными свидетелями потустороннего Идеального Мира. Большое количество ученых врачей США и Европы произвели опрос таких свидетелей с целью практического решения вопроса: продолжает ли существовать идеальная душа человека после его физической смерти?

Результаты подавляющего большинства таких опросов можно обобщить вкратце следующим образом [58]:

1. На протяжении нескольких секунд умирающий вспоминает всю свою прошлую жизнь: от детского возраста до самой смерти.

2. Уже в первые секунды клинической смерти человек начинает четко сознавать, что его материальное тело не есть он сам. Человек как бы раздваивается на материальную форму и идеальное содержание. Он перестает ощущать все физические страдания своего материального тела и наблюдает как бы со стороны за действиями врачей, пытающихся оживить его мертвое тело.

В повседневной жизни живой человек обычно "видит" не глазами, а через посредство глаз, которые принимают световые сигналы и передают их идеальному биополю ауры для сигнально-информационной обработки. В момент клинической смерти глаза отключаются и человек "видит" непосредственно идеальным биополем своей ауры. Мой племяник Давид Амирамов рассказал мне следующий эпизод из своей жизни. Он куда-то так торопился, что бежал все быстрей и быстрее. Вдруг он "опередил самого себя" и увидел свое тело, бегущее к нему.

3. Неожиданно умирашему человеку становится хорошо и легко. Его идеальная душа сбрасывает с себя груз материального тела. Понятия "видеть" и "слышать" принимают качественно новый характер. Он видит отлично, но не глазами. Он слышит прекрасно, но не ушами. Вы поймете это сразу же, как только вспомните, что обычные сновидения вы "видите" не глазами. Интересен случай, когда абсолютно слепой человек, оживленный после клинической смерти, дал подробное описание внешности врачей, его оживлявших.

4. Затем умерший проваливается в черный "тоннель" и выходит из него в мир нежных звуков и ласкающего света. Заметим, что такой черный "тоннель" астрономы и физики обнаружили практически в космосе независимо от врачей и назвали его "черной дырой". В отличие от астрономической "черную дырку" индивидуума мы называем биологической.

Согласно теории, подлинное сознание души человеческой пробуждается от коллективного сновидения земной жизни тогда, когда психическое сознание человека заканчивает свой жизненный путь в Черной Биологической Дырке. За время прохождения через черную дырку человек переключается от психического сознания к душевному. Вот эту черную дырку он и представляет себе как "тоннель", из которого выходят в мир нежных "звуков" и ласкающего "света".

5. В Идеальном Мире умерший встречает тех родных и знакомых, которые умерли ранее. И тут у него появляется жгучее чувство вины перед теми, кого он обидел. Если он оставил в Материальном Мире беспомощными маленьких детей или старых родителей, то чувство долга "зовет" его назад. Иногда раздается "голос", объясняющий умершему, что он не готов к переходу в Идеальный Мир и должен вернуться обратно к материальной жизни.

6. После этого душевное сознание человека отключается. Человек приходит в психическое сознание и возвращается к физической жизни.

О результатах такого опроса вы можете прочитать более подробно, например, в книге американского доктора Р.Мудди "Жизнь после жизни" [58]; в книге швейцарского врача Элизабет Каблер-Росс "Смерть и умирание" или на страницах 121-126 второго номера журнала "Тайноведение", изданного в Израиле в 1982 году [77].

Таким образом, факт существования идеальной души человека после смерти его материального тела доказан не только научно, но и на практике.

2. Сновидения, подтверждающие существование вечной души человека после его физической смерти.

Пример первый. Мне приснилась старушка, умершая несколько лет тому назад, и сказала: "Передай моему сыну, что он обязан зажигать поминальную свечу каждый год без исключения в день моей смерти". На следующее утро я сообщил об этом ее сыну, который признался, что две недели тому назад в день смерти матери он забыл зажечь поминальную свечу, хотя ранее он всегда придерживался этого правила. Спустя несколько лет эта же старушка приснилась мне с такой же просьбой. И опять оказалось, что именно в этот год сын во второй раз забыл зажечь поминальную свечу своей матери. Она безошибочно снилась мне каждый раз, когда он забывал зажечь свечку. Так длилось до тех пор, пока я не уехал из Советского Союза.

Пример второй. Шла война коммунистической России с фашистской Германией. Мертвая тишина тихой ночи. В 4 часа утра предстоял смертельный бой – "психическая атака". Немцы залегли в траншеях и ни за что не хотели их покидать. Русские должны были выбить немцев оттуда любой ценой. Мой отец Шоул бар Мэттие перед боем лег на сеновал и заснул буквально на 2 часа. И видит он во сне винный погреб. Открывается дверь и входят 2 человека: отец моего отца Мэттие бар Йохай и рабби Шомииль, которые умерли еще до начала войны. Мэттие угостил Шоула чаркой черного виноградного вина, положил на его голову свою руку, благословил его и сказал ему:

– О мой сын! Иди смело в бой и ничего не бойся. Придет время и ты вернешься домой победителем.

В 4 часа утра мертвая тишина ночи внезапно сменилась криками "ура". Русские, поднявшись во весь рост, пошли на немцев. И "задышали" траншеи смертоносным огнем. Это немцы строчили русских из пулеметов. И полилась кровь рекою. В живых остались лишь немногие. Среди них был и мой отец – Шоул бар Мэттие. Но траншеи были взяты.

Такие эпизоды на практике убеждают нас в том, что душа человека не только существует после его физической смерти, но и помогает своим близким. Горячо любимых людей, которых душа оставила на Земле, она не забывает.

Пример третий. Я подал заявление в ОВИР на выезд из СССР. Прошел год. Однажды мне приснилась моя тетя – Шушана бет Мэттие, которая умерла 3 года тому назад. Она несла на подносе гроздья белого винограда и сказала: "Угощайся!". Я испугался и ничего не взял. Через две недели после этого сна я получил отказ на выезд из СССР. Через год мне приснился точно такой же сон и я получил снова отказ. Еще через год я увидел этот же сон в третий раз. Но на сей раз я осилил свой испуг, протянул руку, взял гроздь белого винограда и съел его. Через две недели я получил разрешение на выезд из СССР.

Существование идеальной души человеческой после физической смерти подтверждается не только сновидениями и опросами медицинских пациентов, переживших клиническую смерть, но и показаниями некоторых очевидцев (особенно детей!), помнящих свои предыдущие жизни. См. главу о перевоплощении душ в этой книге.

11
ИДЕАЛЬНАЯ ИНФОРМАЦИЯ
И
МАТЕРИАЛЬНЫЙ СИГНАЛ

> Движение любого физического объекта есть сигнал. Движение любой идеальной категории есть информация.
>
> Исай Давыдов

В пределах досягаемости все объекты находятся в непрерывной сигнально-информационной связи друг с другом. То есть они непрерывно обмениваются друг с другом сигналами и информацией. Тогда возникает вполне резонный вопрос: что такое информация, что такое сигнал и чем они отличаются друг от друга? Здесь мы только лишь напомним читателю общие положения и формулировку наиболее важных терминов.

Прежде всего следует четко различать понятие информации от понятия сигнала. **Информация** – смысловое содержание сигналов, кодов, сообщений, сведений или знаний (идеальная категория, которая не содержит в себе никаких материальных атрибутов).

Сигнал – материальная "копия" передаваемой или получаемой информации в условной форме (материальная категория, которая не содержит в самой себе ничего идеального).

Ради простоты и краткости в кибернетике иногда не дифференцируют понятия информации и сигнала. В этом и только лишь в этом смысле такая неаккуратность допустима. Однако в научно-философском смысле она совершенно неприемлема. В свое время еще основатель кибернетики Н.Винер подчеркивал, что между информацией и сигналом существует качественная разница, пренебрегать которой нельзя. Сигнал – это материальная категория, а информация – идеальная. Поэтому перепутать термины сигнала и информации или называть информацию материальной – это значит сделать ошибочный шаг к смешению религии с атеизмом. Если сигнал включает в себя вещественно-энергетические характеристики, то информация совершенно свободна от них, как и от каких бы то ни было материальных артибутов вообще.

Согласно основному закону природы, ничто материальное не может существовать без своей нематериальной противоположности [24]. Идеальные категории этим свойством не обладают и поэтому могут существовать без своей материальной противоположности. Поэтому идеальная информация может существовать без материального сигнала, а сигнал без информации – нет, см. ([25], стр.181-182)

Во всем мире (идеальном и материальном) существуют гармония и порядок, установленные Абсолютным Богом. Если бы это было не так, то весь мир давным-давно перестал бы существовать. Чтобы сохранить и поддерживать такую гармонию, все элементы и системы реального мира (живые и неживые) обязаны согласовать свои действия друг с другом в высшей степени целесообразно. Для этого прежде всего необходимо, чтобы все объекты всего реального мира находились в непрерывной сигнально-информационной связи друг с другом. Каждый объект сознательно или слепо (но в высшей степени точно!) должен действовать так, как этого требует от него всемирная сигнально-информационная связь. Поэтому Абсолютный Бог создал общедоступный универсальный "язык" сигнально-информационной связи, который принято называть **волной**. На этом "языке" интеллект обязан понимать материю, а материя должна исполнять команды интеллекта. Законы природы должны "командовать", а центробежные и гравитационные силы обязаны поддерживать движение Земли на орбите вокруг Солнца и т.д. Но тогда возникает вопрос: что такое волна?

Этому вопросу мы посвятим несколько последующих глав этой книги. С дополнительными подробностями по этому вопросу вы можете ознакомиться в моих предыдущих книгах, см. ([25], стр.175-192) и ([27], стр.106-115).

12
ИДЕАЛЬНЫЕ И МАТЕРИАЛЬНЫЕ ВОЛНЫ

> Сигнал всегда передается
> материальными волнами, а
> информация — идеальными.
> Исай Давыдов

1. Волны

Душа и тело -- категории разных миров. Если тело принадлежит миру неразумной материи, то душа принадлежит миру интеллектуальных идей. Между этими мирами существуют не только энергетические или скоростные барьеры, но и барьеры коммуникационной связи. Даже высоко-интеллектуальные люди, говорящие на одном и том же языке, часто не могут понять друг друга и согласовать свои действия. Материя не обладает никаким разумом вообще, и поэтому она тем более не в состоянии "понять" ту или иную идею. Тем не менее материя каким-то чисто механическим или чисто физическим способом "распознает" те или иные предписания идеи и исполняет их совершенно слепо, но в точности. Из такого парадоксального факта прежде всего вытекает следующий вопрос: каким образом осуществляется связь между Материальным и Идеальным Мирами, между интеллектуальной идеей и неразумной материей?

Для решения этого вопроса мы должны прежде всего ознакомиться с понятием **волны**, под которым принято подразумевать форму распространения колебательного движения в пространстве или среде. Согласно диалектическому закону обобщенных колебаний, всякое движение или изменение материи является колебательным процессом. Из естественных наук известно, что всякий колебательный процесс сопровождается распространением волны в окружающей среде. И наоборот: всякое волновое движение среды возбуждает колебания всякого тела, которое в ней находится.

Если какое-либо материальное тело или элементарная частица совершает колебания около своего номинального состояния, то некоторая часть энергии этого тела или этой частицы затрачивается на то, чтобы вовлечь в колебательное движение среду. Так например, вращение гребного винта корабля вовлекает в колебательное движение среду и возбуждает дополнительные морские волны. И наоборот: волны раскачивают корабль, который плывет по морю.

Колебательное движение струны или человеческого языка возбуждают в воздушной среде звуковые волны, которые в свою очередь приводят в колебательное движение барабанные перепонки уха. Сначала в колебательное движение приходят те точки окружающей среды, которые находятся в непосредственном контакте с поверхностью колеблющегося тела, затем -- более отдаленные. Однако волновое движение происходит не только в среде, состоящей из вещества, но и в энергетическом поле. **Поле** -- невесомый океан волнового движения: электромагнитное поле, световое поле, гравитационое поле, идеальное поле, биологическое поле и т.д.

2. Типы волн

В теории сигнально-информационной связи мы различаем четыре основных типа волн: вещественные, энергетические, тахионные и идеальные. Под **материальными** мы подразумеваем как вещественные, так и энергетические **волны**.

Вещественными мы называем **волны**, которые переносятся из одной точки пространства в другую с помощью вещества, например с помощью молекул газа или воды. Распространение вещественных волн осуществляется без переноса самого вещества К вещественным относятся, например, морские, воздушные или звуковые волны. Скорость распространения любой вещественной волны всегда меньше скорости света. Вещественнные волны используются для передачи и приема сигналов на короткие дистанции.

Энергетическими мы называем волны, в которых перенос энергии или сигнала из одной точки пространства в другую осуществляется с помощью невесомых элементарных частиц. К ним относятся: электромагнитные волны, гравитационные волны, биологические волны, радиоволны и т.д. Любое **физическое поле**, не обладающее никакой массой покоя, является своеобразным "океаном" непрерывно бушующих энергетических волн. Так например, распространение светового поля от своего источника во все стороны является волновым движением самих фотонов, которые не обладают никакой массой покоя. Существование физического поля без волнового движения не представляется возможным вообще. Энергетические волны могут существовать только лишь в состоянии движения при критической (световой) скорости: с = 299 792 км/сек Энергетические волны используются для передачи и приема сигналов на длинные дистанции.

Если вращение гребного винта корабля вызывает волновое движение морской среды, если упругие колебания струны вызывают волновое движение воздуха, то какое волновое движение может вызывать вещественное тело (или невесомая частица), колеблющееся в совершенно чистом вакууме? Обычно неискушенные люди спрашивают: "Может ли волновое движение световых фотонов возбудить какое-либо волновое движение такой среды, как чистый вакуум, если этот вакуум абсолютно пуст?"

Однако все дело именно в том и заключается, что согласно общепризнанной научной теории английского физика Поля Дирака, вакуум -- это вовсе не пустота. Образно выражаясь, **пространственный вакуум** есть бушующий океан отрицательной энергии. "Абсолютный вакуум" состоит из отрицательной энергии точно так же, как Атлантический океан (или Средиземное море) состоит из воды. Содержанием вакуумного пространства является отрицательная энергия точно так же, как содержанием воздушного океана является воздух. Поэтому вакуум является пустым только лишь по форме, по оболочке, по той "одежке", в которой мы в состоянии его видеть или ощущать.

Однако по своему содержанию вакуум -- это сложный мир отрицательных энергий, недоступный нашему непосредственному физическому восприятию. Мир отрицательных энергий вакуума, так же как и мир положительных энергий вещества, состоит из несметного множества разнообразных элементов и систем. В мире вакуума происходит великое множество разнообразнейших процессов, в том числе и волновое движение. Но нам не дано их непосредственно увидеть или ощутить. Любое колебательное движение вещества, а также любая материальная волна приводит отрицательную энергию вакуума (чистого пространства) в волновое движение точно так же, как упругие колебания струны вызывают волновое движение воздуха. Вакуумной волной называется такое распространение колебательного движения в пространстве, которое сопровождается переносом отрицательной энергии самого вакуума из одной его точки в другую.

Тахионными (антивещественными) мы называем волны, в которых перенос энергии из одной точки пространства в другую осуществляется с помощью тахиона (или антивещества), обладающего отрицательной массой. Тахионами принято называть физические античастицы, скорость которых превышает скорость света в чистейшем вакууме. Поэтому тахионные волны могут существовать только лишь в состоянии движения с конечными, но сверхкритическими скоростями. Всякие другие скорости для них неприемлемы. Тахионные и антифотонные волны используются для сигнально-информационной связи Материального Мира с Идеальным Миром.

Если во избежание излишней дискуссии мы согласились с атеизмом энергию условно считать материальной категорией, то не только вещественные, но энергетические и тахионные волны мы должны считать материальными. Материальной волной называется такая форма распространения колебательного движения в среде, которая сопровождается переносом положительной или отрицательной энергии из одной ее точки в другую. Тогда термин "материальные волны", охватывающий вещественные, энергетические, тахионные и вакуумные волны, следует отличать от термина "волн материи", под которым принято понимать только лишь частный фрагмент материальных волн, а именно: волны де Бройля, [70], стр. 52.

Французский физик Луи де Бройль еще в 1924 году научно доказал, что при движении любого физического тела возникают особые волны, длина которых равна:

$$\lambda = h / mv. \qquad (1)$$

Здесь λ -- длина дебройлевской волны, m и v -- соответственно масса и скорость тела, $h = 6,6 \bullet 10^{-27}$ эрг/сек -- постоянная Планка.

Особой разновидностью материальных волн являются световые волны. Ранее считалось, что свет распространяется в вакууме с бесконечно большой скоростью. Довольно точное экспериментальное определение скорости света в вакууме ($c = 299792$ км/сек) нанесло сокрушительный удар по атеистическим представлениям материальной бесконечности. Научное определение скорости света пробило брешь в антинаучном здании атеизма, которое трещит теперь по всем швам. Из специальной теории относительности известно, что в нашем вещественном мире не представляется возможным передача материального сигнала со скоростями, превышающими скорость распространения света в совершенном вакууме.

Однако это вовсе не означает, что сверхсветовые скорости якобы невозможны вообще.

Наряду с миром досветовых взаимодействий существует нигде не соприкасающийся с ним мир сверхсветовых скоростей, в котором скорость света является не верхней, а нижней границей скорости.

Согласно основному закону природы, ничто материальное не может существовать без своей нематериальной противоположности. Поэтому материальная волна не могла бы также существовать без своей противоположности. Нематериальную противоположность материальной волны мы называем **идеальной волной**, которая по сути дела представляет собой форму распространения идеальной информации или объективной идеи в Идеальном Мире. **Идеальное поле** -- это невесомый и незримый океан идеальных волн. Идеальные волны, как и идеальное поле, не содержат в себе ничего материального, ничего физического, даже физической энергии. Объективное существование идеальных категорий (в том числе -- идеальных волн и идеального поля) научно доказано в моих предыдущих книгах, см. ([23], стр.160-162) и ([27], стр.87) Идеальные волны используются для передачи и приема нематериальной информации.

3. Зоны скоростей, [27], стр.75-95.

Если вещественные волны передают сигнал в своем мире досветовых скоростей, заключенных в промежутке от 0 до 299 792 м/сек, то тахионные волны передают сигналы в своем мире сверхсветовых скоростей, заключенных в промежутке от 299792 до 420000 м/сек. Если световая скорость является верхней границей передачи сигналов в нашем вещественном мире, то та же световая скорость является нижней границей передачи сигналов в мире энергоантивещества. Используя простые и наглядные примеры, Владимир Александрович Угаров в работе ([83], стр.273-289) на очень высоком научном уровне убедительно показал, что сигнал не может быть передан непосредственно из мира досветовых скоростей в мир сверхсветовых скоростей и обратно, хотя скорость движения нематериальной точки может быть увеличена сколь угодно, даже до бесконечности.

Если вещественные волны ни при каких обстоятельствах не могут перейти в мир сверхсветовых скоростей, то тахионы ни при каких условиях не могут перейти в мир досветовых скоростей. Ни те ни другие не могут достичь критической скорости и перейти через скоростной барьер. Таким образом, передача сигналов по отдельности существует в обоих мирах: как в мире досветовых, так и в мире сверхсветовых скоростей. Однако непосредственный обмен сигналами между мирами докритических и сверхкритических скоростей не представляется возможным вообще [23].

Таким образом, вещественные волны распространяются с досветовыми, энергетические волны -- со световыми, а тахионные волны - со сверхсветовыми скоростями. Материальные волны (даже тахионные!) не могут распространяться со скоростями, превышающими 424 000 км/сек. Все, что движется быстрее, может быть только лишь идеальной категорией, см. [27], стр.75-95.

4. Назначение информационных и сигнальных волн.

Материальные элементы и системы при помощи различных волн непрерывно передают друг другу своего рода "неосознаные сообщения", согласно которым все объекты должы вести себя определенным образом в зависимости от ситуации. Например, любое физическое тело распространяет вокруг себя гравитационные волны, в соответствии с которыми одноименные массы притягиваются, а разноименные массы отталкиваются друг от друга, [25], стр.153. Такого рода неосознанные сообщения или команды принято называть **сигналами**.

На этом примере видно, что передача волнового сигнала, а также притяжение и отталкивание тел -- происходят без всякого непосредственного участия интеллекта или идеи, ибо материя сама по себе не обладает никаким умом вообще. Не содержит в себе ничего интеллектуального и сам сигнал. Поэтому всякий сигнал является материальной категорией, а не идеальной, ибо сигнал представляет собой код информации, а не саму информацию.

Радиоприемник ловит только радиоволны, но он не может уловить звуковые или световые волны даже в том случае, если он настроен на нужную частоту. Каждый род приемника отзывается только на свой род волн: ухо – на звуковые волны, глаз – на световые волны, интеллект – на информацирнные волны, радиоприемник -- на радиоволны, биологическое тело – на биоволны и т.д.

Существование вещественных и чисто энергетических волн подтверждено многочисленными экспериментами. Более того, они используются во всех радио- и телепередачах. Большинство материальных волн улавливается непосредственно либо с помощью наших физических органов, либо с помощью специально созданных искусственных приборов. Идеальные волны улавливаются нашим интеллектом. Тахионные волны для мира досветовых скоростей -- неуловимы.

Но это вовсе не означает, что тахионных волн нет вообще. Объективное существование тахионных и антифотонных волн научно доказано в моих предыдущих работах, [23-27]. Заметим также, что научный атеизм признает объективное существование сверхсветовых скоростей и тахионных волн, см, например, ([83]стр.273-289) и ([35]стр.128-130)

Если звуковые волны мы слышим нашими ушами, если световые волны мы видим нашими глазами, если вещественные волны мы регистрируем физическими приборами, то вывод о существовании вакуумных, тахионных и идеальных волн мы делаем при помощи научного умозаключения, основанного на достоверных исходных предпосылках, подтвержденных практикой. Это значит, что физические волны мы воспринимаем нашими физическими органами, а идеальные волны мы обнаруживаем нашим идеальным интеллектом.

Мы не можем увидеть идеальные волны непосредственно своими глазами, мы не можем слышать их непосредственно своими ушами, мы не можем пощупать их руками или зарегистрировать приборами и т.д. Идеальные волны в принципе, то есть по самой нематериальной сути своей, не могут быть обнаружены физическими органами человека или техническими приборами, потому что они не содержат в себе ничего физического, ничего материального. Идеальные волны могут быть обнаружены и познаны только лишь умозрительно, научно, при помощи идеального интеллекта, а не при помощи технических приборов или физических органов человека, таких, как: глаза, уши, руки и т.д.

5. Всеобщий закон СИС

Опираясь на современные данные естественных наук, мы можем сформулировать **закон сигнально-информационной связи** между Материальным и Идеальным мирами следующим образом:

1. Всякое движение или изменение физического объекта является колебательным процессом. Всякий колебательный процесс сопровождается распространением волны в окружающей среде. И наоборот: всякое волновое движение среды вызывает колебательное движение весомого тела, которое в ней находится.

2. Существует четыре основных типа волн: вещественные, энергетические, тахионные и идеальные. Под материальными мы подразумеваем как вещественные, так и энергетические волны.

3. Вещественные волны распространяют сигналы в мире досветовых скоростей, а тахионные волны -- в мире сверхсветовых скоростей. Если световая скорость является верхней границей передачи сигналов в нашем вещественном мире, то та же световая скорость является нижней границей передачи сигналов в мире энергоантивещества. Если вещественные волны ни при каких обстоятельствах не могут перейти в мир сверхсветовых скоростей, то тахионные волны ни при каких условиях не могут перейти в мир досветовых скоростей. Ни те ни другие не могут достичь критической скорости и перейти через скоростной барьер.

Это значит, что передача сигналов по

отдельности существует в обоих мирах: как в мире досветовых, так и в мире сверхсветовых скоростей. Однако непосредственный обмен сигналами между этими мирами не представляется возможным вообще. Всякая попытка осуществить обмен вещественными сигналами между этими мирами содержит в себе опасность колоссальной энергетической катастрофы. Однако непрямая связь между ними все же осуществляется через посредство невесомого физического поля.

4. Идеальные волны могут распространять объективную информацию с любой, сколь угодно большой или сколь угодно малой скоростью. Для каждой идеальной волны существует соответствующая энергетическая волна той же частоты.

5. Таким образом, сигнально-информационная связь между Материальным и Идеальным мирами осуществляется при помощи материальных и идеальных волн через посредство промежуточных (чисто энергетических) волн.

6. В пределах досягаемости все объекты непрерывно обмениваются друг с другом сигналами и информацией. Любая сигнально-информационная связь осуществляется при помощи волн. С точки зрения теории сигнально-информационной связи идеальная волна всегда есть информация в той же мере, в какой мере материальная волна всегда есть сигнал. Любая среда является своеобразным океаном непрерывно бушующих волн, распространяющих сигналы и информацию во всем мире. Источником и адресатом информации может быть только лишь интеллект.

13
БИОЛОГИЧЕСКИЕ ДЫРКИ

1. Белая биологическая дырка (ББД)

Естественными науками достоверно установлено объективное существование биологических волн. Если каждая радиостанция имеет свою собственную специфическую радиоволну, то точно так же каждое живое существо имеет свою собственную, принадлежащую только лишь ему одному, специфическую биоволну, которая в определенных условиях может простираться на сотни тысяч километров со скоростью с = 299 792 км/сек, см. ([23], стр.149).

Но тогда возникает вполне уместный вопрос, где берет свое начало биологическая волна: от материального мозга или же из иного (идеального) мира? Из физики известно, что любое материальное тело имеет свой центр, как по весу, так и по объему. Земля, звезды и галактики имеют центры своего вращения. Столица является центром государства, а президент – правителем всей страны. Бог является абсолютным центром всего мира. Естественно, что центр всякой системы значительно меньше, чем сама система. Тогда возникает вполне резонный вопрос: что же является биологическим центром живого человека?

Обычно говорят, что центральным органом биологического тела человека является его головной мозг. Действительно, головной мозг человека является своего рода "административным центром", который "управляет" на молекулярном уровне всем его биологическим телом. Причем, вес и объем "управляющего" мозга во много раз меньше, чем вес и объем "управляемого" тела

В свою очередь, биологический мозг также имеет свой центр и своего "администратора" на уровне элементарных частиц. Причем, вес и объем головного мозга, управляемого элементарными частицами, во много раз больше, чем вес и объем самих "управляющих" частиц.

Такие элементарные частицы, обладающие некоторым объемом и некоторым весом, также имеют свое "центральное правление", но уже на уровне фотонов, у которых нет никакого веса и никакого объема, и т.д.

Современным ученым фотон представляется своеобразным "микромиром" со своей своеобразной "микроцивилизацией". Поэтому в принципе такого рода иерархия "правления" может быть продолжена на фотонном уровне. Однако согласно закону перехода количественных изменений в качественные, такого рода "централизация" не может продолжаться до фантастической бесконечности. После некоторого конкретного количества ступеней рассматриваемый центр должен потерять свое старое материальное качество и приобрести новое идеальное качество. ([23], стр. 354-356).

Вот этот идеальный центр управления материальным телом живого существа мы называем **Белой Биологической Дыркой** (ББД). Возражать против этого – все равно что возражать против закона перехода количества в качество. Возражая против закона перехода количества в качество, "диалектический" материализм перестает быть диалектическим, а "научный" атеизм перестает быть научным. В любом случае научная победа остается на стороне религии. И вообще непонятно, почему атеизм должен возражать против белой биологической дырки, если он признает факт существования белой космической дырки?!!

Белая биологическая дырка (ББД) является идеальным центром материального (биологического) мозга. Головной мозг каждого человека имеет свою Белую Биологическую Дырку – свой нематериальный центр. Этот центр представляет собой нулевую точку, все материальные атрибуты которой равны идеальному нулю. Из этой точки струится идеальная информация вечной души, "оживляющая" бренный организм человека.

2. Черная Биологическая Дырка (ЧБД)

Согласно основному закону природы, если существует Белая Биологическая Дырка, то должна существовать и Черная Биологическая Дырка. Если существуют материальные биоволны, то должны существовать и идеальные биоволны. Если существует материальная биосфера, то должна существовать и идеальная биосфера.

Черная Биологическая Дырка — это черная противоположность Белой Биологической Дырки, в которой проваливается психика человека в момент его физической смерти.

Люди, пережившие клиническую смерть, свидетельствуют о том, что во время клинической смерти они проваливались в черный **туннель,** ведущий в яркий лучезарный мир. Вот этот туннель с теоретической точки зрения и представляет собой Черную Биологическую Дырку. В начале этого туннеля заканчивается физическая (бренная) жизнь человека, а в конце него – вечная душа человека пробуждается от коллективного сновидения земной жизни.

Любую голубую плоскость можно себе представить плоскостью сплошной голубизны даже тогда, когда она имеет бесчисленное множество черных дырок с нулевыми размерами, ибо суммарная площадь всех этих дырок всегда равна нулю, как бы велико ни было их количество. В эти черные дырки легко могут провалиться любые голубые точки плоскости, имеющие нулевые размеры. Через них могут пройти также любые прямые линии с нулевыми поперечными сечениями, если они перпендикулярны к плоскости. Однако, если на такой линии в голубой плоскости закреплен круг, то она не может провалиться в черную дырку до тех пор, пока радиус круга не уменьшится до идеального нуля.

Совершенно аналогично, физическое пространство нашей Вселенной мы можем себе представить сплошным трехмерным пространством, хотя в нем имеется бесчисленное множество белых и черных дырок с нулевыми размерами, ибо суммарный объем и физическая энергия всех этих дырок равна нулю, как бы велико ни было их количество. Через черные дырки могут уйти, а через белые дырки могут придти любые идеальные категории, не обладающие никаким объемом и никакой физической энергией. Поэтому через Черную Биологическую Дырку физического пространства может уйти в иной мир только лишь такое идеальное содержание живого существа, которое независимо от его материального мозга. Такого рода идеальное содержание живого существа, которое независимо от его биологического тела, мы называем душой.

Однако, такое идеальное содержание живого существа, как психика, которое целиком и полностью зависит от материального мозга, не может уйти в Идеальный Мир и должно погибнуть вместе с организмом.

14
БИОПОЛЕ И АУРА

1. Теоретические основы биоволн

Каждое материальное тело является источником и приемником определенных волн, передающих сигналы. Распространяется ли это положение на живые категории или же оно относится только лишь к неживой материи?

"В 1923 году советский ученый А.Г.Гуревич сделал открытие, которое было признано наиболее выдающимся в области биологии. Гуревич зарегистрировал энергетическое излучение клеток человека и впервые сформулировал концепцию биологического поля – биополя. Был сделан вывод: клетки излучают информацию – кодированные электромагнитные сигналы в ультрафиолетовом диапазоне", см. [13]. стр.83.

Другой советский профессор Л.Л. Васильев в своей книге "Таинственные явления человеческой психики" научно доказал, что биологические волны, передающие информацию, являются особыми, уникальными и не имеют ничего общего с "неживыми" электромагнитными волнами. Результаты теории были подтверждены экспериментально им же еще в 1936 году следующим образом. С помошью специального металлического экрана, не пропускающего электромагнитные радиоволны, производилась полная и тщательная герметизация камеры как человека – передатчика, так и человека – приемника.

Проверка герметичности этих камер от проникновения ультракоротких, коротких, средних и длинных электромагнитных волн производилась с помощью специальных приборов, как снаружи, так и изнутри. Затем "передатчик" помещался в одну изолированную камеру, а "приемник" – в другую. В таких уловиях полной герметизации проводилась серия опытов по передаче информации с помощью биоволн от передающего мозга к принимающему мозгу. Другая серия таких же экспериментов производилась без всякой герметизации, без всяких камер. Сопоставление результатов обоих серий опытов показало, что электромагнитная герметизация не оказывает никакого влияния на передачу информации с помощью биоволн. Следовательно, биологические волны не всегда являются электромагнитными. Их природа совершенно иная ([67], стр. 75-85), ([77], № 2, стр. 57-60) .

Еще один советский профессор Н.И. Кобозев в своей научной статье "О физико-химическом моделировании процессов информации и мышления", опубликованной во 2-м и 4-м номерах "Журнала физической химии" за 1966 год, писал: "Механизм мышления не может находиться на атомно-молекулярном уровне, осуществляемом известными нам частицами. Его нужно искать глубже..." ([67], стр. 82-83) .

В Вестнике АН ССР №8 1983 года было опубликовано о том, что вокруг биологических объектов обнаружена сложная совокупность восьми типов физических полей, см.[13], стр.85.

Не только объективной наукой, но "диалектическим" материализмом и "научным" атеизмом бесспорно признается следующее: подобно тому, как Солнце и звезды являются источником физической энергии, проникающей в глубь всех тел, так материальное тело живого существа становится источником материальных биологических волн, образующих его индивидуальную биологическую сферу (биополе). Материальное тело живого существа является не только источником, но и приемником материальных биоволн. Образно выражаясь, головной мозг человека является своего рода "центральным аппаратом" его физического тела, принимающим и распространяющим биологические сигналы. Центральная нервная система является своего рода "антеной" этого аппарата.

2. Биологические волны

Естественными науками достоверно установлено, что сигнально-информационная связь между живой материей и окружающим ее миром осуществляется при помощи биологических волн. **Биологическими волнами** мы называем форму распространения колебательного процесса в пространстве или среде с целью обеспечения сигнально-информационной связи между биологическим объектом и внешним миром. Каждая волна несет с собой материальный сигнал или идеальную (нематериальную) информацию.

В зависимости от скорости распространения сигналов или информации мы различаем четыре основных типа биологических волн: вещественные, энергетические (фотонные), антифотонные ("вакуумные"), тахионные и идеальные. Под **материальными** мы подразумеваем как вещественные, так и энергетические **биоволны**.

Вещественными мы называем **биоволны**, в которых перенос вещественного сигнала из одной точки пространства в другую осуществляется с помощью вещества (например, передача сигнала в биологических клетках) .Скорость распространения любого вещественного сигнала всегда меньше скорости света.

Энергетическими (фотонными) мы называем **биологические волны**, в которых перенос сигнала из одной точки среды в другую осуществляется с помощью невесомых элементарных частиц. Например, передача сигнала из энергетического биополя в идеальное. Скорость распространения любого энергетического сигнала всегда равна скорости света

Антифотонными мы называем **биоволны**, в которых перенос сигналов из одной точки физического пространства в другую осуществляется с помощью антифотонов. Антифотонные (вакуумные) биоволны принимают участие в сигнально-информационной связи между душой, психикой и мозгом. Скорость распространения любого анти-фотонного сигнала всегда равна скорости света.

Тахионными мы называем **биологические волны**, которые распространяются в пределах скоростей от 299 792 до 424 000 км/сек. Они могут принимать участие в сигнально-информационной связи между душой, психикой и мозгом.

Согласно основному закону природы, ничто материальное не может существовать без своей нематериальной противоположности. Поэтому нематериальную противоположность материальной биоволны мы называем **идеальной биологической волной**, в которой перенос идеальной информации из одной точки среды в другую точку осуществляется без всяких материальных атрибутов. Скорость распространения нефизической информации может

134

быть сколь угодно большой или сколь угодно малой величиной.

3. Типы биологиеских полей

Биосфера – область активной биологической жизни, охватывающая нижнюю часть атмосферы Земли (высотой до 25 км).

Грузинским ученым М.Х.Хвеладзе научно доказано, что ДНК (с помощью которой происходит передача наследственной информации) сохраняется в биосфере, см. [77], №2, стр. 80.

Биополе (общее) – сфера невесомых и незримых биологических волн, несущих сигналы или информацию о всей совокупности биологической жизни на Земле.

Биополе (частное) – сфера невесомых и незримых биологических волн, несущих сигналы или информацию о конкретном биологическом объекте (биологической клетке, биологической системе, биологическом организме и т.д.) У каждого живого организма свое биополе. Поэтому количество такого рода биологических полей – несметное множество. Мы не собираемся охватить их все, потому что в нашем популярном изложении нет в этом надобности. Подробнее с этим вопросом вы сможете ознакомиться в книге Софии Бланк [13]. Здесь мы остановимся на решении частной проблемы сигнально-информационной связи психики человека с его душой. В связи с этим рассмотрим 5 основных типов биологических полей человека.

Биополе №1.

Центральное информационное биополе человека (идеальная категория). Возникает в момент рождения человека и исчезает в момент его биологической смерти.

Биополе №2.
Защитное информационное биополе человека (идеальная категория). Возникает в процессе внутриутробного развития человека и исчезает через 7 дней после его биологической смерти.

Биополе №3.
Центральное сигнальное биополе человека (физическая категория). Возникает в процессе внутриутробного развития человека и исчезает через 7 дней после его биологической смерти.

Биополе №4
Защитное сигнальное биополе человека (физическая категория) . Возникает в процессе внутриутробного развития человека и исчезает через 28 дней после его биологической смерти.

Биополе №5
Дистанционное биополе человека, предназначенное для непосредственной (бессигнальной) передачи информации на сколь угодно большие расстояния (идеальная категория). Возникает в момент рождения человека и исчезает через 12 лунных месяцев, то есть через 336 дней после его биологической смерти.

4. Аура
Наложение всех первых четырех биологических полей мы называем **аурой** человека. Все они совмещаются в одной и той же области

физического пространства.

Аура – сигнально-информационное биополе яйцевидной формы, окружающее Белую Биологическую Дырку живого человека. Усредненный радиус ауры человека равен примерно 3 – 4 м. По образному выражению Софии Бланк, "слои ауры встроены друг в друга наподобие матрешок" [13]. Центром биологических полей каждого человека является Белая Биологическая Дырка его головного мозга.

Таким образом, с точки зрения теории сигнально-информационной связи: **психическое сознание** человека есть то, что движется, изменяется и развивается в идеальном биополе его ауры (Биополе №1).

Диалектический закон отрицания отрицания для понятия ауры выражается следующей формулой: если информационное биополе ауры человека функционирует благодаря ее сигнальному биополю, то сигнальное биополе функционирует благодаря информационному. Если мы признаем физическое биополе ауры, то согласно основному закону природы, мы должны в той же мере признать и ее идеальное биополе. Возражать против этого все равно, что возражать против законов диалектики.

Согласно основному закону природы, можно считать научно доказанным следующее: идеальная душа любого человека является источником идеальных волн точно так же, как его материальное тело является источником материальных биоволн. Идеальные волны души образуют ее идеальное поле точно так же, как материальные биоволны образуют материальное биополе организма. Если физическое биополе тела человека существует в Материальном Мире, то идеальное поле души того же человека существует в Идеальном Мире. Если физическое биополе человека принадлежит ему и только лишь ему, то идеальное поле души человеческой принадлежит ей и только лишь ей

Материальное биополе уникального типа является той структурной формой, которой каждый человек отличается от всех других людей. Совершенно аналогично, идеальное поле уникального типа является тем индивидуальным содержанием, которым каждая душа отличается от всех других душ. Физический организм человека является не только источником, но и приемником энергетических биоволн. Совершенно аналогично, идеальная душа человека является не толко источником, но и приемником идеальных волн.

В момент рождения ребенка поток идеальных волн его души врывается из Идеального Мира в Материальный Мир. В Материальном Мире он бъет шаровым фонтаном из ББД и образует вокруг нее идеальное (нефизическое) биополе человека – биополе №1. В то же время поток идеальных волн души пронизывает головной мозг человека насквозь. Вследствие этого головной мозг создает вокруг ББД физическое биополе – биополе №3.

Образно выражаясь, мозг принимает идеальные и отражает материальные биоволны точно так же, как зеркало принимает и отражает форму любого предмета. Биологические поля и волны каждого человека в Материальном Мире берут свое начало из нефизического центра, который мы называем Белой Биологической Дыркой.

В общей сложности, вокруг Белой Биологической Дырки образуется наложение двух типов биологических полей – материальных (физических) и идеальных (нефизических) . Между этими полями существует определенная сигнально-информационная связь, в которой роль посредника отводится головному мозгу.

5. Сон и бодрость психики

Когда психика человека бодрствует, то есть когда существует активная сигнально-информационная связь органов чувств человека с внешним миром на коротких расстояниях, тогда его дистанционное биополе "спит", а телепатическая радиосвязь с внешним миром на далеких растояниях отключается. Когда психика человека "спит", его дистанционне биополе "бодрствует", а телепатическая радиосвязь человека с внешним миром на далеких растояниях налаживается. То же самое происходит и в аварийной ситуации.

6. Сон и бодрость души

Кргда живой организм человека рождается, его душа погружается "в коллективное сновидение" земной жизни. В момент физической смерти человека его душа освобождается от бремени физической жизни и тем самым просыпается от "коллективного сновидения". Таким образом, когда человека нет на Земле, его душа "бодрствует" в Идеальном Мире. В период физической жизни на бренной Земле идеальная душа человека погружается "в коллективное сновидение" земной жизни. Проще выражаясь, она "спит" и видит земные сны у себя в Идеальном Мире.

15
ЧАСТОТНО-ВОЛНОВЫЕ ХАРАКТЕРИСТИКИ ПОЛЕЙ

1. Частотный резонанс

Волновое движение периодично в пространстве и во времени. Пространственная периодичность волнового движения характеризуется **длиной волны** λ, то есть расстоянием между ближайшими точками среды, колеблющимися в одинаковых фазах. Периодичность волнового движения во времени характеризуется **частотой f**, то есть количеством колебаний, совершаемых в единицу времени. Число колебаний, совершаемых за одну секунду, принято называть **герцем (гц)**. Каждое материальное тело воспринимает из окружающей среды и распространяет в окружающую среду волны определенной длины и частоты.

Скорость распространения волны равна

$$v = \lambda \cdot f. \qquad (2)$$

Если скорость v равна конкретному и конечному числу, то частота f и длина волны λ являются также конкретными и конечными числами. Если идеальная волна имеет бесконечно большую длину λ и распространяется с бесконечно большой скоростью, то и тогда ее частота f может быть любым конкретным числом, начиная от сколь угодно малого и кончая сколь угодно большим.

Таким образом, количество всевозможных вариантов частотных и других характеристик идеальной волны может быть сколь угодно большим. Если скорость распространения идеальной волны является конечной или бесконечно большой величиной, то идеальная волна с нулевой массой может иметь ту же частоту (или длину) конечной величины, что и материальная волна, масса которой не равна нулю. Каждой идеальной волне соответствует материальная волна той же частоты или той же "длины".

Слово "длина" здесь берется в кавычки, потому что идеальные волны являются нефизической противоположностью материальных волн. "Длины" этих волн являются качественно различными в такой степени, что между ними нельзя ставить знак равенства, как нельзя ставить знак равенства между метрами и килограммами. Несмотря на коренное и качественное различие, существующее между материальными и идеальными волнами, время, а следовательно, и частота (то есть количество колебаний в секунду) имеют одинаковый смысл как для материальных, так и для идеальных волн. Поэтому частоты материальных и идеальных волн могут быть одинаковыми не только по количеству, но и по качеству.

Соответствие частот идеальной и материальной волны мы называем **сигнально-информационным резонансом**, при помощи которого осуществляется любая сигнально-информационная связь.

Через любой сколь угодно малый объем окружающего пространства одновременно и непрерывно проходит невообразимо большое количество волн с несметным множеством качественных, частотных и других характеристик. Однако каждый реальный элемент или каждая реальная система отбирает из такого громадного множества волн только лишь нужную волну при помощи соответствующего резонанса.

2. Животворящий резонанс

Каждая радиостанция имеет свою частоту радиоволны. Эта частота не может быть использована никакими другими радиостанциями. Поэтому радиоволны различных станций не мешают друг другу. Совершенно аналогично, биологическая волна ауры каждого человека имеет свою частоту. Эта частота не может быть использована никаким другим человеком, а другими живыми существами – тем более. Поэтому биоволны различных людей не должны мешать друг другу.

Каждая идеальная душа человеческая имеет конкретную частоту своих идеальных волн и своего идеального поля. Эта частота уникальна и не может быть использована никакими другими идеальными категориями. Поэтому идеальные души не могут мешать друг другу.

Биологическое тело способно настраиваться на идеальные волны какой-то одной конкретной души точно так же, как радиоприемник способен настраиваться на материальные радиоволны какой-то одной конкретной радиостанции. Такое уникальное соответствие частотных и других характеристик волн ауры и души конкретного человека мы называем **животворящим резонансом.**

Только лишь такая особая уникальная форма "высокоорганизованной материи", как головной мозг, оказывается способной вступить в животворящий биологический резонанс с идеальной душой. Каждое живое существо приобретает такую способность с момента образования своей Белой Биологической Дырки и удерживает ее до самой смерти.

Чтобы "подключить" биологическое тело к своей душе, головной мозг и нервная система человека должны возбуждать физическое биополе той же частоты. Душа первична, а тело вторично. Поэтому частота физических волн биополя должна зависеть от частоты идеальных волн души, а не наоборот. С этой целью душа, желающая "воплотиться" в новорожденное тело ребенка, открывает в его головном мозгу Белую Биологическую Дырку, собственная частота которой равна частоте идеальных волн души.

Поэтому волновые характеристики ББД каждого человека являются уникальными и неповторимыми. В принципе они сохраняются неизменными на протяжении всей его жизни.

Выражаясь языком радиотехники, ББД представляет собой приемную антенну идеальных волн, распространяемых душой. Каждая душа распространяет по всему миру свои собственные идеальные волны с бесконечно большой скоростью. Количество душ – несметное множево. Поэтому и количество частот всех волн – несметное множество. У каждой из них свои уникальные и неповторимые характеристики.

Цель каждой ББД прежде всего заключается в том, чтобы из большого количества идеальных волн выделить и отобрать только лишь те волны, которые распространяются собственной душой.

Принимая идеальные волны вечной души, головной мозг отражает физические волны бренного тела. Причем частота отражаемых (физических) волн должна быть в точности равна частоте принимаемых (идеальных) волн. Образно выражаясь, как американское правительство выдает своим гражданам "**Social Security Number**", так Господь Бог выдает каждому человеку личный "частотный паспорт" его биополя. Этот "частотный паспорт" в процессе перевоплощения никогда не меняется, потому что частота идеальных волн души всегда остается постоянной. **Духовную личность любого человека можно распознать после каждого перевоплощения по частоте идеальных биоволн его ауры.**

Так из Идеального Мира в Материальный Мир через Белую Биологическую Дырку поступают идеальные волны индивидуальной души, которые "оживляют" мертвую материю с помощью живительного резонанса. В случае живительного резонанса идеальные волны индивидуальной души приводят материальное тело в такое биологическое движение, что оно превращается в живое существо. Другими словами, живое существо образуется в результате резонансного слияния идеальной души и материального тела.

3. Сигнально-информационная обработка

Идеальные волны могут распространяться в любом интервале скоростей: от нуля до бесконечности. **Однако процесс переработка идеальной информации в энергетические сигналы (и наоборот) возможен только лишь при световой (резонансной) скорости.** Поэтому информационные волны души, поступающие из Идеального Мира в Белую Биологическую Дырку, должны снизить свою скорость от сколь угодно большой величины до световой (резонансной) скорости. Переработка идеальной информации в энергетические сигналы (и наоборот) производится в ауре человека также со скоростью света.

Материальный мозг сам по себе, без участия идеального биополя, не обладает никакими интеллектуальными атрибутами. Поэтому **сигнально-информационная обработка в физическом биополе ауры невозможна.** Только лишь идеальное биополе, обладающее интеллектуальными атрибутами, может перерабатывать информацию в сигнал, а сигнал – в информацию.

Сигнал может существовать в идеальном биополе точно так же, как физическая вселенная может существовать в идеальной вселенной.

Когда человек подает команду своим органам, идеальная информация перерабатывается в энергетические сигналы и передается из идеального биополя ауры в физическое биополе со скоростью света. Далее в головном мозгу человека энергетические сигналы и коды перерабатываются в вещественные и переходят в мир досветовых скоростей. Под воздействием вещественных сигналов органы человека исполняют его команду.

И наоборот: когда к органам чувств человека поступают вещественные сигналы из внешнего мира, они перерабатываются в энергетические сигналы и передаются физическому биополю ауры. Далее энергетические сигналы из физического биополя передаются идеальному биополю, где они перерабатываются в идеальную информацию.

Мир световых скоростей является транзитной (промежуточной) станцией, связывающей мир сверхсветовых скоростей с миром досветовых скоростей. Образно выражаясь, мир световых скоростей является точкой контакта всех типов волн: вещественных, энергетических и идеальных.

Радиоприемник обладает таким особым качеством, каким не обладает ни одна его деталь, взятая отдельно. Качество это заключается в том, что радиоприемник может вступать в резонанс с радиоволнами и передавать идеальную информацию от диктора (находящегося, например, в Вашингтоне) к слушателю (находящемуся, например, в Москве). Мертвые детали превращаются в радиоприемник в тот момент, когда совокупность этих деталей становится способной вступать в резонансную радиосвязь с передающей радиостанцией. Если бы не было идеальной информации, то не было бы и материального радиоприемника.

Совершенно аналогично, истиной является тот факт, что живое тело является материальным точно так же, как и все неживые атомы. Однако, это вовсе не означает, что идеальная душа не существует. Напротив, живое тело обладает таким особым качеством, каким не обладает ни одно неживое вещество. Качество это заключается в том, что живое тело вступает в резонансную связь с идеальной душой, излучая и принимая биологические волны уникального типа.

Неживая материя переходит в живую в тот момент своего эволюционного развития, когда она приобретает способность вступать в биологическую радиосвязь с идеальной душой.

146

16
ИНФОРМАЦИОННАЯ СВЯЗЬ МЕЖДУ ДУШОЙ И ПСИХИКОЙ

> Образно выражаясь, между душой и психикой существуют такие же взаимоотношения, как между человеком и роботом, которого он опустил на дно морское со специальным заданием.
>
> Исай Давыдов

1. Образование психики

Нами ранее было установлено, что вечная душа человека существует в Идеальном Мире, а его психика – в Материальном Мире. Тогда возникает вполне резонный вопрос: как же осуществляется сигнально-информационная связь между вечной душой и бренной психикой одного и того же человека, если они существуют в разных мирах?

Идеальная душа любого человека является источником идеальных волн точно так же, как Солнце является источником световых волн. Идеальные волны души образуют ее идеальное поле точно так же, как материальные биоволны образуют физическое биополе организма. Каждая индивидуальная душа является центром своего идеального поля, как каждый человек является центром своего физического биополя. Если физическое биополе человека принадлежит ему и только лишь ему, то идеальное поле души человеческой принадлежит ей и только лишь ей.

Собственная частота Белой Биологической Дырки (ББД) каждого человека в точности равна частоте индивидуальных волн его души. Поэтому ББД из несметного множества идеальных волн отбирает только лишь такие волны, частота которых в точности равна частоте ББД. Это происходит точно так же, как антена вашего приемника отбирает радиоволны нужной вам радиостанции.

В белую биологическую дырку (ББД) поступает не сама идеальная душа, а только лишь ее идеальные волны, которые пронизывают физический мозг насквозь и создают вокруг него биополе ауры, как физическое, так и идеальное. В идеальном биополе ауры нефизическая информация перерабатывается в энергетические сигналы, а энергетические сигналы перерабатываются в нефизическую информацию.

Известно, что зеркало принимает лучи света и отражает внешность человека. Если нет человека, то нет и его отражения в зеркале. Само собой зеркало не может создавать ничего. Совершенно аналогично, принимая идеальную информацию, головной мозг "отражает" физические сигналы. И наоборот, головной мозг совместно с аурой принимает физические сигналы и "отражает" идеальную информацию. Сам собой физический мозг не создает ничего: ни информацию и ни сигнал.

Так идеальная душа человека, существующая в ином (идеальном) мире "оживляет" бренное тело человека, существующее в этом (материальном) мире. Так идеальная душа воплощается (а не "вселяется") в материальное тело человека. Так головной мозг "снимает бренную копию" вечной души человеческой, которую мы называем психикой. Психика есть не сама потусторонняя душа, а ее посюсторонняя копия.

Психика (psyche) — такое идеальное содержание человека, которое рождается и умирает вместе с его физическим организмом.

Невесомая и незримая психика является идеальной категорией. Поэтому она не обладает весом, объемом, физическими размерами, физической энергией и никакими материальными атрибутами вообще. По этой же причине не представляется возможным точно указать, в каком именно месте физического пространства или мозга она находится. Мы можем только лишь сказать, что центр правления психики находится в ББД.

2. Частотная непрерывность жизни

Психика создается идеальными волнами души, которые непрервно струятся из ББД. Деятельность психики на протяжении всей ее жизни поддерживается живительными волнами идеальной души подобно тому, как свет электрической лампочки поддерживается непрерывным потоком электрической энергии. Нет энергии – нету света. Нет идеальных волн души – значит, нет живой психики.

Известно, что частота электрического света равна 50 или 60 герцам, а частота биологических волн человека исчисляется сотнями миллиардов герц. Поэтому электрическая лампочка гаснет и загорается 50 или 60 раз в секунду, а у нас создается иллюзорное "впечатление" непрерывного света Совершенно аналогично, мы рождаемся и умираем сотни миллиардов раз в секунду, а у нас создается иллюзорное "представление" непрерывного соз-

149

нания.

3. Сознательная и бессознательная деятельность человека = иерархия человеческой жизни.

В иерархии человеческой жизни душа первична, а Белая Биологическая Дырка — вторична. ББД зависима от души, а душа от ББД — нет. Далее ББД создает информационное поле ауры человека и управляет его головным мозгом. Поэтому психика и головной мозг человека зависимы от ББД, а ББД независима ни от психики, ни от головного мозга. Психика, передавая и принимая идеальную информацию, управляет **сознательной** деятельностью человека. Головной мозг и центральная нервная система, принимая и передавая только лишь физические сигналы, управляют **бессознательной** деятельностью человека на уровне генетических кодов, передаваемых по наследству. В свете сигнально-информационной связи головной мозг и психика являются "равноправными" категориями.

4. Подлинные и психические атрибуты

Согласно закону отрицания отрицания, если посюсторонняя психика человека (психическое сознание, психическая личность, психическая воля, психический интеллект), на первый взгляд, представляется нам как свойство его мозга, то мы обязаны также представить себе и ту подлинную потустороннюю душу человека (подлинную личность, подлинное сознание, подлинную волю, и подлинный интеллект), которая придает мозгу такое свойство. Более глубокий анализ показывает, что посюсторонняя психика человека, которая позво-

150

ляет нашему телу ориентироваться в Материальном Мире, является всего лишь бренной копией подлинной и вечной души, которая свободно ориентируется не только в Идеальном Мире, но и в метериальном. Мозг человека является всего лишь орудием, предназначенным для получения искаженной копии подлинного оригинала.

Древний еврейский мудрец рабби Шимон бар Йохай писал, что "все неважное и иллюзорное лежит на поверхности, а все важное и существенное спрятано глубоко".

5. Подлинный интеллект и кибернетика

Интеллект является чисто идеальной категорией и не содержит в себе ничего материального. Искусственный интеллект является кибернетической (материальной) копией идеального интеллекта, хотя не содержит в себе самом ничего идеального. Поэтому искусственный интеллект вовсе не есть интеллект, ибо принадлежат они к существенно противоположным категориям.

Материальный мозг точно так же, как и любая кибернетическая система, не может обрабатывать идеальную информацию в натуральном виде. Он обрабатывает только лишь материальные записи, материальные шифры, материальные коды, материальные модели информации, а не саму идеальную информацию. Смысловое содержание идеальной информации доступно и понятно лишь идеальному сознанию, идеальному интеллекту, идеальной личности, идеальной душе, но не самому материальному мозгу.

В отличие от идеального интеллекта живого существа, понимающего смысловое содержание разрешаемых проблем, искусственный интеллект является материальной (а не идеальной!) системой, способной бессознательно ставить и решать сложные проблемы в материальных моделях и символах, не понимая их идеального содержания. Кибернетические системы не имеют и не могут иметь никакого дела с идеальной информацией, со смысловым содержанием этой информации. Они имеют дело только лишь с материальными моделями, кодами, шифрами, символами, которые условно выражают смысловое содержание идеальной информации.

В кибернетической системе нет и не может быть никакого идеального интеллекта, который мог бы понять и осмыслить идеальное содержание этих кодов и символов. За нее это делает человек. Таким образом, искусственный интеллект является своего рода материальным дополнением к человеческому мозгу, а не к его идеальному уму. Не следует забывать, что кибернетическая система -- это неживая модель живого существа, а не само живое существо. Поэтому у нее нет и не будет никогда идеальной души и ее компонентов. У нее могут быть только лишь материальные модели этих идеальных компонентов.

6. Интеллект и мозг

Интеллект человека не есть его головной мозг. Головной мозг -- это материальная (биологическая) противоположность идеального интеллекта. Головной мозг человека является материальным инструментом, управляющим бессознательной деятельностью человека. Интеллектуальная информация исходит не от материального мозга, а от идеальной души.

Чисто материальный мозг, не содержащий в себе самом ничего идеального, не может перерабатывать (кодировать) идеальную информацию в материальные сигналы, а материальные сигналы в идеальную информацию по той простой причиние, что материя не является вовсе разумной категорией. Для двусторонней сигнально-информационной связи с окружающим физическим миром материальный мозг нуждается в идеальном интеллекте, который никоим образом не может быть составной частью материального мозга или какой-либо другой материальной категории вообще.

Следовательно, подлинным носителем идеального интеллекта может быть толко лишь вечная душа. А психика является посюсторонней копией потусторонней души. Подлинная личность, подлинная воля, подлинный интеллект, подлинное сознание -- все это принадлежит душе человека Соответственно, психическая личность, психическая воля, психический интеллект, психическое сознание -- являются копиями души.

Если бы человек жил не 80, а 800 лет, то и тогда наш психический интеллект не исчерпал бы всех потенциальных возможностей подлинного интеллекта нашей души. Если мы не можем увидеть глазами или пощупать руками наш потусторонний подлинный интеллект, то это не означает, что его нет.

Совершенство подлинного интеллекта -- это тот предел, к которому всегда стремится совершенство психического интеллекта, но которого оно никогда не достигнет. Совершенство психического интеллекта — это тот предел, к которому всегда стремится совершенство мозга, но которого оно никогда не достигнет. Совершенство головного мозга — это тот предел, к которому всегда стремится совершенство искусственного интеллекта, но которого оно никогда не достигнет. Поэтому любой искусственный кибернетический "мозг" всегда будет менее совершенным и более громоздким, чем наш живой мозг.

7. Воля и гипноз

Любой гипнотизер очень легко может отключить вашу посюстороннюю волю от потусторонней и подключить ее к своей воле. Разумеется, что от этого ваша душа не перестает существовать. Однако ваше тело становится послушным орудием воли гипнотизера; оно будет исполнять все, что ему захочется. Этой возможностью во время Второй мировой войны пользовались фашисты для уничтожения кораблей противника. Загипнотизированный пленный вел снаряд прямо на корабль и взрывался вместе с ним.

Опыт отключения тела человека от души и искусственного подключения его к воле гипнотизера практически убеждает нас в том, что одна и та же душа одновременно может воплощаться в нескольких телах естественным образом подобно тому, как одна и та же радиостанция может быть одновременно подключена к нескольким приемникам. Таких людей принято называть **духовными двойниками.** Поэтому в тело внука может вселиться душа его дедушки еще при его жизни в завершающей стадии периода старения.

8. Сознание -- система оперативных (сиюминутных) знаний человека о себе самом и об окружающей его объективной действительности (идеальная категория). Термин "сознание" в русском языке происходит из двух слов: собственное знание = со + знание = сознание. **Знание** -- идеальная информация, которой владеет субъект или творец.

Мы уже говорили о том, что жизнь есть осознанное существование со многими степенями свободы. Поэтому если живой человек перестает сознавать себя, свои действия и окружающий мир, то он перестает быть живой категорией и превращается в биологический организм, который не обладает ни волей ни умом. Когда человек спит, его можно назвать живым только лишь потенциально, а не сиюминутно. Проще выражаясь, он живет биологической жизнью, а не "сознательной".

Тогда я задаю вопрос: где находится сознание человека? Многие отвечают: мое сознание находится в моей голове. Если это так, то давайте рассмотрим следующую ситуацию.

Предположим, Вы едете в вагоне метро в Нью-Йорке. Вы сели удобно на скамейку и задумались о событиях в Москве в такой степени, что проехали свою остановку. Это может случиться с каждым, а не только со мной или с вами. Но тогда я задаю вопрос:

– Где Вы были тогда, когда проехали свою остановку?

Вы уверенно и четко отвечаете:

– Я сидел в вагоне метро в Нью-Йорке.

– Но почему же Вы пропустили свою остановку?

– Я не видел ее.

– Но как же Вы могли не видеть остановку, если Вы сидели в вагоне.

– Мои мысли были в другом месте.

Таким образом, если ваше весомое и зримое тело сидит в вагоне нью-йоркского метро, а ваши невесомые и незримые мысли увлеклись мечтами о встрече с любимой дочерью, живущей в Москве, то вы не замечаете ту остановку, на которой вы должны обязательно сойти. Это значит, что ваша материальная форма находится в Нью Йорке в то время, когда ваше идеальное содержание находится в Москве. Но как это может быть?

Психическое сознание человека в нормальных условиях существует и работает в идеальном биополе его ауры (Биополе №1).

В исключительных случаях аура передает информацию дистанционному биополю человека. Дистанционное биополе человека уносит его идеальное содержание (его мысли) из одного города в другой, из Нью Йорка в Москву.

Наш радиоприемник может многократно включаться и выключаться. Если он сломается, то мы его выкидываем и покупаем новый. А радиостанция независимо от этого может передавать информацию непрерывно и сколь угодно долго. Совершенно аналогично, наше посюстороннее сознание выключается каждый раз, когда мы ложимся спать, и включается снова, когда мы просыпаемся. Оно умирает каждый раз, когда умирает наше бренное тело. Оно рождается каждый раз, когда мы снова перевоплощаемся в новорожденного младенца.

“Сознание выключается во время сна или под действием лекарственных веществ, но затем вновь восстанавливается. При удалении различных отделов коры полушарий мозга у человека никогда не наступает потеря сознания. Она наступает в тот момент, когда блокирован промежуточный и средний мозг", ([48], том 2, стр. 193). Следовательно, мозг принимает участие не в процессе открытия или закрытия ББД, а в процессе блокировки идеального биополя ауры от материального.

Независимо от этого наше потустороннее сознание продолжает существовать непрерывно и вечно. Согласно закону отрицания отрицания, если мы понимаем причинно-следственную связь между нашим мозгом и временной копией нашего сознания, то мы должны понимать и ту причинно-следственную связь, которая существует между вечным подлинником нашего сознания и бренным мозгом. И если нам не дано ощущать наше подлинное потусторонне сознание, то это вовсе не означает, что его нет.

9. Информационная связь души и психики

Информационная связь, существующая между душой и психикой, является неравноправной. Материя и идея — противоположности, взаимно исключающие и в то же время взаимно дополняющие друг друга. Единство этих противоположностей -- это необходимость. Поэтому душа -- необходимость для существования человеческого тела и его психики. Бренное тело не может существовать без вечной души, то есть без своей противоположности. Тело -- это своего рода робот, с помощью которого идеальная душа проникает в Материальный Мир. Образно выражаясь, между душой и психикой существуют такие же взаимоотношения, как между человеком и роботом, которого он опустил на дно морское со специальным заданием. Идеальная душа может проникнуть в Материальный Мир, а посюсторонняя психика не может проникнуть в Идеальный Мир и увидеть его.

Радиостанция может посылать информацию без радиоприемника, но радиоприемник не может принять информацию без радиостанции. Совершенно аналогичо, душа может посылать информацию без психики, но психика не может принять информацию без души.

Мы знаем, что радиоприемник перестает быть радиоприемником и превращается в бессмысленный набор мертвых деталей сразу же после того, как прекращается контакт между приемником и передающей станцией. Совершенно аналогично, живой человек перестает быть живым и превращается в бессмысленный набор белковых тел сразу же после того, как прекращается контакт между материальным телом и идеальной душой.

После физической смерти человека мыслительные свойства души не прекращаются. Животворящая информация души просто перестает поступать к материальному телу подобно тому, как к отключенному телевизору перестают поступать сигналы станции.

10. Качество души и психики

Информационное биополе психики зависит от сигнального биополя мозга в той же мере, в какой мере сигнальное биополе мозга зависит от информационного биополя психики.

Как один и тот же луч света преломляется

стеклом по-разному в зависимости от цвета и качества стекла, так и психика одной и той же души отображается мозгом с различной степенью искажения в зависимости от качества мозга.

Психика является всего лишь не точной, а искаженной копией, которую физический мозг снимает с идеальной души. Степень искажения такого рода копии идеальной души зависит от качества физического мозга и нервной системы индивидуума.

Психика живого существа, отображаемая мозгом, зависит не только от качества идеальной души, но от качества мозга, которое существенно изменяется в зависимости от возраста даже в рамках одной земной жизни. Поэтому в разные возрастные периоды жизни одного и того же человека качество его психики существенно изменяется, если даже качество идеальной души остается неизменным. Даже в момент наивысшего развития человека его психика не может использовать всех возможностей души.

Совершенство зрелой души есть тот предел, к которому психика (**psyche**) человека стремится в процессе ее развития, но которого она никогда не достигнет. Совершенство Абсолютного Бога есть тот предел, к которому идеальная душа человека всегда стремится в процессе ее развития, но которого она никогда не достигнет.

По мере развития ребенка частотно-волновые характеристики его головного мозга искажаются все меньше и меньше, а духовно-биологическая радиосвязь между душой и телом становится все сильнее и сильнее. По мере старения организма частотно-волновые характеристики головного мозга искажаются все больше и больше, а духовно-биологическая радиосвязь между душой и телом становится все слабее и слабее. Если накопленная погрешность генетических кодов достигает определенной величины, то сигнально-информационная связь между душой и телом прекращается совсем: ББД закрывается, а на ее месте образуется Черная Биологическая Дырка (ЧБД), в которой исчезает индивидуальная психика человека навсегда.

На основании всего изложенного мы можем сделать следующие важные выводы:

1. Душа человека существует в Идеальном Мире и состоит в основном из подлинного содержания следующих компонентов: личность, воля, интеллект, сознание, память и т. д. Психика человека ориентируется в Материальном Мире и состоит из формальной и временной копии тех же компонентов.

2. Душа и ее подлинные атрибуты являются фундаментальной и вечной сутью человека. Эта суть и есть относительное подобие Абсолютного Бога.

3. Аура и психика являются центральными органами правления, определяющими **сознательную** деятельность человека. Головной мозг и центральная нервная система являются центральными органами правления, определяющими **бессознательную** деятельность человека.

Душа человека и ее подлинные атрибуты спрятаны от злого намерения **за семью замками —** весомого и зримого тела, нервной системы, головного мозга, психики, ауры, ББД и самой души.

17
СИГНАЛЬНО-ИНФОРМАЦИОННАЯ СВЯЗЬ КОРОТКИХ ДИСТАНЦИЙ

> Если кто-нибудь, запрокинув голову, разглядывает узоры на потолке и при этом кое-что распознает, то он видит это при по мощи мышления, а не глазами.
>
> Платон ([42], стр.71).

1. Органы чувств

Между двумя телефонными станциями может существовать двусторонняя сигнально-информационная радиосвязь. Совершенно аналогично двустороняя сигнально-информационная радиосвязь существует между человеком и окружающим его миром. С этой целью Господь Бог наградил человека прежде всего следующими формами ощущения, которым соответствуют шесть органов чувств (**organs of sense**):

1 Зрение — **vision.**

2 Слух — **hearing.**

3 Осязание (**sense of touch**) – чувство прикосновения — рефлекторная сигнально-информационная связь.

4 Обоняние (**sense of smell**) – способность воспринимать и различать запах.

5 Вкус (**sense of taste**) – способность воспринимать и различать вкусовые качества веществ.

6 Секс.

Подавляющее большинство ученых почему-то секс деликатно опускают из рассмотрения, хотя он в жизни человека играет не меньшую роль, чем чувство вкуса, обоняние или осязание.

Эти органы чувств даны человеку для обеспечения сигнально-информационной связи между сознанием человека и внешним миром **только лишь на близких дистанциях.**

Бог мог бы наградить нас и "телефонным" органом для междугородних переговоров, но он не сделал этого, потому что он хотел, чтобы мы сами изобрели телефон.

Бог мог бы наградить нас не пятью или шестью органами чувств, а миллионами. Но даже в этом случае наши практические возможности не могли бы охватить всю широту познаваемой истины.

В других мирах, может быть, есть такие "люди", которые обладают большим количеством других органов чувств.

В связи с этим прием и передача сигналов осуществляется непосредственно такими физическими органами человека, как: глаза, уши, руки и органы речи, а на более высоком уровне – нервной системой и ее центральным отделом – головным мозгом. Однако переработка материальных сигналов в идеальную информацию и наоборот – это интеллектуальная (а не бессознательная) работа, которая не может быть выполнена даже "высокоорганизованными материальными категориями", такими, как нервная система и головной мозг.

2. Возможности органов чувств

Возникает вполне уместный вопрос: все ли типы волн доступны нашему восприятию? Известно, что наше ухо воспринимает звуковые волны с частотами примерно от 20 до 16 000 гц. Эти частоты соответствуют длине звуковых волн в воздухе от 17 м до 2 см. Однако наше ухо не может реагировать ни на какие другие волны, кроме звуковых. Даже если частота других волн (например, электромагнитных) находится в благоприятном интервале от 20 до 16000 гц, то наши уши не могут на них реагировать. Наше ухо становится совершенно глухим по отношению к световым волнам даже в том случае, если они имеют частоту 1000 или 2000 гц. Слышимость световых волн для уха совершенно невозможна. Однако это вовсе не означает, что световые волны не существуют якобы вообще.

Наши глаза улавливают световые волны с частотами примерно от $4 \cdot 10^{14}$ до $8 \cdot 10^{14}$ гц. Этим частотам соответствуют длины световых волн примерно от 0,8 до 0,4 мкм. В то же время наши глаза не могут реагировать ни на какие другие типы волн, кроме световых, даже если частота других волн находится в благоприятном интервале. Наши глаза становятся совершенно слепыми по отношению звуковых волн. Но это вовсе не означает, что звуковые волны не существуют якобы вообще.

Если мы не можем слышать или видеть идеальные волны, то совершенно аналогично это также вовсе не означает, что идеальных волн якобы нет, как это следует из атеистического суеверия. Если бы Бог наградил нас восьмым вещественным органом чувств, способным ощущать идеальные волны, то мы могли бы "видеть" или "слышать" их.

Однако Бог наградил нас аурой, способной принимать, перерабатывать и распространять идеальную информаию, см. [25], стр. 217, 332.

3. Зрительная сигнально-информационная связь. Каждое дерево, каждая роза, каждый домик, каждое окошко, каждое вещество и каждое существо — принимает и отражает физические волны, которые передают сигналы нашим органам чувств. Мы смотрим на розу и наслаждаемся ее красотой и ароматом. Световые волны отражаются от поверхности розы и попадают в наши глаза. Эти волны прерабатываются нашими органами зрения в соответствующие сигналы, которые передаются нашей нервной системе, а от нервной системы – головному мозгу. Головной мозг передает энергетические сигналы физическому биополю ауры. Физическое биополе передает их идеальному биополю ауры, где материальные сигналы перерабатываются в идеальную информацию.

Здесь полученная информация **осознается** и обрабатывается психикой. Так красота розы познается нами. По выражению Платона, мы видим красоту розы не глазами, а умом своим. Совершенно аналогично мы познаем аромат розы не органами обоняния, а при помощи мышления. Зрительные органы и органы обоняния являются всего лишь материальными (бессознательными) инструментами в интеллектуальном процессе сознательного познания истины. Если нет духа, то нет интеллекта. Если нет интеллекта, то органы зрения мертвы. Если нет органов зрения, то нет и света.

4. Звуковая сигнально-информационная связь.

Предположим, вы сидите в ресторане, а официантка задает вам вопрос: хотите ли вы стакан кофе. Смысловое содержание (идеальная информация) этого вопроса содержится в сознании официантки, то есть в центральном информационном биополе ее ауры. Эта идеальная информация почти мгновенно перерабатывается в энергетические сигналы и передается физическому биополю официанки. Физическое биополе передает их головному мозгу. А головной мозг дает "команду" органам речи. Органы речи официантки производят звуковые волны, соответствующие заданному вопросу на русском, английском, китайском или каком-либо другом языке. Ваши уши улавливают эти звуковые волны, в результате чего вы "слышите" заданный вопрос.

Звуковые волны прерабатываются соответствующим образом в сигналы и передаются вашему головному мозгу. Головной мозг передает соответствующие сигналы сначала физическому, а затем идеальному биополю вашей ауры, где материальные сигналы перерабатываются в идеальную информацию.

Здесь полученная информация **осознается** и обрабатывается вашей психикой. Так задается и понимается вопрос. По выражению Платона, официантка задает вопрос не органами речи, а умом своим. Совершенно аналогично вы понимаете вопрос не вашими ушами, а при помощи мышления. Уши и органы речи являются всего лишь материальными (бессознательными) инструментами в интеллектуальном процессе мышления.

Если нет духа, то нет интеллекта. Если нет интеллекта, то органы речи и слуха мертвы. Если нет органов речи и слуха, то нет и звука.

5. Командно-исполнительная СИС

Предположим вы хотите взять в руки карандаш. Такая идея может возникнуть из ничего в вашем сознании по команде вашей воли. Идеальное биополе вашей ауры перерабатывает эту информацию в сигналы и передает их физическому биополю. Физическое биополе передает сигналы вашему головному мозгу, головной мозг – нервной системе, нервная система – руке. А ваша рука неосознанно и послушно исполняет вашу волю – берет карандаш.

6. Интуиция, см. [25], стр. 199.

Седьмым чувством человека иногда называют интуицию, которая не имеет никаких весомых и зримых органов. Интуиция – это бессигнальное и бездоказательное получение информации. Человек получает интуитивную информацию либо от своих генетических кодов, либо из своей резервной памяти, либо из прошлой практики своей текущей жизни, либо из практики своих предыдущих жизней, либо от дистанционных биоволн своих, либо от самого Бога, либо от индивидуальной души человеческой, которая его опекает из иного, Идеального Мира

От интуиции следует четко отличать заблуждение и инстинкт, в особенности тогда, когда человек мечтает стать властелином мира и желаемое выдает за реальное.

Инстинкт – запрограммированная и целесообразная, но бессознательная реакция живого организма на внешние условия или сигналы.

Приведу здесь примеры интуитивного познания истины.

Пример первый

Один мой сосед, махровый атеист и бывший офицер советской армии, рассказал мне, что он пережил Вторую мировую войну благодаря только лишь своей интуиции. Он всегда "знал", где через несколько секунд взорвется снаряд или бомба.

Пример второй.

Другой махровый атеист с высшим образованием был морским офицером и плавал на торпедном катере в Балтийском море. Во время очередного боя вдали от родного берега катер, пораженный вражеским снарядом, взорвался и затонул. Вся команда погибла. И лишь моряк, о котором идет речь, отброшенный взрывом в воду, остался невредим. Он плыл столько, на сколько хватило сил. Когда силы его иссякли, махровый безбожник обратился с мольбой к Богу. И тут густой туман, затянувший все вокруг сплошной пеленой, неожиданно расступился и появился советский корабль, случайно оказавшийся в этом районе. Моряка заметили и подняли на борт. Описание этого случая дается самими атеистами, см. [45], стр. 5.

Пример третий

Приведем еще один пример, который описан самими атеистами: "Один шахтер установил для себя правило: если приснится дурной сон, не выходить на подземные работы. Но однажды обстоятельства сложились так, что ему пришлось нарушить это правило, – и его завалило в забое. К счастью, все окончилось благополучно, но шахтер сделал из случившегося вывод о существовании сверхъестественных сил, которые "предупреждали его о грозящей опасности, а он не внял их совету", см. [45], стр. 5.

Пример четвертый

Если душа человека из иного мира может предвидеть грядущую катастрофу самолета, на котором собирается лететь ее подопечный, то родственная душа по мере необходимости может чинить препятствия своему подопечному, который не желает прислушиваться к интуитивным советам. Тогда человек "забывает" взять билет из дому, вспоминает об этом по пути в аэропорт, возвращается домой за билетом, опаздывает на самолет. Самолет взрывается, а человек остается жить.

18
ТЕЛЕПАТИЯ И БИОЛОГИЧЕСКАЯ РАДИОСВЯЗЬ
([27], стр. 106 – 115)

> Бессигнальная информация от одной личности к другой может передаваться дистанционными биоволнами на сколь угодно большие расстояния.
>
> Исай Давыдов

1. Телепатия

Известно, что сигнально-информационная связь между людьми на близком расстоянии осуществляется при помощи органов чувств. Но тогда возникают следующие вопросы: могут ли люди передавать и получать информацию друг от друга на далеких расстояниях без современной техники? Может ли идеальная информация передаваться от одной личности к другой непосредственно с помощью биологических волн без посредства органов чувств? Что об этом говорят практика и наука?

Рассмотрим несколько примеров из практики.

Пример первый. Один мой знакомый, великолепный врач и убежденный атеист, рассказал мне следующий эпизод. Шла война. Его отец воевал на фронте, а семья бежала от фашистов в Грузию. В результате сын потерял всякую связь с отцом. Однажды ночью ему приснился отец и сообщил, что завтра он будет дома. Удивлению сына не было предела, когда на следующий день раненый отец действительно разыскал семью и вернулся домой.

Пример второй. Несмотря на все угрозы, я не переставал подавать заявления на выезд из СССР в США. Однажды вся моя семья уехала на свадьбу в Деребент. Я один оставался дома в Нальчике. Поэтому я "должен" был умереть в воскресенье утром "естественной смертью", когда никого не было дома. Однако в субботу мой отец почувствовал какое-то непонятное беспокойство. Поэтому в нарушение предварительному плану, моя семья вернулась из свадьбы раньше и спасла меня.

Пример третий. Моя сестра – Шинамит бет Шоул – рассказала мне следующую историю. Она была в Москве, а ее малолетние дети оставались дома в Нальчике. Внезапно она почувствовала, что с детьми случилась беда. Она срочно позвонила по телефону и узнала, что дети отравились угарным газом. Их еле "откачали".

Пример четвертый. Советский радиоинженер Б.Б.Кажинский в своей книге о "Биологической радиосвязи" дал описание следующего эпизода. Его друг был тяжело болен брюшным тифом. Однажды в два часа ночи он проснулся от необычного звона возле самого уха. Звон походил на стук серебряной ложки о край тонкого стакана. Но ничего подобного в его квартире не произошло. Лишь на другой день он узнал, что больной умер именно в два часа ночи, когда мать хотела дать ему микстуру, зачерпнув ее серебряной ложкой из стакана, см. [67], стр. 76.

Пример пятый. В феврале 1971 года американский космонавт Эдгар Митчелл, один из членов экипажа "Аполлон-14", вышел на

170

телепатическую связь с Землей из космоса. Результаты такой передачи информации с помощью биоволн были настолько успешными, что он сказал: "Телепатия существует. Это еще неизведанная область, но ее нужно исследовать с той же целеустремленностью, с которой мы исследуем другие области науки", см. [67], стр. 85..

Рассматривая любое количество других примеров и переходя от частных примеров к общему факту, мы приходим к аналогичным выводам.

Такого рода передачу идеальной информации на расстоянии от одной личности к другой непосредственно с помощью биологических волн без посредства органов чувств принято называть **телепатией** (происходит от греческих слов: "tele"– далеко и "pathos"– чувство) .

Телепатия – передача мыслей на расстоянии без посредства органов чувств, см. [89],стр. 450, 536.

Такие примеры ошеломляли меня изнутри в то самое время, как атеистическая пропаганда пронизывала меня насквозь извне. Аналогичные факты, с которыми приходится сталкиваться любому человеку, постепенно отрезвляют людей, находящихся под действием атеистического дурмана.

Большинство ученых (в том числе материалисты и атеисты) рассматривают телепатию как биологическую радиосвязь между родственными людьми. Образно выражаясь, человек-"передатчик" – это своеобразная биологическая "радиостанция", передающая идеальную информацию. Другой человек – это "приемник" этой информации. Один человек распространяет информационные био-волны, а другой человек принимает их по принципу биологического радиорезонанса. Если мысли одной личности проникают в сознание другой личности, то происходит биологическая "радиосвязь". И все-таки находятся стептики, которые заявляют, что для научного признания телепатии недостаточно фактов.

"Неужели недостаточно фактов? Ведь по вопросу передачи мысли на расстоянии существует внушительное собрание печатных работ. Один только указатель литературы по этому вопросу, составленный Г. Зорабом и вышедший в Нью-Йорке в 1957 году, насчитывает около тысячи названий. И в каждом из них приводится множество примеров" ([67], стр. 78) .

Таким образом, всем приходится признать бесспорный факт практического существования телепатии – передачи мыслей на расстоянии без посредства органов чувств. Тем не менее далеко не все обстоит благополучно с научным объяснением этого факта. Опьяненные атеистическим дурманом, многие ученые до сих пор продолжают рассматривать мышление как процесс движения материальных частиц. Они "забывают" о том, что мышление являеся идеальной (а не материальной!) категорией, и спорят о том, на каком уровне протекает процесс мышления: на уровне элементарных частиц, на атомарном уровне или на молекулярном уровне?

Любая научная теория, которая пытается материализовать процесс мышления, заранее обречена на провал. Все мои научные теории лишены этого недостатка. Я всегда и везде четко различаю идеальные категории от материальных.

2. Бессигнальная информационная связь

Из предыдущих материалов нам уже иветно, что для передачи информации от интеллектуального источника к интеллектуальному адресату на коротких расстояниях необходим своего рода "материальный мост" – сигнал. Тогда возникает вопрос: целесообразен ли такого рода "мост" для передачи мыслей на большие расстояния?

Научно доказано, что материальные биологические волны, как и любые другие материальные волны, обладающие какими-либо вещественно-энергетическими характеристиками, должны подчиняться так называемому закону "обратных квадратов", то есть они должны ослабевать пропорционально квадрату расстояния от их источника. Это означает, что на расстоянии тысячи метров от источника они должны быть в миллионы раз слабее, чем на расстоянии одного метра. Поэтому передача любых материальных волн на большие расстояния требует от источника громадного количества энергии. Иначе они окажутся настолько ослабленными, что их восприятие окажется невозможным.

Однако многочисленными экспериментами установлено, что передача мысленной информации на сколь угодно дальние расстояния с помощью биологических волн может быть произведена со сколь угодно малыми затратами биологической энергии. На этом основании французский парапсихолог Ренэ Дюфур и независимо от него английский физик Баррэт сделали очень важный научный вывод: **передача информации на большие расстояния производится с помощью таких** биологических волн, которые не обладают никакими вещественно-энергетическими характеристиками, то есть с помощью идеальных биологических волн. Таким образом, факт существования материальных и идеальных биологических волн доказан научно и подтвержден экспериментально ([77], №2 стр. 60-61).

Передача и прием мыслей на большие расстояния возможны только лишь с использованием идеальных (нематериальных и нефизических) биоволн. Использование физических биоволн нецелесообразно, а потому невозможно в процессе передачи идеальной информации на далекие дистанции.

На основании всего изложенного мы можем сделать обобщенный научный вывод, подтвержденный многочисленными экспериментами:

В определенных условиях информация от одной личности к другой может быть передана без посредства органов чувств с помощью идеальных биологических волн на сколь угодно большие расстояния со сколь угодно малыми затратами энергии.

Непосредственная (бессигнальная) передача мыслей на большие растояния происходит следующим образом. Центральное идеальное биополе ауры человека-"передатчика" передает информацию своему дистанционному биополю, которая распространяет по всему миру свои информационные биоволны. Центральное идеальное биополе ауры человека-"приемника" улавливает предназначенную для него информацию.

Информационная связь существует не только между живыми людьми. Она существует также между живыми и мертвыми. См. примеры, приведенные в десятой главе этой книги.

Однако такая передача мыслей воможна не всегда, не везде и не в равной степени. Например, есть люди, которые в биологическом отношении просто несовместимы. Их биологические поля (сферы) отталкиваются друг от друга, а не притягиваются. Передача информации с помощью биоволн между такими людьми может оказаться невозможной вообще. Но есть люди, биологические поля (сферы) которых притягиваются друг к другу. Передача информации с помощью биоволн между такими людьми осуществляется очень легко. Кроме того, каждый человек обладает способностью передавать информацию с помощью биоволн, но не у каждого человека она развита надлежащим образом точно так же, как, скажем, способность мыслить ([77], №2 стр. 110).

Телепатию признает не только научный мир, но атеисты и материалисты. Интересен тот факт, что именно советский университет впервые организовал исследовательскую парапсихологическую лабораторию, финансируемую государством , ([77], №2, стр. 61). Однако научный мир так и не смог дождаться формального признания советским государством биологической радиосвязи, как науки. Такое признание могло бы нанести колоссальный ущерб атеистическим догмам.

Парапсихологией принято называть науку, которая изучает вопросы приема и передачи идеальной информации непосредственно с помощью биологических волн без посредства органов чувств (телепатия, ясновидение, парадиагностика и т.д.).

3. Молитва — сигнально-информационная связь между Богом и человеком. Если человек обращается с мольбой к Господу Богу, то его органы речи создают звуковую волну, которая приводит в колебательное движение электромагнитное поле. Электромагнитное поле передает соответствующие сигналы антифотонам вакуумного пространства. Микроцивилизации антифотонов перерабатывают эти сигналы в идеальную информацию и отсылают ее к Богу с бесконечно большой скростью. Так Бог "слышит" звуковую молитву человека, но он "слышит" ее не ушами, а интеллектом. Если человек молится Богу мысленно, то мысли человека из ауры передаются его дистанционному биополю, а оттуда — Богу. Если Бог хочет ответить человеку, то он отправляет соответствующую информацию с бесконечно большой скоростью непосредственно в его ауру. Тогда человек может услышать "голос Бога в сердце своем". Но это вовсе не означает, что Бог обязательно выполнит любую просьбу человека, ибо просьба должна соответствовать законам и заветам Бога. Она должна быть справедливой и милосердной.

4. Предсказание и предвидение, ([9], стр.18).

4-1 Сигнально-информационная Связь между физической Вселенной и душой, ([27], стр.106–115)

Физическая Вселенная в рамках идеальной вселенной представляет собой "мерцающую точку", которую информационные волны праведной и высокоинтеллектуальной души могут пересечь мгновенно насквозь. Такая душа может "увидеть" все прошлое и предсказать все будущее физической Вселенной.

4-2 Сигнально-информационная Связь между физической Вселенной и человеком, ([25], стр.193–203)

Информационные волны дистанционного биополя человека могут распространяться сколь угодно далеко со сколь угодно большой скоростью. С их помощью при определенных условиях аура праведного и высокоинтеллектульного человека может получить нужную информацию о событиях, которые произойдут в физической Вселенной.

Но мы не являемся такими, ибо это надо заслужить. Чтобы стать праведным, надо соблюдать все заветы и законы Бога. Чтобы обладать высоким интеллектом, надо познавать истину [23–27].

С дополнительными материалами к этой главе вы можете ознакомиться в следующей литературе:

[27] СИС между Богом и Вселенной, стр.109;
[27] Общая СИС, стр.113;
[27] СИС между природой и ее законами , стр.110;
[45] Комаров "Атеизм", стр. 5;
[67] Кибернетическая смесь, стр. 75-85, 61;
[77]   №2, стр. 57-61, 104-114, 127-134, 158-170;
      №4, стр. 102-103, 179-181; №5, стр. 94-96.

19
СОН И СНОВИДЕНИЯ

1. Сон

Человек проводит одну треть своей жизни во сне. Возникает вполне уместный вопрос: целесообразно ли это? Если да, то почему?

Для человека физическая жизнь на Земле представляет собой осознанное существование, которое неизбежно связано с разными заботами, работой, усталостью, умственным напряжением, эмоциональными переживаниями и т.д. Если такого рода напряжение не получит периодическую разрядку, то человек может умереть. Если даже ему удастся перебороть смерть, то жизнь его превратится в сплошную и невыносимую каторгу. Поэтому живому существу (а особенно, человеку!) необходим сон в качестве разрядки.

Движение волн сигнально-информационной связи идеального и энергетического биополей ауры происходит со скоростью света и с чрезвычайно высокой частотой f:

$$s = a + \sin(\omega t),$$

$$\omega = 2\pi f,$$

(3)

где t – время, s – движение волны, "a" – коэффициент блокировки, π = 3.14. Сигнально-информационная связь биополей является чрезвычайно сложным процессом. Однако в целях наглядности изображения и понимания без ущерба для сути дела здесь приводится ее простейшая модель.

Если коэффициент блокировки "а" = 0, то человек не спит. Он бодрствует в полном сознании. При положительных значениях синусоиды идеальное биополе ауры передает энергетические сигналы физическому биополю той же ауры. При отрицательных значениях синусоиды физическое биополе ауры передает энергетические сигналы идеальному биополю той же ауры. В любом случае всякая сигнально-информационная обработка производится только лишь в идеальном биополе ауры.

Из этой формулы видно, что движение сигнально-информационной биоволны происходит всегда по закону синуса. Поэтому физическая жизнь не представляет собой материальную непрерывность. Не ежесекундно, а много миллиардов раз в секунду сознание человека отправляется в мир идеального биополя и возвращается обратно в мир физического биополя с чрезвычайно высокой частотой.

Если коэффициент блокировки "а" = 1, то синусоида идеального биополя ауры всегда положительна. Поэтому идеальное биополе ауры не может передавать какую-либо информацию физическому биополю. Если коэффициент блокировки "а" = – 1, то синусоида физического биополя ауры всегда отрицательна. Поэтому физическое биополе ауры не может передавать какие-либо сигналы идеальному биополю. Таким образом, сигнально-информационная связь между идеальным и материальным биополями одной и той же ауры оказывается заблокированной. Вследствие этого у человека отключается сознание и он спит.

Сон – это физиологическое состояние покоя и отдыха, при котором почти полностью прекращается сигнально-информационная связь между сознанием и органами чувств человека.

2. Сновидения – субъективно-переживаемые психические явления, возникающие во время естественного сна у человека. Образно выражаясь, сновидение – это то, что "видит" сознание спящего человека, дистанционные биоволны которого путешествуют по чужим биологическим полям. Они могут путешествовать не только по биологическим полям родных и близких, но и по биополям совершенно чужих и незнакомых людей; не только по биологическим полям живых, но и по идеальным полям душ давно забытых предков; не только по биологическим полям посюсторонней психики, но и по идеальным полям потусторонней души; не только по биологическим полям этой жизни, но и по идеальным полям душ в период прошлой физической жизни и т.д.

Иногда биоволны слабого сонного сознания блуждают по чужим "полям" подобно тому, как помехи одной радиостанции блуждают по радиоволнам других.

Когда человек спит, сигнально-информационная связь между идеальным биополем ауры и органами чувств человека прекращается. Однако при этом открывается другая чисто информационная, бессигнальная связь между идеальным биополем ауры и дистанционным биополем человека, которое также явлется идеальной категорией, но не принадлежит ауре. Идеальные волны дистанционного биополя, распространяемые по всему миру, улавливаются идеальной аурой спящего человека в качестве непрерывных сновидений на протяжении всего сна.

Обычно сновидения переживаются на протяжении всего периода сна, но тут же забываются. Запоминается только лишь то, что снилось на протяжении последних 5-6 минут.

Дистанционные биоволны распространяются так быстро, что спящий человек просто не успевает уловить и четко "осознать" их. Поэтому он запоминает только лишь очень важные фрагменты своих сновидений.

Когда человек просыпается, дистанционное биополе отключается от идеального биополя ауры. Если человек не спит, то дистанционные биоволны проникют в идеальное биополе ауры далеко не всегда, а только лишь в определенных условиях или при критических обстоятельствах.

Мы различаем в основном следующие типы сновидений:

сновидения телепатической связи;
сновидения ностальгии по прошлому;
сновидения ностальгии по любимым людям;
сновидения желаний;
сновидения страха и т.д.

Существует также множество других разновидностей сновидений, подробное исследование которых выходит за рамки этой книги. Поэтому здесь мы остановимся вкратце на наиболее интересных из них.

3. Предсказывающие сновидения, пример из Библии.

37. 5. И приснился Иосифу сон, и сообщил он братьям своим, и они еще более возненавидели его. 6. И сказал он им: выслушайте сон этот, который мне приснился: 7. Вот мы вяжем снопы посреди поля, и вот, поднялся мой сноп и стал вертикально, а ваши снопы стали кругом и поклонились моему снопу. 8. И сказали ему братья: ты собираешься владеть нами и царствовать над нами? И они еще более возненавидели его за сны его и за речи его. 9. И ему приснился еще сон другой, и он рассказал его своим братьям, говоря: вот, приснился мне еще сон, что солнце, луна и одиннадцать звезд поклоняются мне. 10. И рассказал он отцу своему и братьям своим, и побранил его отец его и сказал ему: что это за сон, который приснился тебе! Неужели я, и мать твоя, и братья твои придем поклониться тебе до земли?

И продали братья Иосифа в рабство. И сбылись сны его. И стал Иосиф наместником фараона в Египте. И поклонялись братья Иосифу до земли.

Пример второй. Было жаркое лето 1940 года. Мой дедушка Мэттио бен Иохай спал во дворе. Утром он созвал всех нас и рассказал о том, что ему приснилось. На небе спокойно светило множество звезд, и больших и малых. Вдруг все эти звезды пришли в яростное движение, сталкивались друг с другом и рассыпались искрами. Затем снова на небе все успокоилось. После такого "боя звезд" на небе остались два громадных солнца, а все остальные звезды примыкали или к одному или к другому большому Солнцу. Затем мой дед пояснил свой сон следующим образом: "Скоро грянет мировая война.

182

Я не увижу ее. После этой войны останутся две большие державы. Все остальные страны так или иначе будут от них зависимы". В декабре 1940 года мой дедушка умер. В июне 1941 года началась Вторая мировая война. Победителями в этой войне оказались две крупнейшие державы: СССР и США.

Такие примеры убеждают нас в том, что биологическая радиосвязь существует не только между живыми и мертвыми. Идеальная информация может быть передана также и из будущего в настоящее. Такое предсказание представляется возможным, потому что дистанционные биоволны могут распространяться со сколь угодно большими скоростями.

Древний мудрец рабби Шимон бар Йохай писал, что праведник знает заранее о катастрофах, которые произойдут на Земле в ближайшем будущем. Если он не может их предотвратить, то он ограничивается тем, что помогает своим близким. Мэттие бар Йохай знал летом 1940 года, что через год грянет Вторая мировая война. Но он не мог ее предотвратить. Поэтому он ограничился тем, что спасал своего сына в боях. См. десятую главу этой книги.

4. Творческие сновидения.

"Сновидения послужили источником для решения интеллектуальных и эмоциональных проблем и возникновения художественных идей. Подтверждением этого является знаменитый пример, связанный с научной деятельностью: немецкий химик-органик Фридрих Август Кекуле (1829-1896) в период упорных поисков структуры молекулы бензола увидел во сне змею, которая кусала свой хвост. Проснувшись, ученый понял, что молекула бензола имеет кольцевую форму", ([89], стр. 421).

Иногда сновидения кажутся нам совершенно непонятными и бессмысленными, не имеющими, на первый взгляд, никакого отношения к спящему; они-то и являются истинным предметом толкования сновидений. Такие сновидения, как правило, бывают предсказывющими или творческими. Непонятные образы таких сновидений могут быть почерпнуты дистанционными биоволнами спящего из миров, о которых мы не имеем даже никакого представления.

Существуют сновидения, содержание которых не может быть познано сознанием бодрствующего индивида. В таких снах "спящий приобщается к сокровищнице опыта своих предков или всего человечества", ([89] стр. 421).

Реймонд Муди в своей книге "Жизнь после жизни" ставит вопрос так [58]: "Что представляет собой "тело" души человеческой?"

Я долго думал над этим вопросом и никак не мог на него ответить до тех пор, пока мне не помогло мое творческое сновидение. Однажды ночью во сне я отчетливо услышал следующее:

Весомое и зримое биологическое тело человека состоит из биологических клеток, биологические клетки состоят из атомов и молекул, а атомы и молекулы представляют собой весомый концентрат невесомой положительной энергии.

Совершенно аналогично невесомое и незримое "тело души" человеческой состоит из "идеальных клеток", "идеальные клетки" состоят из "идеальных (нематериальных) атомов и молекул", а "идеальные

184

атомы и молекулы" представляют собой концентрат невесомой и незримой идеальной информации.

Если генетические коды бренных биологических клеток накапливают погрешность и неизбежно погибают, то идеальные клетки души не накапливают никаких погрешностей и могут быть вечными. Мы видим бренное тело человека, потому что оно существует в нашей физической Вселенной. Мы не можем видеть "духовное тело", потому что наши вечные души живут в качественно иной (идеальной) вселенной.

5. Сигнально-информационная связь между Материальным и Идеальным Мирами. Транзитная микроцивилизаия

В телепатии и сновидениях иногда принимает участие сигнально-информационная связь, существующая между мирами. В своих предыдущих книгах я уже писал, что для такой сигнально-информационной обработки в недрах антифотонов существуют "транзитные микроцивилизации". См.

[27], стр. 58, 107;
[26], стр.195, 377;
[24], стр.34;
[23], стр.8, 357.

В качестве дополнения к этой литературе приведу здесь некоторые объяснения к этому вопросу.

Если частота мерцания сигнально-информационного волнового движения антифотона равна, например, 100 000 гц, то это значит, что микроцивилизация, существующая в недрах антифотона, производит за одну секунду 100 000 порций сигнально-информационной обработки. За время обработки каждой такой порции микроцивилизация перекачивает из одного мира в другой и обратно полный комплекс информации и сигналов.

Транзитная микроцивилизация принимает из Идеального Мира целую порцию идеальной информации, которую передает в Материальный Мир и кодирует на энергетическом уровне. И наоборот, микроцивилизация каждый раз расшифровывает целую порцию энергетических сигналов и переносит информацию в Идеальный Мир. Если бы эта информация была нам доступна и если бы мы взялись ее записать, то вряд ли даже для одной такой порции информации нам хватило бы миллиардов лет жизни и сотен миллиардов толстых книг.

Таких "микроцивилизаций" внутри фотонов нет, потому что жизнь внутри фотона чревата катастрофой. Фотон, встречая на своем пути вещество или даже частичку вещества, перестает быть фотоном. Если бы внутри фотонов существовали микроцивилизации, то при соприкосновении фотонов с веществом (при попадании их на Землю) ежесекундно происходило бы бесчисленное множество крушений микроцивилизаций.

В то же время, если бы не существовала энергетическая микроцивилизация, кодирующая идеальную информацию, то информация не могла бы проникнуть из Идеального Мира в Материальный Мир. Тогда материя перестала бы двигаться и изменяться, а следовательно, перестала бы вовсе **существовать**. Однако материя существует, движется и изменяется. Следовательно, существует и микроцивилизация, но не внутри фотона, где нет никакого пространства, а внутри антифотона, представляющего собой элемент пространства.

186

20
ПРОГРАММА РАЗВИТИЯ И НАКОПЛЕННАЯ ПОГРЕШНОСТЬ

Ведь и себя я не сберег
Для тихой жизни, для улыбок.
Так мало пройдено дорог,
Так много сделано ошибок.

Сергей Есенин

Всякое движение, изменение или развитие материи происходит по законам природы. Полный свод всех законов природы представляет собой всеобщую идеальную программу материального развития [27].

Рождение и развитие любых материальных элементов, любых материальных систем и Материального Мира в целом – происходит по определнным идеальным программам. Эти программы созданы Богом, а потому являются абсолютно точными и совершенными. Но тогда возникает вполне уместный вопрос: почему же все материальные элементы и системы неизбежно стареют и умирают?

Материальные элементы и системы могут прийти от исходного состояния к нужному, заранее запланированному, результату только лишь в том случае, если они будут исполнять все предписания программы в абсолютной точности. Однако может ли материальное тело исполнять предписания идеальной прграммы абсолютно точно? Нет, не может! Во-первых, в Материальном Мире нет ничего абсолютного, в нем все относительно. Поэтому нет в нем и абсолютной точности. Во-вторых, согласно основному закону природы, любое действие материальной системы обязано иметь такую свою равноценную противоположность, как противодействие. Любому точному развитию, происходящему в Материальном Мире по идеальной программе, обязана противодействовать неизбежная ошибка.

Поэтому эффективность воздействия абсолютно точной идеальной программы на материальную систему не может быть абсолютно точной в такой же мере, в какой мере коэффициент полезного действия какого-либо механизма не может быть стопроцентным в абсолютном смысле этого слова.

Движение или развитие всякой материальной категории не может быть абсолютно точным, если даже оно происходит по абсолютно точной программе. Точность любого движения или изменения материи всегда относительна, а не абсолютна.

Эффективность действия идеальной программы в Материальном Мире всегда меньше ста процентов, то есть она всегда меньше единицы. При этом она может быть величиной сколь угодно близкой к единице, но она никогда не может быть равна единице в абсолютном смысле этого слова. А ошибка или относительная погрешность движения или изменения материи может быть сколь угодно малой величиной, но она никогда не может быть равна абсолютному нулю.

Из того же основного закона природы следует, что относительная погрешность материальной системы не может существовать без такой своей противоположности, как абсолютная точность. Однако мы только что доказали, что ни одна материальная система не может быть абсолютно точной. Поэтому абсолютную точность следует искать вне материи, например в абсолютной программе Бога.

Следовательно, относительная погрешность материальных элементов и систем является неизбежной. Ее противоположностью является абсолютная точность идеальной программы. Аналогично можно доказать, что относительное несовершенство материи является неизбежным. Его противоположностью может быть только лишь абсолютное совершенство объективной идеи, хотя не всякая идея может быть абсолютно совершенной, например субъективная. Даже в мире объективных идей абсолютно совершенным может быть только лишь особый интеллектуал, имя которому – Бог.

Таким образом, идеальная программа материального развития, созданная Богом, является абсолютно совершенной и абсолютно безошибочной. Однако, согласно основному закону материи идеальная программа развития в Материальном Мире обязана иметь свою противоположность – накопленную погрешность, которая тормозит развитие. Ни одна материальная категория не может быть ни абсолютно точной, ни абсолютно совершенной. Поэтому любая материальная категория за сколь угодно малый промежуток времени неизбежно накапливает относительную погрешность. Вследствие этого в конечном счете она должна стареть и гибнуть.

Идеальная программа является потусторонним первоисточником всякого материального движения, изменения и развития. Однако абсолютно точная идеальная программа может проникнуть из Идеального Мира в Материальный Мир только лишь через посредство своей материальной копии, то есть через посредство относительно (а не абсолютно) точного кода. В отличие от идеальной программы, ее материальный код является **посюсторонним первоисточником** всякого материального движения, изменения и развития. С момента своего формирования или рождения любые материальные элементы и системы (а следовательно, и любой материальный код) накапливает относительную погрешность, которая постепенно делает их все менее и менее способными исполнять предписания абсолютно точной идеальной программы.

Первоначально относительная погрешность настолько мала, что она не оказывает почти никакого сопротивления относительно точному запрограммированному развитию. Однако с течением времени по мере возрастания накопленной погрешности темп развития постепенно замедляется. В какой-то момент времени количество накопленной погрешности неизбежно приводит к изменению качества, при котором материальная система уже не развивается, но еще не разрушается.

С этого момента развитие полностью прекращается и начинается фаза стабильного существования материальной системы, которая может поддерживаться длительное время колебательным и гармоничным равновесием, установившимся между идеальной программой и накопленной погрешностью. Однако и такое равновесие не может быть вечным. Оно также неизбежно должно накапливать погрешность. Поэтому в какой-то момент времени

190

накопленная погрешность становится настолько значительной, что материальный код идеальной программы оказывается не в состоянии ее преодолеть.

С этого момента фаза стабильного существования полностью прекращается и начинается фаза катастрофичного разрушения материальной системы. По мере дальнейшего роста накопленной погрешности темп разрушения материальной системы нарастает, а материальный код идеальной программы становится все менее и менее способен противодействовать этому разрушению. Это длится до тех пор, пока не наступит полная гибель (или смерть) материальной системы.

Величие и гениальность Творца идеальной программы развития именно в том и заключается, что даже неизбежное зло он может обратить на пользу. С этой целью в свою программу он включил закон двойного отрицания, согласно которому разрушение и гибель старой материальной системы неизбежно должны сопровождаться формированием и рождением новой материальной системы. Объективная идея накапливает "материальный опыт" в то время, как сама материя накапливает погрешность. Поэтому любое развитие является колебательным и гармоничным, а каждый последующий цикл колебательного развития материи может быть более совершенным, чем каждый предыдущий.

В этом смысле мы полностью согласны с религиозными идеями о том, что ничто в мире не происходит без воли на то господа Бога, ибо всякое движение, изменение и развитие материи происходит по его идеальной программе.

Приведем примеры.

Первый пример.
На машиностроительном заводе в сознании инженеров существует программа создания новых автомобилей. По этой идеальной программе разрабатываются технологические документы и чертежи (материальный код идеальной программы), которые неизбежно содержат в себе какие-то незначительные ошибки в сравнении с теми идеями, которые имеются в сознании инженеров. Однако эти ошибки настолько малы, что они почти не мешают успешному изготовлению новой машины по чертежам. Детали машин изготовлены и собраны с необходимой степенью точности при наименьших затратах средств, труда и времени.

Такая точность является целесообразной и достаточно высокой, но она не является абсолютной. Меньшая точность не была бы в состоянии обеспечить нормальную работу машины, а более высокая точность оказалась бы слишком дорогой и поэтому неприемлемой. Абсолютную точность мы могли бы абстрактно представить себе как предельную точность, которую можно было бы достичь при бесконечно больших затратах средств, труда и времени. Однако в природе нет никаких бесконечных величин, и именно поэтому абсолютная точность недостижима.

Итак, вы покупаете новую машину. Она работает безупречно, и вы очень довольны покупкой. Однако в процессе работы те или иные детали непрерывно изнашиваются. Износ накапливает кинематическую погрешность в гармоничном и согласованном движении отдельных деталей и узлов машины. Поначалу эта накопленная погрешность будет настолько мала, что не будет вас совершенно беспокоить. Но если вы вовремя не сбросите накопленную погрешность и не замените изношенные детали новыми, то катастрофичное разрушение и гибель вашей машины окажутся неизбежными. Инженерная мысль накапливает опыт и совершенствуется, в то время как ваша машина разрушается. Поэтому каждый последующий выпуск машин будет более совершенным, чем каждый предыдущий.

Второй пример

Наша Солнечная система формировалась, родилась, развивалась и устойчиво работает по объективно существующей абсолютно точной идеальной программе. Однако фактическая точность взаимного движения и расположения Солнца, планет и их спутников является относительной, а не абсолютной. Например, учеными твердо установлено, что тропический год, равный 31 556 925,9747 сек., увеличивается ежегодно на 10^{-4} сек. Это означает, что скорость вращения Земли вокруг Солнца, а следовательно, и ее центробежная сила – ежегодно уменьшаются на весьма малую величину. Поэтому относительная точность взаимного движения и расположения планет нашей Солнечной системы ежегодно накапливает весьма малую кинематическую погрешность. Эта погрешность настолько мала, что устойчивость Солнечной системы мы можем считать в высшей мере гарантированной.

Такая гарантия практически недостижима ни для каких искусственных спутников. Накопленная погрешность будет оставаться совершенно безопасной для нас до тех пор, пока она не превысит той нормы, которая устанавливается законом перехода количества в качество. Если к этому моменту времени Солнечная система не сможет "сбросить" накопленную погрешность, то Земля начнет катастрофически разрушаться и погибнет примерно через 10 млрд лет.

Третий пример.
Развитие гражданской техники есть запрограммированная необходимость, а арсеналы смертоносного оружия являются ее накопленной погрешностью.

Таких примеров мы могли бы привести несметное множество. Рассматривая любое количество других примеров мы пришли бы к таким же выводам. Тогда пользуясь общепризнанным научным методом индуктивного познания истины, мы можем перейти от частных примеров к следующему всеобщему закону накопленной погрешности:

Накопленная погрешность является неизбежным источником разрушения и гибели любой материальной категории, а старение и смерть являются неизбежными последствиями накопленной погрешности. В то же время смерть является необходимым средством, которое позволяет материальной системе "сбросить" с себя полностью всю накопленную погрешность и начать новое развитие.

Антинаучный атеизм, именующий себя "научным", и марксистский материализм, именующий себя "диалектическим", противопоставляют этому закону накопленной погрешности свою басню о "вечной" материи, в которую сотни миллионов простых людей обязаны слепо верить, хотя поверить в нее нет никакой логической возможности. В самом деле: если материя "вечна", то она должна быть абсолютно безошибочной. А если материя абсолютно "безошибочна" сама по себе без всякого потустороннего контроля, то она обязана быть абсолютно мудрой и абсолютно интеллектуальной.

Но в то же время атеизм торжественно провозглашает, что интеллект является свойством только лишь живой материи и что неживая материя не обладает никаким умом вообще. Спрашивается: как же неразумная материя сама по себе предотвращает свое старение и свою гибель, если даже высокоинтеллектуальный человек неизбежно ошибается, а поэтому стареет и умирает? Если атеизм провозглашает материю "вечной", то это прежде всего означает одно из двух: либо он признает безошибочный контроль над поведением материи со стороны Бога, либо он наделяет неживую материю безошибочным интеллектом и тем самым обожествляет ее.

В первом случае атеизм превращается в научную религию, а во втором случае – в антинаучное идолопоклонство, где в роли обожествленного идола выступает не какая-то скала, а весь Материальный Мир в целом. Но даже такое признание не позволило бы атеизму приписать материи вечное существование, ибо для этого необходимо еще и другое условие, а именно: безошибочное поведение. Вечное существование материи невозможно еще и потому, что ее поведение не может быть абсолютно безошибочным. Итак, атеистическая басня о "вечности" материи находится в вопиющем противоречии с научным законом о накопленной погрешности.

Основной закон природы на безошибочные идеальные категории не распространяется. Поэтому они не обязаны иметь свою противоположность. Это значит, что безошибочная идеальная программа есть необходимость для развития материи. А накопленная погрешность является неибежным злом только лишь для материальных категорий, а не для идеальных.

Религия и атеизм являются идеальными, а не материальными категориями Поэтому они могут существовать друг без друга. Следовательно, атеизм вовсе не является необходимостью для духовного развития человека. Антинаучный атеизм является всего лишь накопленной погрешностью, а не запрограммированной необходимостью Научная религия является запрограммированной необходимостью, а атеистическое заблуждение – неизбежным злом.

Совершенно аналогично, любовь – запрограммированная необходимость, ненависть – накопленная погрешность. Добро – запрограммированная необходимость, зло – накопленная погрешность. Любовь без ненависти, добро без зла – светлое будущее всего человечества.

21
НАКОПЛЕННАЯ ПОГРЕШНОСТЬ И ФИЗИЧЕСКАЯ СМЕРТЬ ЧЕЛОВЕКА

Своевременная физическая смерть наступает вследствие накопленной погрешности генетических кодов человеческого организма.

Исай Давыдов

Любой человеческий организм, любая биологическая система, любая живая клетка – формируются, рождаются, развиваются и устойчиво функционируют по абсолютно точной **генетической программе**, созданной Абсолютным Богом специально для человека. Для других живых существ Бог создал другие генетические программы, для каждого вида -- свою. Материальную копию генетической программы мы называем **генетическим кодом**. Генетическая программа существует объективно в Идеальном Мире, а генетический код – в Материальном Мире, в биологических клетках каждого живого организма.

Если миллион компьютеров будут изготовлены по одним и тем же чертежам на разных заводах, то все они будут относительно одинаковыми по назначению. В то же время все они будут разными в пределах допуска в зависимости от условий производства. Один компьютер проработает 20 лет, другой – 10 лет, третий компьютер выйдет из строя через несколько месяцев и т.д.

Совершенно аналогично генетическая программа у всех людей одна, а генетические коды – у каждого человека – свои. Генетическая программа управляет полностью каждым человеческим организмом через посредство его индивидуальных генетических кодов независимо от воли человека. Например, сердце работает автоматически – так и только лишь так, как предписано ему генетической программой. Работа сердца и других органов от воли человека совершенно не зависит.

Точность генетического кода является относительной, в то время как точность генетической программы является абсолютной. Относительно точная деятельность генетических кодов неизбежно накапливает погрешность, в то время как генетическая программа не накапливает никакой погрешности в абсолютном смысле слова. Когда количество накопленной погрешности генетических кодов превышает определенную норму, количесво переходит в качество и наступает физическая смерть человека.

Чрезвычайно высокая степень точности функционирования генетического кода поражает воображение ученых, тем не менее эта материальная точность является все же относительной, а не абсолютной. Она обеспечивает устойчивое существование биологической системы на определенное время, а не навеки. **Поэтому в рамках одного и того же биологического тела возможно только лишь долголетие, а не физическое бессмертие человека.**

Кто же из нас не хотел бы жить вечно?! Много мифов и легенд сложено о вечной молодости. Однако это невозможно в материальном смысле слова. Почему? Потому что мы с вами непрерывно накапливаем погрешность в гармоничном и согласованном движении, изменении и развитии тех или иных наших органов и клеток. Чтобы избежать старости и физической смерти, необходимо непрерывно принимать абсолютно правильные решения. А это практически невозможно.

Например, перетрудиться – это значит надорваться. Недотрудиться – это значит атрофироваться. Для каждого человека, для каждого его органа, для каждой его живой клетки, а следовательно, и для генетического кода – существует определенная оптимальная норма трудовой деятельности, которая непрерывно изменяется и которую непрерывно следует соблюдать в абсолютной точности для того, чтобы не стареть.

Недоедание вредно потому, что оно ведет к гибели через истощение. Переедание вредно потому, что оно ведет к гибели через ожирение. Для каждого человека, для каждого его органа, для каждой его живой клетки, а следовательно, и для генетического кода – существует определенная оптимальная норма пополнения энергетических затрат, которая непрерывно изменяется и которую непрерывно следует соблюдать в абсолютной точности для того, чтобы не стареть. Для каждого живого организма существует несметное множество таких оптимальных норм. Сколь угодно малое отклонение от каждой такой нормы в ту или иную сторону является губительным элементом непрерывно накапливаемой погрешности, в результате которой живой организм неизбежно стареет и умирает.

Скорость любой материальной системы является всегда конечной величиной. Поэтому ни сам человек, ни его мозг, ни один его орган, ни одна его живая клетка – не могут мгновенно и абсолютно точно   установить и соблюдать ни одну нужную норму поведения. Даже с помощью самых высокопроизводительных электронно-вычислительных машин не представляется возможным предусмотреть все возможные ситуации, принять каждый раз абсолютно правильные решения, а тем более мгновенно и абсолютно точно исполнять их. Тем не менее любой живой организм определяет и соблюдает оптимальную норму поведения с чрезвычайно высокой степенью точности, иначе он погиб бы еще до того, как родился.

Однако эта чрезвычайно высокая точность является лишь относительной, а не абсолютной. Эффективность проникновения генетической программы в Материальный Мир может быть величиной, сколь угодно близкой к единице (то есть к ста процентам), но она никогда не может быть равна ей в абсолютной точности. Вот почему любой живой организм неизбежно накапливает погрешность, стареет и умирает. Отцы и матери стареют и умирают, а на смену им рождаются и развиваются дети.

Если тот или иной атеист действительно ищет объективную истину, то ему предлагается серьезно подумать над вопросом: кто обеспечил такую высокую точность и устойчивость генетического кода живых существ или нашей Солнечной системы: неразумная материя, слепой случай, человеческий ум или же высокий интеллектуал, имя которому – Бог? Это будет намного полезнее, чем бездумно повторять шаблонные и трафаретные фразы атеистических "авторитетов".

Генетическая программа является идеальной категорией, а ее код - материальной. Если генетическая программа (как идеальная категория) совершенно свободна от всякой погрешности вообще, то ее генетический код (как материальная категория) не может освободиться от своей разрушительной противоположности – накопленной погрешности.

Поэтому идеально совершенной может быть генетическая программа, а не ее молекулярная (материальная!) запись – система генетических кодов. Совершенство генетической программы есть тот недосягаемый предел, к которому неуклонно стремится совершенство генетических кодов, но которого оно никогда не достигнет.

Если молекулы и генетические коды, обладающие каким-то элементарным объемом, мы можем увидеть только лишь под микроскопом, то идеальное содержание самой генетической программы, физический объем которой равен идеальному нулю, мы не можем "увидеть глазами" вообще. Мы можем обнаружить его только лишь умозрительно, на основании научных выводов, при помощи нашего интеллекта, ума. Тем не менее идеальная генетическая программа намного совершеннее, чем ее материальный код, записанный на уровне весомых молекул или невесомых фотонов.

Чтобы обеспечить свое бессмертие, человеку необходимо сбросить всю погрешность, которую накопило его биологическое тело. А для этого необходим стопроцентный коэффициент надежности (N=1), что возможно только лищь в Идеальном Мире, но невозможно в физическом мире. Поэтому бессмертие человека прежде всего нуждается в физической смерти, сбрасывающей полностью всю накопленную погрешность биологического тела. В то же время бессмертие человека нуждается в идеальной душе, способной перевоплотиться в новорожденный организм, у которого нет никакой накопленной погрешности. Таким образом, **путь к бессмертию человека лежит через его физическую смерть.**

Известно, что в каждой мельчайшей клетке нашего организма закодирована генетическая программа, которая позволяет ей "выжить" в любой ситуации. Если бы генетический код никогда не накапливал погрешность, то живые клетки, а следовательно, и мы сами, никогда бы не умирали так называемой естественной смертью. К сожалению, наши знания все еще настолько примитивны, что мы постоянно увеличиваем (а не уменьшаем!) накопленную погрешность наших генетических кодов.

Отдельный организм детеныша растет и развивается вследствие совершенного соответствия генетических кодов генетической программе индивидуума. С течением врмемени генетические коды неизбежно накапливают погрешность. Когда накопленная погрешность уравновешивает генетическую программу роста, организм перестает расти. Дальнейшее накопление погрешности все больше и больше снижает эффективность действия генетичесикх кодов, вследствие чего организм стареет. Согласно диалектическому закону перехода количества в качество, если количество накопленной погрешности достигает определенной величины, то жизнь организма сменяется его смертью.

Чтобы продолжить свою жизнь, организм нуждается в сбросе накопленной погрешности генетических кодов. С этой целью задолго до своей смерти организм родителей передает новорожденному свои генетические коды, лишенные всяких погрешностей.

Согласно всему скзанному, мы можем сделать следующий вывод:

Своевременная физическая смерть наступает вследствие накопленной погрешности генетических кодов человеческого организма.

Однако, это вовсе не означает, что накопленная погрешность якобы запланирована Богом. Старение и смерть, как неизбежное зло, есть результат несовершенства материи, а не следствие божественной программы. Поэтому мы решительно отвергаем идею "запрограммированных" автомобильных аварий и железнодорожных катастроф. Такого рода программы могут быть составлены только лишь злыми и безрассудными людьми, а не совершенным Богом и даже не интеллектуальным человеком, ибо даже разумный человек понимает бессмысленность убийства.

Целесообразная точность.

Тогда возникает следующий вполне резонный вопрос: почему всемогущий Бог не сделал наши генетические коды абсолютно точными?

Ответ простой: всемогущий Бог на то и есть всемогущий, что он хочет и может выбрать из всех возможных наиболее целесообразный вариант. Далее мы увидим, что целесообразная физическая смерть, чередуемая с периодическими перевоплощениями душ, более целесообразна, чем физическое бессмертие.

Чтобы лучше понять эту мысль, рассмотрим в

качестве аналогичного примера фабрику автоматического управления, изготовляющую стальные шарики для подшипников качения. Предположим, что фабрике задана программа изготовить миллиард шариков диаметром 100 мм с точностью до одного микрона. Предположим далее, что существующее оборудование не может гарантировать столь высокую точность, ибо отклонения размеров колеблется от 0.5 до 100 микронов. Поэтому инженер предусматривает в работе фабрики следующую программу:

10. Изготовить миллиард шариков.

20. Измерить диаметр каждого шарика.

30. Отправить каждый шарик в бункер готовой продукции, если отклонение его диаметра не превышает 1 мк.

40. Отправить шарик на переплавку, если отклонение его диаметра превышает 1 мк.

50. Процесс 20-40 повторить для всех изготовленных шариков.

60. Все негодные шарики переплавить в сталь и отправить для изготовления новых шариков.

70. Процесс 10-60 повторять до тех пор, пока в бункере для готовой продукции не окажется миллиард шариков, изготовленных с заданной степенью точности.

Такая технология может снизить себестоимость изготовления шариков в сто и более раз. Поэтому она целесообразна. Совершенно аналогично, физическая смерть, позволяющая периодически сбрасывать всю накопленную погрешность генетических кодов, более целесообразна, чем "абсолютно точные" генетические коды.

22
СМЕРТЬ И БЕССМЕРТИЕ

Жизнь – это борьба за бессмертие.

М.М. Пришвин

1. Рожденные, чтобы умирать

Согласно всеобщему закону развития материи по замкнутому циклу, все материальные категории рождаются для того, чтобы умирать. Умирают не только люди, но и вся наша физическая Вселенная через 84 миллиарда лет исчезнет полностью в черной космической дыре, не превратившись ни во что материальное.

Талантливый советский ученый Шкловский Иосиф Самуилович убедительно показал, что галактики, звезды, планеты, спутники – рождаются, развиваются, существуют стабильно, стареют и неизбежно умирают. "Ежегодно в галактике умирает по меньшей мере одна звезда!!", ([91], стр. 60).

2. Закон замкнутого цикла

Отсыревшее зерно пшеницы, опущенное в благодатную почву, превращается в зеленый колос вовсе не для того, чтобы самому исчезнуть навсегда, а для того, чтобы вновь возродиться в виде многих свежих зерен пшеницы. Если бы не было стебля, то не было бы и пшеницы.

Если супруга покидает неполноценного мужа, то вовсе не для того, чтобы сохнуть одной, а для того, чтобы выйти замуж за полноценного человека.

Если у ребенка выпадают молочные зубы, то

вовсе не для того, чтобы остаться беззубым, а для того, чтобы выросли новые, более крепкие зубы. Мы с удовольствием наблюдаем, как малыш освобождается от прогнивших молочных зубов и приобретает новые, крепкие и более здоровые зубы.

Если душа человека покидает одряхлевшее тело, то вовсе не для того, чтобы человек исчез навеки, а для того, чтобы вселиться в молодое развивающееся тело ребенка.

Согласно закону отрицания отрицания, люди рождаются для того, чтобы умирать, и умирают для того, чтобы сбросить накопленную погрешность и родиться вновь. Дорога в бессмертие души лежит через физическую смерть организма.

Однако закон отрицания отрицания на идеальные категории не распространяется. Поэтому они не обязаны умирать. Идеальная категория – это все то, что рождается, но не обязательно умирает. Например, душа, программа и законы природы, созданные Богом, не умирают и не накапливают погрешности. Душа рождается, развивается и совершенствуется, но она не накапливает погрешности, не стареет и не умирает, если ведет себя достойно.

Абсолютный Бог – это тот, кто существует вечно вне всякого времени и вне всякого пространства, у кого нет ни начала ни конца.

3. Смерть тела и бессмертие души

Физическая жизнь человека представляет собой неповторимое повторение.

Мы уже знаем, что душа – это идеальное содержание живого существа, а тело – всего лишь его материальная форма. Те или иные органы тела являются своеобразными датчиками или орудиями, с помощью которых идеальная душа проникает в Материальный Мир. Если тело – это храм, построенный для души, то об этом храме следует заботиться. Однако забота о храме не должна быть настолько чрезмерной, чтобы нанести ущерб жителям храма. Бессмертие тела (материальной формы), наносящее ущерб душе (идеальному содержанию), нецелесообразно и лишено смысла настолько же, насколько нецелесообразна чрезмерная забота о храме, наносящая ущерб его жителям. И наоборот, бессмертие души (идеального содержания) за счет периодического чередования смерти и возрождения тела (материальной формы) представляется целесообразным и имеет глубокий смысл. Оно не только не перечеркивает смысл нашего развития, но и является его необходимым условием.

Из математики известно, что, для решения алгебраического уравнения 10 степени необходимо предусмотреть петлевую программу. Чем больше количество петель, тем точнее результат полученного решения. Если число петель стремится к бесконечности, то результат решения стремится к абсолютно точному значению [30, 31,138,148,162].

Совершенно аналогично, для решения проблемы нашего бессмертия необходимо предусмотреть петлевую программу перевоплощения душ. Чем больше количество петель, тем совершеннее душа. Если количество перевоплощений стремится к бесконечности, то совершенство души человеческой стремится к абсолютному совершенству Бога.

Если речь идет о смерти тела и о бессмертии души, то следует принять во внимание относительность этих понятий. Бог сотворил душу человека и может ее уничтожить, если сочтет нужным. Поэтому по отношению к Абсолютному Богу бессмертие души является относительной категорией. Однако по отношению к материальному телу человека его идеальная душа представляется бессмертной.

4. Вопросы морали

Тело человека живет не вечно. И оно должно прожить свою короткую жизнь так, чтобы не обречь бессмерную душу на вечные страдания, чтобы душа его не испытывала потом вечную и мучительную боль за его подлые и бесчестные поступки. Тело человека должно прожить свою короткую жизнь так, чтобы душа не сожалела за бесцельно прожитые телом годы, чтобы она испытывала вечное и возвышенное наслаждение за ту короткую материальную жизнь, которая была посвящена борьбе за справедливость и человечность.

Справедливость – это гармоничное равновесие противоположных интересов. Иногда такое равновесие устанавливается физической силой. Сила, как и любая другая материальная категория, накапливает погрешность. Количество накопленной погрешности переходит в качество, и равновесие сил нарушается. Вследствие этого наступает несправедливость. Богу угодно развитие, соответствующее его программе. Но Богу не угодна накапливаемая погрешность и порожденная ею несправедливость. Поэтому борьба за справедливость угодна Богу. Однако справедливость должна быть истинной, а не фальшивой, как при коммунизме. Она должна быть восстановлена не злодеянием и террором, а добротой и милосердием.

23
ЦЕЛЕСООБРАЗНОСТЬ БЫТИЯ
ВОПРОСЫ И ОТВЕТЫ
[25], стр. 248– 284.

> Всему есть свое время: время
> трудиться и время отдыхать, время
> рождаться и время умирать...
>
> Царь Давид

1. Закон целесообразности бытия

Обобщая материалы моих предыдущих книг, мы можем сформулировать закон целесообразности бытия следующим образом:

Всякое движение, изменение и развитие любой физической категории является целенапаравленным, запрограммированным и в высшей степени целесообразным.

Например, рождение и эволюция Вселенной в высшей степени целесообразны, [24], стр. 260– 266. Эволюция протекает без всяких случайностей в строгом соответствии с законами природы, полный свод которых представляет собой идеальную программу эволюционного развития материи. Первоначальной **целью** рождения и эволюционного развития Вселенной было образование галактик, звезд и планет. А галактики, звезды и планеты были созданы для того,чтобы в них возникли мыслящие существа. Без мыслящих существ в существовании Вселенной, как нулевой суммы ненулевых противоположностей, не было бы никакого смысла.

"Такая точка зрения нам представляется идеалистической" – писал И.С.Шкловский, ([90], стр. 163, 223).

Целью образования нашей Солнечной системы является появление на Земле человека – относительного подобия Абсолютного Бога. Возникновение и развитие человека на Земле есть закономерный, запрограммированный, целенаправленный и целесообразный процесс, а не случайность.

Однако, в рамках всей Вселенной человек – не единственное интеллектуальное существо. И.С.Шкловский писал ([90], стр. 223): "...Число обитаемых миров в Галактике должно быть порядка миллиарда. На некоторых планетах развитие жизни могло зайти так далеко, что появились разумные существа, которые создали цивилизации, вооруженные всеми достижениями науки и техники".

2. Целесообразность физической смерти

Целесообразность естественной смерти является частным следствием всеобщего закона целесообразности, которое мы формулируем следующим образом:

Естественная смерть физического организма целесообразна, потому что она позволяет сбросить накопленную погрешность генетических кодов и начать новую жизнь.

Если сон является целесообразной необходимостью для восстановления физических сил человека после дневной усталости, то своевременная смерть физического организма является такой же целесообразной необходимостью для освобождения идеальной души человеческой от накопленной погрешности генетических кодов.

Если человек, уставший за день, ложится спать с удовольствием для того, чтобы проснуться утром со свежими силами, то идеальная душа человека должна покинуть бренное тело, пришедшее в негодность, для того чтобы вселиться в новорожденное тело ребенка, обладающее надежной программой дальнейшего развития.

Целесооблазность своевременной физической смерти очевидна также из закона отрицания отрицания, согласно которому все диалектические противоположности должны чередоваться, сменяя друг друга, как день и ночь, зима и лето и т.д. Нельзя все время только кушать. Нельзя все время только купаться. Нельзя все время заниматься только сексом. Нельзя все время только бодрствовать. Нельзя все время только спать и т.д. Царь Давид сказал: "Всему есть свое время – время трудиться и время отдыхать, время рождаться и время умирать..."

3. Нецелесообразность физического бессмертия. Трудно себе даже представить, насколько кошмарной была бы жизнь человечества, если бы оказалось возможным физическое бессмертие таких людей, как Гитлер и Сталин.. Если вы сможете представить себе это, то вы сможете понять и то, насколько нецелесообразно физическое бессмертие человека. Вечное существование одного и того же физического тела нецелесообразно. Именно поэтому бессмертие биологического организма оказывается нецелесообразной, а следовательно, невозможной категорией.

4. В чем целесообразность расширения и сжатия Вселенной? Физическая Вселенная рождается и расширяется для того, чтобы в ней зародилась и развивалась биологическая жизнь, а сфера биологической жизни есть полигон, необходимый для развития душ. Физическая Вселенная сжимается и погибает для сброса накопленной погрешности ее обитателей, то есть для того, чтобы в ней страдали и погибали преступные души.

5. Почему существует зло ?

1. Если бы не было зла, то не было бы свободы выбора между добром и злом. Если бы не было свободы выбора, то живое существо перестало бы быть живым.

2. Белый предмет можно увидеть глазами только лишь на черном фоне. Если не будет черного фона, увидеть глазами белый предмет на белом фоне невозможно. Для того чтобы увидеть белый предмет на белом фоне, нужен высокий интеллект.

Совершенно аналогично, примитивный ум может понять и оценить "добро" только лишь в сравнении со "злом". Если не будет "зла", то примитивный человеческий ум не сможет распознать и оценить "добро". Для того чтобы оценить по достоинству "добро" без "зла", нужен высокий интеллект. Поэтому всеобщее счастье на Земле будет построено лишь тогда, когда человеческое общество добра без зла и любви без ненависти станет совершенным. А человеческое общество станет совершенным лишь тогда, когда каждый человек овладеет высоким интеллектом и исчерпывющими познаниями о сути бытия

Зло целесообразно, потому что оно неизбежно обращается в добро. Классическим примером служит библейский эпизод, когда братья продали Иосифа в рабство. Вследствие этого злодеяния Иосиф стал самым главным человеком в Египте.

Бог допускает "зло" для того, чтобы обратить его в "добро".

6. Почему человек нуждается в пище?

Атеист стучит кулаком по столу и гневно спрашивает: если всемогущий Бог действительно существует, то почему он снабдил наше тело потребностью к пище? Почему мы должны так тяжело трудиться и зависеть друг от друга, чтобы добыть эту пищу? Разве нельзя было освободить нас от потребности в пище, от всякой необходимости трудиться или делать что-нибудь такое, что не доставляет нам удовольствия? Почему он не сделал нашу жизнь сплошным и вечным наслаждением, свободным от всяких забот, от всех и от всего? Если Бог всемогущ, то он мог бы освободить всех людей от потребности в пище и сделать их независимыми друг от друга.

Ответ: такая форма жизни уже есть в идеальной вселенной, где идеальные души не нуждаются ни в какой пище и совершенно независимы друг от друга. Но у физической жизни совсем другое назначение.

Если бы у человека не было потребности в пище, то он перестал бы трудиться. Если бы он перестал трудиться, то не было бы никакого интеллектуального развития. Если бы не было никакого интеллектуального развития, то человек перестал бы быть помощником Бога в его творческой деятельности. Если бы человек перестал быть помощником Бога в его творческой деятельности, то он перестал бы быть относительным подобием Абсолютного Творца, то есть он перестал бы быть человеком.

Вот почему Бог не прощает безделья (см. Четвертую Заповедь).

Даже колоссальные звезды превращаются в ничто и исчезают в черных космических дырках, если перестают "трудиться" (если нет внутреннего движения).

САМ. Если бы я не голодал, то я бы не учился. Если бы я не учился, то я не стал бы ученым. Если бы я не стал ученый, то я не написал бы этот труд, угодный Богу.

Конечно, люди могли бы расти на деревьях, как яблоки и груши. Тогда они были бы независимы друг от друга. Вместе с тем они были бы пассивными и не обладали никаким умом. Без ума рай не построишь. А земное назначение человека именно в том и заключается, чтобы построить рай на Земле.

7. Почему Бог не дал человеку крылья?
Для того чтобы человек сотворил самолет.

8. Почему Бог сотворил птицу?
Существует несметное множество причин, по которым Бог сотворил то или иное живое существо. Мы не можем знать все эти причины в их исчерпывающей полноте. Поэтому здесь и далее мы ограничимся указанием на одну из них, которая представляется нам наиболее существенной в рамках рассматриваемых нами проблем. Бог сотворил птицу в качестве наглядного пособия, которое помогло человеку сотворить самолет.

9. Для чего Бог сотворил рыбу?

Бог сотворил рыбу в качестве наглядного пособия, которое помогло человеку сотворить подводную лодку.

10. Почему рыбы живут в воде?

Можно ли создать такие живые существа, которые могли бы жить не в воде, а в какой-либо другой жидкости?

Да, можно. Всемогущий Бог может делать все.

Но почему же он этого не сделал?

Он этого не сделал потому, что это нецелесообразно. В самом деле, вода – это самая простейшая жидкость. Поэтому жизнь в воде наиболее экономна, а следовательно, наиболее целесообразна..

Чем сложнее жидкость, тем дороже обошлась бы в ней жизнь. А Бог не хочет нарушать свои принципы экономности и целесообразности.

11. Для чего Бог сотворил бактерии?

Бактерии – это группа одноклеточных микроорганизмов, участвующих в круговороте веществ в природе, в формировании плодородных почв, в образовании полезных ископаемых и в очищении Земли от трупов. Если бы не было бактерий, то поверхность Земли давным-давно покрылась бы толстым слоем трупов до такой степени, что жизнь человека на Земле оказалась бы невозможной.

Однако бактерии и микробы не могут различать живой организм от трупа. Для этого пришлось бы значительно усложнять структуру бактерий. Представляется более целесообразным снабдить живой организм защитными свойствами, способными отражать непрерывные атаки миллиардов микробов.

12. Для чего Бог сотворил столь большое многообразие живой твари?

Бог создал разнообразие живых организмов для того, чтобы душа каждого преступного человека могла перевоплотиться в живую тварь в качестве заслуженного наказания в высшей степени точно.

13. Почему и для чего Бог создал змею?

Бог создал змеинное тело для того, чтобы перевоплощать в него злую душу человеческую, подстрекающую людей совершать преступление, грех и недобрые поступки, см грехопадение адама – человека в нарицательном смысле слова.

14. Для чего Бог дал человеку болезни?

Для того чтобы человек разобрался в своем организме и научился лечиться сам.

15. Для чего Бог посылает иногда праведному человеку долгую и мучительную болезнь перед его физической смертью?

Иногда для того, чтобы уходя в иной мир, он об этом не жалел. Иногда для того, чтобы он мог испытать своих любимых на милосердие.

16. Почему Бог до сих пор не построил для человека Земной Рай?

Родители делают для своих детей не все. Дети должны делать для себя тоже что-то. Совершенно аналогично, Бог делает для человека не все. Человек должен делать для себя тоже что-то.. И сказал Господь Бог человеку так: "Я сотворил тебя, а счастье свое построй для себя ты сам."

17. Для чего Бог сделал всех людей зависимыми друг от друга?
Для того чтобы человек построил для себя цивилизацию сам.

18. Для чего Бог сотворил мужчину и женщину?
Для размножения и любви. Представьте себе, насколько безрадостной была бы наша жизнь, если бы все люди были бесполыми.

19. В чем заключается целесообразность боли?
Боль – это крик умирающей клетки, который подает человеку сигнал бедствия. Именно благодаря боли человек может своевременно принять меры и спасти себя от смертельной болезни.

20. Есть ли цивилизация на других звездных системах?
Известно, что из ста миллионов мужских сперматозоидов, вырабатываемых человеком за сутки, только лишь один (самый жизнеспособный) оплодотворяет единственную яйцеклетку женщины ([12], стр. 599). Все остальные остаются не у дел. Если количество солнечных систем, в которых зарождается разумная цивилизация, находится в такой же пропорции к количеству всех звезд, то из 150 млрд звезд нашей Галактики на 1 500 из них должна существовать интеллектуальная жизнь.

24
РЕШЕНИЕ ПРОБЛЕМЫ ФИЗИЧЕСКОГО ДОЛГОЛЕТИЯ

И сказал Господь Бог так: "Человек состоит из духа и плоти, а плоть есть прах. Если дух будет побежден плотью, то я сделаю пределом жизни человеческой сто двадцать лет, вместо одной тысячи".

Книга Бытия [1], 6–3.

1. Долголетие и родословная человека по Библии. Мы уже доказали, что современная наука полностью подтверждает (а не отрицает!) Библию. Поэтому у нас нет никаких научных оснований не доверять ей. И если в ней говорится, что Адам жил 930 лет, значит, так оно и было.

БЫТИЕ 5:

Родословная человека от Адама до Ноя.

Период жизни Адама по библейскому летосчислению 1 - 930 (жил 930 лет)

Сиф сын Адама   130 - 1042 (жил 912 лет)
Енош сын Сифа   235 - 1140 (жил 905 лет)
Кейнан сын Еноша 325 - 1235 (жил 910 лет)
Магалалела сын Кейнана 395 - 1290 (жил 895 лет)
Иеред сын Магалалела 460 - 1422 (жил 962 года)
Енох сын Иереда   622 - 987 (жил 365 лет)
Мефушелах сын Еноха 687 - 1656 (жил 969 лет)
Лемех сын Мефушелаха 874 - 1651 (жил 777 лет)
Ной сын Лемеха   1056 - 2006 (жил 950 лет)
Шим, Хам, Иафет - сыновья Ноя 1556 -

БЫТИЕ 11
Родословная человека от Ноя до Авраама,

Сим сын Ноя	1558 - 2158 (жил 600 лет)
Арпахшад сын Сима	1658 - 2096 (жил 438 лет)
Шелах сын Арпахшада	1693 - 2126 (жил 433 года)
Эвер сын Шелаха	1723 - 2187 (жил 464 года)
Пелег сын Эвера	1757 - 1996 (жил 239 лет)
Рэу сын Пелега	1787 - 2026 (жил 239 лет)
Серуг сын Рэу	1819 - 2049 (жил 230 лет)
Нахор сын Серуга	1849 - 1997 (жил 148 лет)
Терах сын Нахора	1878 - 2083 (жил 205 лет)
Авраам сын Тераха	1948 - 2123 (жил 175 лет)
Исмаил сын Авраама	2034 - 2171 (жил 137 лет)
Исаак сын Авраама	2048 - 2228 (жил 180 лет),

2. Пределы физического долголетия

Согласно библейским данным, люди во времена Адама и Ноя (то есть пять тысячелетий тому назад) жили в среднем по тысяче лет. Согласно историческим материалам, в эпоху неприкрытого рабства среднее долголетие человека резко пало. В Римской империи оно пало до 24 лет. А в древней Греции оно достигло рекордной цифры – 17 лет. Согласно данным академика Богомольца, лет двести тому назад в горах обнаружили старого пастуха, которому стукнуло 211 лет. Его пригласили на день рождения короля, где он и умер от переедания. Ныне в передовых странах среднее долголетие примерно равно 70 годам. Все это значит, что **фзическое долголетие человека возможно в пределах от 17 до 1000 лет.** Но тогда возникает очень важный вопрос: от чего зависит физическое долголетие человека?

3. Надежность человеческого организма.

Физическое долголетие человеческого организма прежде всего зависит от его генетической прграммы, закодированной в биологических клетках. Генетическая программа составлена Богом. Поэтому она является абсолютно точной и абсолютно надежной. Однако генетичские коды (как материальная категория) неизбежно накапливают погрешность, стареют и умирают. Выражаясь иначе, долголетие человеческого организма зависит от его надежности. А надежность живого организма зависит от количества и качества биологических клеток, составляющих организм.

В целях повышения долголетия организм человека полностью обновляется каждые 4 года. Если бы не было такого обновления, то долголетие человека оказалось бы равным четырем годам. Тем не менее за каждый период такого циклического обновления происходит некоторая потеря надежности человеческого организма.

Надежность любой материальной системы в период n-го цикла ее существования в первом приближении может быть подсчитана с помощью следующей формулы:

$$R = (N)^n \qquad (4)$$

где R – надежность n-ного цикла системы,

N – первоначальная надежность системы,

n - порядковый номер текущего цикла.

Если живой организм человека на протяжении всей своей жизни обновляется 25 раз, то n = 25, N – это первоначальная надежность организма, а R – надежность организма к концу его жизни.

Если n = 25 и N = 0,972, то R = $0,972^{25}$ = 0.5.

Если n = 25 и N = 0,99, то R = $0,99^{25}$ = 0.7777.

Если n = 25 и N = 0,999, то R = $0,999^{25}$ = 0.975.

Изначальная надежность любой материальной системы в первом приближении равна произведению надежностей всех ее элементов:

$$N = N_1 \cdot N_2 \cdot N_3 \cdots Ns, \qquad (5)$$

где

N – первоначальная надежность системы,

$N_1, N_2, N_3, \dots Ns$ - первоначальная надежность элементов,

i = 1, 2, 3, ..., s - порядковый номер элемента,

s - количество элементов в системе.

Если приблизительно надежность всех биологических клеток одинакова, то надежность всего человеческого организма может быть вычислена по следующей формуле:

$$N = (N_i)^S \qquad (6)$$

Чем меньше количество биологических клеток s и чем выше качетво каждой из них Ni, тем выше надежность всего организма N. Количество клеток s в организме человека исчисляется миллиардами. Если абсолютную (стопроцентную) надежность принять за единицу, то относительная надежность может быть выражена десятичной дробью. Чтобы надежность человеческого организма была достаточно высокой (например N = 0,9), надежность каждой клетки должна быть фантастически высокой с бесконечно большим количеством девяток после запятой:

$$N_i = 0, 99999999999999999999999999999999999...$$

Какую высокую надежность N_i должна иметь биологическая клетка, чтобы весь организм человека имел надежность равную $N = 0,9$, если он состоит из миллиардов клеток? Разница между N_i и единицей окажется невообразимо малой величиной.

Такую высокую (почти абсолютную) надежность может обеспечить только лишь Бог. Человеку она не под силу. Поэтому человек никогда не сможет обеспечить свое физическое бессмертие. Тем не менее человек сможет откорректировать некоторые фрагменты своих генетических кодов. Например, он сможет сделать так, чтобы выпадающие зубы росли по третьему разу.

Но тогда возникает очень важный вопрос: по каким причинам физическое долголетие человека опускается до 17 лет и поднимется до 1000 лет?

4. Ррасход нейронов:

В предыдущих главах было уже доказано, что своевременная физическая смерть наступает вследствие накопленной погрешности генетических кодов человеческого организма. Наиболее важной является генетическая информация, закодированная в нервных клетках. Такие нервные клетки принято называть **нейронами**.

Приведем образный пример.

Отец оставил ленивому и расточительному сыну наследство за вычетом налогов \$ 10 000 000 и сказал: "Когда ты истратишь все эти деньги, ты умрешь с голоду." Сын мог бы тратить по $100 000 в год и прожить роскошно 100 лет, но он предпочел истратить их за два года и умереть на третий год.

Совершенно аналогично, в момент рождения Бог дает человеку в качестве подарка более 10 млрд. нейронов. После утраты 5 миллиардов нейронов, наступает физическая смерть человека.. В нормальных условиях человек тратит в день 10 000 нейронов, в год – 3 650 000, за три года – 10 000 000, за тысячу лет - 3 650 000 000 нейронов. Человек умирает, когда истратит 50% своих нейронных запасов. Поэтому в нормальных условиях человек мог бы прожить 1 000 и более лет. Однако люди настолько усложняют друг другу жизнь, что человеку приходится тратить ежедневно от 150 000 до 500 000 нейронов. Вследствие этого средняя продолжительность жизни человека колеблется от 17 лет (как в древней Греции) до 72 лет, как в США.

Но тогда возникает вполне уместный вопрос: каким образом человек может сократить расход своих нейронов?

5. Гармония между личностью и обществом. Социальные проблемы Две овечки и один волк.

Полвека тому назад с целью решения проблем долголетия я провел следующий эксперимент с двумя овечками и одной собакой, Этот эксперимент вы можете повторить в любое время и убедиться сами в верности моих рассуждений. Я отобрал двух совершенно одинаковых овечек и поместил их в разные условия. Одну овечку я держал на свободе, где нет никаких волков и собак. А возле второй овечки я привязал злую собаку, которая постоянно бросалась на нее и лаяла, хотя никогда не могла до нее достать. Через месяц вторая овечка умерла, а первая прожила пять лет.

Этот эксперимент позволяет нам сделать следующий вывод: **постоянный страх перед возможной опасностью и лютая ненависть злобной толпы сокращают физическую жизнь человека в обществе в 10 – 60 раз.**

Нейроны и их генетические коды являются материальными категориями. Поэтому им не дано никакой свободы. Однако душа человеческая – это идеальная категория. Поэтому ей дана свобода выбора без права на ошибку между добром и злом. Это значит, что накопленные погрешности для материальных нейронов и кодов являются неизбежным злом, а для идеального духа – свободным выбором. Если идеальная душа человеческая склоняется ко злу, то это приводит ее к неизбежной гибели. Если же душа каждого человека склоняется к добру, то физическое долголетие человека на бренной Земле может подняться до 1000 лет.

Вот почему Л.Н.Толстой говорил: "самый большой враг твой – это гнев твой".

Если спички стоят всего лишь один цент, а водка – десять долларов, то многие люди "на спичках экономят, а на водке пропивают". Совершенно аналогично, современное человечество пытается продлить жизнь человека на мелочах (например, на медикаментах), но в то же время существенно сокращает ее при помощи варварского истребления нейронов.

Варварское истребление нейронов – не единственное средство сокращения человеческой жизни, но оно самое главное. С ростом населения наука и техника развиваются, а благосостояние людей увеличивается. Вместе с тем, возрастает нервное перенапряжение и уменьшается физическая нагрузка на организм человека. С ростом нервного перенапряжения и уменьшением физической нагрузки снижается физическое долголетие и уменьшается рождаемость.

К великому сожалению, неблагоразумное человечество нашло множество других способов сокращения человеческой жизни: войны, убийства, концлагеря, газовые камеры, насилие, преступность, вопиющая несправедливость, нищета, несусветный голод, тяжелый труд и т.д. Люди умудряются убивать друг друга даже проклятиями, которые могут передаваться при помощи негативных биоволн. Однажды моего соседа оскорбили на работе так, что он пришел домой и умер в ту же ночь. Но все это – "мелочь" в сравнении с безрассудной ненавистью, аморальными поступками и варварским истреблением нейронов.

Но тогда возникает другой вопрос: почему долголетие праведного человека должно сокращаться за грехи неправедного?

Праведный человек не должен отвечать за грехи неправедного и его долголетие не должно сокращаться. Именно по этой причине через каждые 6000 лет, когда Земля переполняется неправедными людьми, Абсолютный Бог производит запрограммированный отбор праведных людей из неправедного общества. В процессе такого отбора все неправедные люди погибают, а все праведные люди (если они есть!) во главе с Мессией построят себе тысячелетнее "царство" любви без ненависти. В таком царстве каждый человек будет жить примерно по 1000 лет. Оно может быть построено примерно в 2240 году, если большинство современных людей пойдет по правильному пути справедливости, милосердия и любви.

6. Степень совершенства души и тела

Организм человека находится на достаточно высоком уровне совершенства, так что при правильном его использовании срок жизни человека можно удесятирить без всякого дальнейшего изменения самого организма. Для повышения долголетия человека нет никакой необходимости в улучшении его организма [66].

Если мы говорим о совершенстве человека в будущем, то речь идет не о его физической форме, а о его идеальном содержании, о его душе, психике, морали, интеллекте, ментальности, знаниях и взаимоотношениях с другими людьми.

Поэтому несовершенство человека определяется прежде всего следующими аспектами его духовной отсталости:

1) Нежеланием или неспособностью познавать истину;

2) Неспособностью отличать добро от зла;

3) Неспособностью отличать преступника от его жертвы;

4) Неумением любить по заслугам;

5) Неумением быть справедливым;

6) Неумением уравновешивать эмоции с рассудком;

7) Склонностями к амбициям и разрушительной ненависти.

В рамках своей формы и назначения материя является совершенной категорией, которая не нуждается в дальнейшем улучшении, ибо каждый ее элемент движется и изменяется в высшей степени целесообразно в соответствии с идеальной программой Абсолютного Бога. Всякое изменение этой программы с необходимостью привело бы к такому комплексному изменению, вследствие которого данная форма материи перестала бы существовать и превратилась бы в иную форму с совершенно другим назначением.

Точно так же живой организм человека является в высшей степени целесообразной категорией, которая не нуждается в дальнейшем улучшении в рамках своего вида и назначения. Всякое изменение комплекса генетической программы живого организма может быть целесообразным только лишь с целью получения нового вида с новым назначением. Всякие промежуточные изменения комплексов генетических программ были бы нецелесообразными и несовершенными. Всякое небольшое изменение изначального комплекса генетической программы человека, привело бы к его ухудшению. Всякое целесообразное изменение этого комплекса превратило бы человека в совершенно иной вид живого существа с совершенно иным назначением. Поэтому если мы говорим о развитии человека, то мы имеем в виду не улучшение физической структуры его организма, а развитие и стремление к совершенству души человеческой.

На основании всего изложенного **основной закон физического долголетия человека** мы можем сформулировать следующим образом:

Если все люди научатся быть справедливыми и любить друг друга, как самого себя, то есть если ни один человек не будет проводить варварское уничтожение своих и чужих нейронов, то физическое долголетие человека на бренной Земле может быть повышено до 1000 лет.

Человек не может продлить свое долголетие за счет смерти другого человека или за счет замены своих больных органов здоровыми органами другого человека. Этим он может продлить только лишь свои мучения, ([67], стр.153-165) .

Как видите, проблема физического долголетия человека решается весьма просто. Для этого нужно всего лишь, чтобы все люди на бренной Земле стали праведными и любили друг друга, как самих себя. По большому счету прежде всего лечить надо не тело человека, а его душу от таких тяжелых болезней, как: садизм, зависть, ненависть, жестокость, преступность, безрассудство, вандализм, скандализм, фашизм, расизм, антисемитизм, шовинизм, коммунизм, терроризм, прагматизм и т.д.

Наше долголетие зависит от нашего умения экономно тратить нейроны. Трата нейронов зависит от нашего поведения, а наше поведение зависит от наших знаний. Таким образом, основным атрибутом совершенства является познание истины. Поэтому познание истины о сути нашего бытия является первостепенной необходимостью для увеличения нашего долголетия. Познавайте истину из достоверных научных источников. Научитесь любить и правильно жить. Не сокращайте друг другу жизнь.

Даже простая вера в Бога и в бессмертие души человеческой существенно изменяет и продлевает физическую жизнь человека.

25
ПРОБЛЕМЫ БЕССМЕРТИЯ

1. Доказательство относительного бессмертия человека

Предпосылка первая. Бог является бессмертной категорией в абсолютном смысле слова.

Предпосылка вторая. Человек есть относительное подобие Абсолютного Бога.

Следовательно, человек является бессмертной категорией в относительном, а не в абсолютном смысле слова, см. главу 9.

Чтобы стать абсолютно бессмертным, надо знать абсолютную истину. Без знаний абсолютной истины абсолютное бессмертие не представляется возможным. Человек не может знать абсолютную истину. Поэтому его абсолютное бессмертие вне и независимо от относительного времени невозможно.

Однако человек может познать относительную истину. Это значит, что человек может быть относительно бессмертным и существовать вечно в относительном времени, у которого было начало, но у которого никогда не будет конца.

Бессмертие невозможно без совершенства, а счастье не может быть подлинным без любви. Поэтому любовь и совершенство являются категориями, которые необходимы для подлинного счастья и бессмертия.

2. Дорога в бессмертие

Наша Земля остынет примерно через миллиард лет, Солнце умрет через 10 миллиардов лет, вся наша физическая Вселенная умрет через 84 миллиарда лет. Тогда возникает вполне резонный вопрос: как крохотному человеку пережить свою колоссальную Вселенную?

Генетическая программа человека, созданная Богом для всех людей, является абсолютно точной. Однако генетические коды у всех людей имеют свои собственные физические отклонения и погрешности. Абсолютная точность генетических кодов нецелесообразна, а потому – невозможна. Вследствие накопленной погрешности генетических кодов человеческого организма неизбежно наступает его физическая смерть. В то же время смерть является необходимым средством, которое позволяет человеку "сбросить" с себя полностью всю накопленную погрешность и начать новое развитие.

Бессмертие души человеческой было доказано математически в работе [25]. Это же докажем здесь с помощью умозаключения.

Посылка первая: физическое бессмертие человека невозможно.

Посылка вторая: человек является относительно бессмертным подобием абсолютно бессмертного Бога

Следовательно, бессмертной является невесомая и незримая идеальная душа человека, а не его весомое и зримое физическое тело.

Физическая смерть наступает неизбежно вследствие накопленной погрешности генетических кодов человеческого организма.

Однако согласно закону отрицания отрицания, душа человека покидает одряхлевшее тело

230

вовсе не для того, чтобы человек исчез навеки, а для того, чтобы вселиться в молодое развивающееся тело ребенка.

Согласно закону отрицания отрицания, люди рождаются для того, чтобы умирать и умирают для того, чтобы сбросить накопленную погрешность и родиться вновь. **Дорога в бессмертие лежит через физическую смерть,** см. стр. 206.

Таким образом, индивидуальный человек представляет собой единство бессмертной души и бренных физических организмов, поочередно сменяющих друг друга несметное количество раз.

Воплощение индивидуальной и вечной души в бренные физичесеие организмы, которые рождаются и умирают, поочередно сменяя друг друга, мы называем **перевоплощением душ.**

Действительно, физическое бессмертие человека невозможно, как невозможно бессмертие всей физической Вселенной. Однако, для решения проблемы нашего бессмертия Бог предусмотрел петлевую программу перевоплощения душ. Целесообразная физическая смерть, чередуемая с периодическими перевоплощениями душ, более целесообразна, чем физическое бессмертие.

Я был рабом у фараонов,
Я пирамиды воздвигал,
Я был Акибой и Шимоном,
Я против Рима восставал.

Меня в Германии казнили,
Палач в Испании сжигал,
Меня погромщики громили...
И каждый раз я воскресал.

Но воскресал я не из пепла
И не в могиле под плитой,
А воскресал в еврейском "гетто"
Во чреве матери святой.

Пройдут столетия и годы...
Тогда начнут меня читать,
Когда созреют все народы
Святую правду понимать.

Тогда не будет вероломства.
Не будет ненависти злой.
И благородное потомство
Построит в мире "Рай Земной".

Не будет в мире больше рабства,
Не будет войн и палачей,
Настанет день любви и братства –
Счастливый день для всех людей.

Тогда-то будет нужно людям
Мне слово теплое сказать.
Начнут искать меня повсюду,
Но не смогут разыскать.

Сотрут столетия могилу,
Мой прах исчезнет навсегда,
А я явлюсь ребенком милым,
Как мимолетная звезда.

Не будут знать мои потомки,
Не будет знать и мать моя,
В каком же именно ребенке
Явился миру снова я.

26
ПЕРЕВОПЛОЩЕНИЕ ДУШ

Мне кажется порою, что солдаты,
С кровавых не пришедшие полей,
Не в землю нашу полегли когда-то,
А превратились в белых журавлей.

Летит, летит по небу клин усталый.
Летит в тумане на закате дня.
И в том строю есть промежуток малый.
Быть может, это место для меня.

Настанет день и в журавлинной стае
Я поплыву в туманной сизой мгле,
Из-под небес по птичьи окликая
Всех вас, кого оставил на земле.

Пел Марк Бернес

1. Теоретические доказательства перевоплощения душ

Согласно основному закону природы, физические страдания человека должны компенсироваться физическими наслаждениями. Однако в человеческом обществе слишком много страдальцев, которым приходится покидать физический мир без всяких компенсаций. Поэтому перевоплощение души является необходимостью для такого рода компенсации. Отрицать перевоплощение душ – это значит, отрицать основной закон природы.

Почему одни люди рождаются балеринами, другие – композиторами, третьи – поэтами, четвертые – физиками и т.д.? На этот вопрос мы получаем следующий естественный ответ: врожденные таланты и различие в способности людей зависят от опыта предыдущих жизней. Одно дело – если человек изучает какой-то вопрос впервые. Другое дело – если он изучает знакомый в прошлом, но давно забытый вопрос и развивает его по-новому. Такому естественному ответу атеизм придает следующий оттенок: таланты и исключительные способности людей зависят от опыта их предков, который передается из поколения в поколение при помощи генетических кодов. Я признаю естественную роль генетических кодов в процессе развития и поэтому вовсе не не возражаю против такого ответа.

Однако, в отличие от атеистов, я на этом не останавливаюсь. У меня возникают другие вопросы. От кого Майя Плисецкая унаследовала свои врожденные способности, если среди ее предков не было ни одной выдающейся балерины? От кого Моцарт унаследовал свои врожденные способности, если среди его предков не было ни одного выдающегося композитора? От кого Александр Сергеевич Пушкин унаследовал свои врожденные способности, если среди его предков не было ни одного выдающегося поэта? От кого Альберт Эйнштейн унаследовал свои врожденные способности, если среди его кровных предков не было ни одного выдающегося физика?

На эти вопросы можно ответить только лишь следующим образом: таланты и исключительные способности людей зависят не столько от опыта их предков, сколько от их собственного опыта в предыдущей жизни. Если Майя Плисецкая в предыдущей жизни была балериной, то в текущей

234

жизни никакая другая "начинающая" балерина не могла с ней соперничать. Если душа Моцарта в предыдущей жизни была воплощена в композитора, то в текущей жизни никакой Сальери не мог с ним соперничать. Если душа А.С. Пушкина в предыдущей жизни была воплощена в поэта, то в текущей жизни никакой другой "начинающий" поэт не мог с ним соперничать. Если душа Альберта Эйнштейна в предыдущей жизни была воплощена в "гражданина микроцивилизации", существующей в недрах элементарной микрочастицы, то в текущей жизни никакому другому "начинающему" физику мир элементарных микрочастиц не был так знаком, как ему. И наконец, если бы 18 веков тому назад моя душа не была воплощена в рабби Акибу бен Иосифа, то читая его философию, я бы не смог воспринимать ее как сумму знакомых в прошлом, но давно забытых мною идей, которые я развиваю ныне по-новому в соответствии с духом времени.

Таких примеров мы могли бы привести несметное множество. Тогда, пользуясь научным методом индуктивного познания истины и переходя от частных примеров к общему факту, мы можем сформулировать закон передачи опыта предыдущих жизней следующим образом:

Опыт, талант, способности и ценные знания человека – могут передаваться по наследству в скрытой "потенциальной" форме не только при помощи генетических кодов, но и из предыдущей жизни в процессе перевоплощения души. Поэтому теорию перевоплощения душ можно считать научно доказанным фактом.

Если родители передают свои генетические коды детям, то это значит, что дети похожи на родителей и подобны им только лишь по внешней (физической) форме, а по духовной сути своей они могут быть совершенно другими. Если же человек получил по наследству талант или какое-либо другое качество, которого никогда не было ни у кого из его кровных предков, то это непременно означает, что он получил это качество из прошлых жизней своих в процессе перевоплощения своей собственной души.

Цель генетической программы, а следовательно, генетических кодов – совершенство физического организма. Цель идеальной души – духовное совершенство. Душа и генетическая программа являются различными источниками творческих способностей человека и могут сочетаться в различных комбинациях. Душа перевоплощается не обязательно по физическому наследству. У организма может быть качественно иная душа, а у души – качественно иной организм.

Все то, что остается от человека после его физической смерти для нового физического перевоплощения, мы называем душой человека.

2. Практические доказательства перевоплощения душ

Атеисты часто повторяют следующее выражение: "Еще никто не возвращался с того света, чтобы рассказать нам о той жизни". Однако они говорят неправду. Во-первых, есть люди, которых удалось "вернуть" с того света после клинической смерти. Во-вторых, мы все – "возвращенцы" с того света, только мы этого не помним. Но если мы этого не помним, то это вовсе не означает, что мы якобы не вернулись с того света. Следуя такого рода чисто "атеистической логике", можно "доказать" всякую чушь. Например, мы могли бы сказать, что якобы ни один взрослый человек не вырос из своего детского состояния, потому что он не помнит себя в возрасте трех месяцев.

Однако верно другое: никто не воскресал из могильного пепла, хотя даже из могилы возможно воскресение после **летаргического** сна или клинической смерти, если окончательная смерть еще не наступила, а живой организм еще не превратился в безжизненный труп. Наглядный пример такого воскресения из могилы вы можете увидеть в кинофильме "Петербургские тайны".

Resurrection = RESURGENCE – воскресение мертвеца из могильного пепла (невозможная категория).

Как правило, мы не помним свои прошлые жизни точно так же, как не помним свое детство в возрасте 1-2 лет. Если человек не помнит своего детства, то это вовсе не означает, что у него не было детства. Совершенно аналогично, если мы не помним свои прошлые жизни, то это вовсе не означает, что их якобы не было. Научная теория перевоплощения (или реинкарнации) человеческих душ практически подтверждается воспоминаниями многих людей о своих прошлых жизнях. Такие "воспоминания" проявляются в жизни детей чаще, чем у взрослых. У взрослых, как правило, они вызываются двумя методами погружения в пршлое: гипнозом и медитацией. **Медитация** – глубокое и сосредоточенное погружение человека в свое собственное "Я" путем мысленного отрешения от своего тела и внешних объектов, см. [42] стр. 420.

Приведем примеры.

Пример первый; [37], стр. 631.

Сознание мое не помнит, и я не знаю, был ли я в одной из своих предыдущих жизней Акибой. Тогда я задаю себе вопрос: почему я плачу навзрыд, когда читаю следующие строки: "Когда вышедшая ему навстречу бедно одетая жена Акибы бросилась обнять его и некоторые из учеников Акибы, не зная, кто она, пытались отстранить ее, Акиба воскликнул: пустите ее, ибо всем, чем я и все вы стали, мы обязаны этой женщине". Почему я не могу читать эти строки без слез?

Почему я явственно чувствую, что читаю свои давно забытые мысли, когда читаю отрывки из многих научных работ Акибы?

И является ли случайностью относительное совпадение даты его смерти (132 г.) и моего рождения (1932 г.)?

Пример второй, который вы сами всегда можете повторить. Посмотрите внимательно в лицо новорожденного младенца, когда он в этом мире еще никого не распознает и когда у него нет никаких проблем. Две-три минуты он кому-то радостно улыбается. Другие две-три минуты он обиженно кривит губки и плачет. Тогда я задаю вопрос: кому улыбается младенец, если он в этом мире еще никого не распознает? На кого он обижается?

Пример третий, описанный в журнале "Тайноведение" за 1982 год №4, стр. 77-80.

Трехлетний мальчик Индика рассказал Фину Ханну Алста, что он учился в четвертом классе, в школу ездил на поезде и отец имел машину. Дом их находился недалеко от рынка. У сестры по имени Малханти был велосипед. Однако в действительности ничего подобного с этим мальчиком не происходило: он никогда не ходил в школу, не ездил на поезде, не видел велосипеда. У его отца никогда не было машины, а дом их не находился возле рынка. Однако откуда же трехлетний мальчик взял такую сложную совокупность информации? Оказалось, что в соседней деревне 7 лет тому назад умер 10-летний мальчик по имени Дархана, который ездил в школу на поезде и учился в 4 классе. У его отца была машина "Форд", а у сестры – велосипед. Дом стоял рядом с рынком. Сличение фактов оказалось настолько поразительным, что у родителей Дарханы не осталось никаких сомнений в том, что Индика действительно является их возродившимся сыном.

Пример четвертый

"Воспоминание" о прошлой жизни иногда начинается с того, что ребенок слышит какую-то случайную реплику. Кто-то из родственников 4-летнего Аджига Сингха в знойный день пошутил, что наверное, сгорит от жары. Мальчуган тут же "вспомнил", что его сожгли на погребальном костре, и стал рассказывать подробности из жизни некоего реально существовавшего человека.

Пример пятый (погружение в прошлую жизнь с помощью гипноза). В 1973 году в США гипнотизер, доктор Г. Джонсон, проводил эксперименты со своей женой Лидией. Будучи загипнотизированной, она вдруг заявила, что является мужчиной по имени Иакоб Иенсен, и начала говорить на незнакомом языке. Когда ее речь, записанную на магнитофон, дали послушать специалистам, оказалось, что она говорит на шведском языке, которого не знала.

Пример шестой (метод медитации)

1. Взрослый мужчина обратился к врачу с жалобой на то, что он "не выносит, когда за ним на улице кто-нибудь идет вплотную, близко. Ему делается плохо, и в спине появляется нечто вроде боли. Во время "погружения в прошлое" выясняется, что в одной из прошлых жизней он был убит выстрелом в упор, в спину. А на спине у него сейчас родинка, величиной от пули, и расти она начала в 24 года, то есть в том самом возрасте, когда "там" и "тогда" раздался выстрел..."

Пример седьмой (метод медитации)

2. Эксперимент представил следующую картину предыдущей жизни пациентки: "Крепостная девушка с длинной русой косой и грустным лицом. На ней сарафан, она сидит на деревянной скамье, перед ней ткацкий станок. Она ткет придуманные ею узоры. Она не выдержала неволи, умерла рано". После эксперимента выяснилось, что в текущей жизни эта женщина – художница, преподает рисунок и живопись. Она сказала: "Когда я попадаю в музеи, где висят портреты крепостных художников, у меня сжимается сердце... Мне кажется, что я нахожусь среди них, этих бесправных людей, и

сердце цепенеет от боли... Такие же ощущения вызывают у меня вышитые крепостными узоры".

Пример восьмой.

Сара (дочь Кэрола Боумэна) не могла смотреть, как освобождают холодильник от остатков пищи. Ей было очень трудно смириться с тем, что пища может пропасть. Оказалось, что она была в прошлой жизни сиротой и умерла от голодной смерти, ([14], стр.130-131).

Пример девятый

Еще совсем маленькой девочкой Шамлини боялась воды и автобуса. Она поднимала страшный крик каждый раз при попытках искупать ее или посадить на автобус. Оказалось, что в прошлой жизни она умерла от того, что ее сбил автобус в реку, ([14], стр.118-119).

В этом аспекте интересны прежде всего работы советской ученой Варвары Михайловны Ивановой (г. Москва), с которыми вы можете ознакомиться на страницах журнала "Тайноведение" за 1982 год (см. например, №2 стр. 74-81 или №5 стр. 149-155). Ею разработан уникальный метод психического "погружния" человека в глубокое прошлое. В состоянии такого "погружения" пациент ощущает события предыдущих жизней так же четко и ясно, как текущей. Он переносится к давно минувшим эпизодам не только из своей собственной жизни, но и из жизни других людей. Варварой Михайловной проведено несколько сотен таких экспериментов. Здесь приведены краткие описания только лишь двух таких экспериментов (примеры 6 и 7).

Кэрол Боумэн в своей книге приводит множество убедительных примеров погружения в прошлые жизни людей, см. [14].

Самым выдающимся исследователем в этой области считают профессора психиатрии доктора Яна Стивенсона из университета в Виржинии (США), в коллекцию которого входит свыше 2600 описаний подобных явлений, ([14], стр.106-111).

Таких примеров мы могли бы привести несметное множество. Тогда, пользуясь научным методом индуктивного познания истины, мы можем перейти от частных примеров к следующему общему факту:

Научную теорию перевоплощения душ можно считать экспериментально доказанным фактом. Воспоминание о предыдущей жизни – неоспоримое практическое доказательство научной теории перевоплощения душ.

Не приходится удивляться, что особенно много подобных случаев наблюдается в Индии. Вера в перерождение соответствует индуизму и буддизму. Однако такие же истории зарегистрированы и в западных странах, несмотря на то, что явление реинкарнации расходится с христианским вероучением.

Теория идеальной души и материального тела доказана не только научно, но и подтверждена экспериментально. Гармония идеальной души и материального тела является не просто верой, не предполагающей гипотезой, а научной теорией, подтвержденной экспериментально.

Нам трудно изучать систему идеальной души потому, что она из другого мира. Однако мы можем исследовать результаты воздействия идеальной души на материальное тело. Поэтому мы можем привести научные доказательства существования души не только в теоретическом плане, но и в экспериментальном.

Если дерево не может существовать без корня, то тело человека не может существовать без души. Душа для человека – это то же самое, что корень – для растения. Если корень может существовать без дерева, то аналогично душа может существовать без тела. Если у здоровых корней срезать саму растительность (стебель), то на этом же корню вырастет новая растительность. Точно так же если человек умер, а душа его осталась, то она вселяется в новое свежее тело. Душа (как корень) "обрастает" биологическим телом.

3. Фундаментальное решение проблемы под-длинного бессмертия и вечного счастья

В пятнадцатой главе этой книги было доказано, что частота энергетических волн ауры любого человека должна быть равна в точности частоте идеальных волн его души. У каждой личности своя уникальная частота. Такого рода индивидуальный "паспорт" частотной характеристики человеческой личности (как духовной, так и психической) никогда не меняется и всегда остается одинаковым не только на протяжении всей жизни бренного тела, но и вечной души.

Поэтому духовная личность любого человека может быть опознана после каждого перево-площения его души по частоте идеальных и энергетических биоволн его ауры. См. пятнадцатую главу, стр. 144.

Как по отпечаткам пальцев можно достоверно установить личность любого человека, так же документально и так же достоверно по частотным характеристикам биоволн посюсторонней ауры можно установить потустороннюю личность души человеческой.

Эта возможность позволит нам решить очень важную фундаментальную проблему нашего бессмертия, а именно: в каком же именно ребенке перевоплотилась душа того или иного человека после его физической смерти? Проще выражаясь, кем данный человек был в прошлой жизни?

Человек, получивший на руки "документальное удостоверение" о предыдущих воплощениях своей души, невольно пересмотрит свое отношение к жизни. Он может стать бессмертным и счастливым сразу же после того, как поймет возможности своего бессмертия.

С этой целью каждому человеку предлагается сделать снимок и определить частоту биоволн его ауры. Частотно-волновые характеристики ауры каждого человека должны храниться в государственных или других ответственных учреждениях, способных осуществить запрограммированный поиск "духовных предков" и "духовных потомков". Это позволит каждому человеку найти своих "духовных двойников" в этой жизни и найти себя в предыдущих жизнях.

Человечество уже научилось делать снимки ауры [13]. Теперь нам осталось научиться снимать осциллограмму и определять частоту биологических волн. Это произойдет тогда, когда человечество станет праведным и интеллектуальная душа откроет свои секреты "созревшей" психике.

Если все люди на бренной Земле станут благоразумными, если они будут жить по законам и заветам Абсолютного Бога, если каждый человек будет милосердным и научится любить другого, как самого себя, то человечество станет праведным. Если человечество станет праведным, то Абсолютный Бог откроет перед ним свои секреты. Если Бог откроет перед человечеством свои секреты, то человечество научится снимать осциллограмму и определять частоту биоволн ауры. Если человек научится определять частоту биоволн ауры, то он получит доступ к предыдущим перевоплощениям своей души. Если человек получит доступ к предыдущим перевоплощениям своей души, то он постарается вести себя так, чтобы каждая текущая жизнь была не последней. Если каждая текущая жизнь человека будет не последней, то он станет подлинно счастливым и бессмертным. Если человек будет подлинно счастливым и бессмертным, то он построит рай на этой бренной Земле, то есть будет построено человеческое общество всеобщего счастья, общество любви без ненависти, общество милосердия без жестокости, общество свободы без насилия, общество истины без лжи, общество благоразумия без безрассудства.

Если бы перевоплощения душ не было, то в физической (временной) жизни человека не было бы никакого смысла. Если же перевоплощение душ действительно существует, то физическая смерть человека не есть смерть души, а есть трамплин в вечное счастье души человеческой.

27
ПРОЦЕСС
ПЕРЕВОПЛОЩЕНИЯ ДУШ

> Физическая жизнь человека
> сменяется идеальной, а идеальная
> — физической.
>
> Исай Давыдов

1. Терминология

Нами ранее было установлено, что вечная душа человека существует в Идеальном Мире, а его бренное тело – в Материальном Мире. Тогда возникает вполне резонный вопрос: какой термин является более правильным – "воплощение" или же "вселение" души в биологическое тело человека?

С научной точки зрения, душа никогда полностью не "вселяется" в биологическое тело, точно так же, как радиостанция и передаваемые ею радиоволны никогда полностью не вселяются в радиоприемник. Если радиостанция всегда остается вне радиоприемника, то душа всегда остается в ином (идеальном!) мире вне биологического тела, которое рождается, развивается, стареет и умирает в Материальном Мире.

Душа "вселяется" в биологическое тело не в полном смысле этого слова. Головной мозг и нервная система всего лишь "снимают" посюстороннюю копию потусторонней души и воспроизводят ее примерно так же, как радиоприемник воспроизводит речь радиостанции.

Поэтому общедоступный термин "душа вселяется в тело" является всего лишь образным, но некорректным выражением научной сути "перевоплощения" душ. Если мы образно говорим, что материальный мозг снимает копию идеальной души или что идеальная душа "вселилась" в материальное тело, то, в известном смысле слова, мы также можем сказать, что материальный мозг "подключился" к идеальной душе. Вместе с тем, по моему мнению, наиболее правильным является термин "перевоплощение душ".

Тогда возникает вполне резонный вопрос: когда душа воплощается в человека – внутриутробно или после рождения?

2. Внутриутробная вакансия.

В момент оплодотворения женской яйцеклетки мужским сперматозоидом открывется вакансия на воплощение души в новорожденное тело. Душа, желающая или обязанная занять эту вакансию, должна выдать как можно раньше зародышу свои резонансно-частотные характеристики и тем самым закрепить его за собой.

После этого плод ребенка приобретает качественно новую уникальную способность "подключаться" к своей душе через посредство ББД по принципу биологического резонанса. Такое "подключение" физического организма к идеальной душе продолжается с момента рождения ребенка до тех пор, пока вследствие накопленной погрешности генетических кодов его тело не потеряет свое свойство оставаться "подключенным".

Через 40 недель после оплодотворения в центре головного мозга новорожденного образуется Белая Биологическая Дырка с теми же резонансночастотными характеристиками. В этой дырке устанавливается идеальный центр посюсторонней копии потусторонней души, которую мы называем **психикой**. С этого момента организм ребенка становится живым, а его идеальная душа погружается в "коллективное сновидение" земной жизни.

Если радиоприемник является относительно примитивным механизмом, способным воспринимать или не воспринимать радиоволны, то биологическое тело является относительно более совершенным организмом, способным к более или менее полному восприятию идеальных волн души. С момента своего рождения ребенок становится способным отбирать и воспринимать идеальные волны своей собственной души, не воспринимая никаких других волн.

3. Бесконечно большая скорость идеальных волн души

Радиоволны движутся со скоростью 299 792 км/сек во все стороны одновременно, настигают соответственно настроенный приемник за очень короткий (но не нулевой!) промежуток времени и возбуждают в нем соответствующие звуки. Из предыдущих материалов мы уже знаем, что наша физическая Вселенная в Идеальном Мире представляет собой "мерцающую" точку, все размеры которой равны идеальному нулю. Поэтому в отличие от радиоволн, информационные волны идеальной души пересекают физическую Вселенную мгновенно и движутся в трехмерном пространстве Вселенной с бесконечно большой скоростью. Они настигают соответствующее биологическое тело не за короткий, а за **нулевой** промежуток времени в полном смысле этого слова и возбуждают в нем психику, способную сознавать окружающий Материальный Мир. Так идеальная душа придает биологическому телу сознательную жизнь.

4. Образование ауры и психики.

В белую биологическую дырку (ББД) поступает не сама идеальная душа, а только лишь ее идеальные волны, которые пронизывают физический мозг насквозь и создают вокруг него биополе ауры, как физическое, так и идеальное. В идеальном биополе ауры нефизическая информация перерабатывается в энергетические сигналы, а энергетические сигналы перерабатываются в нефизическую информацию.

Так в момент рождения ребенка создается его аура и психика. Психическое сознание, действующее в состоянии бодрости, возникает в момент рождения человека и существует до самой его физической смерти. Во время обычного сна оно отключется.

5. Развитие психики

По мере физического развития ребенка развивается и его психика, постепенно приспосабливаясь к условиям окружающей среды. По мере развития психики идеальная душа все больше и больше погружается в "коллективное сновидение". Совершенство некоторых фрагментов психики достигает своего зенита примерно тогда, когда живой организм уже перестал развиваться, но еще не начал разрушаться. Однако совершенство интеллектуальных качеств психики практически продолжает повышаться почти всю жизнь. Тем не менее, совершенство психики никогда не превышает 20-30% совершенства души. Идеальная душа человека воплощается в его биологическое тело наиболее эффективно в зрелом возрасте: примерно от 18 до 50 лет.

По мере развития контакт человека со своей душой улучшается, достигая своего апогея в зрелом возрасте. Однако для современного человека многие секреты его собственной души часто остаются недоступными даже в зрелом возрасте. Все еще душа не доверяет некоторые свои секреты биологическому организму и психике, точно так же, как предусмотрительные родители не доверяют некоторые секреты, жизненно важные для детей, самим детям.

Однако человек не может быть счастлив до тех пор, пока он не поймет свою собственную душу. Поэтому совершенствование человека должно быть направлено прежде всего к тому, чтобы как можно больше и глубже понять собственную душу. Полного совершенства человек достигнет тогда, когда будет построено общество любви без ненависти, общество справедливости без вероломства и истины без лжи. Человек может стать бессмертным лишь тогда, когда он поймет свое бессмертие.

Человек поймет свое бессмертие лишь тогда, когда душа его откроет перед ним свои секреты. Душа откроет перед человеком свои секреты лишь тогда, когда он заслужит это.

Идеальная душа человека, воплошенное в биологическое тело, продолжает оставаться значительно совершеннее его психики, отображаемой биологическим организмом даже в зрелом возрасте.

Если одна и та же идеальная душа перевоплощается в различное время в разные биологические организмы с существенно различными генетическими кодами, то тем более психика всех этих живых существ будет также существенно различной.

Согласно закону двойного отрицания диалектическое развитие человека протекает более успешно, если организм отца передает свои генетические коды дочери, а организм матери – сыну. Но означет ли это, что мужская душа периодически должна перевоплощаться в женскую, а женская – в мужскую?

Нет, не означает!

Не означает прежде всего потому, что идеальная душа не имеет никакого пола. Кроме того, диалектический закон двойного отрицания относится только лишь к материальным категориям, которые неизбежно накапливают погрешность, но он вовсе не является обязательным для идеальных категорий, которые не накапливают никакой погрешности вообще.

Идеальная душа может перевоплощаться по наследству от предка к потомку, как правило, после смерти данного предка. И лишь в исключительных случаях они могут иметь общую душу одновременно.

6. Старение и смерть

Далее, организм стареет вследствие накопленной погрешности генетических кодов. По мере старения организма душа начинает пробуждаться. Когда количество накопленной погрешности превышает определенные нормы, качество организма становится непригодным для жизни. Вследствие этого в идеальном центре весомого и зримого головного мозга живого человека открывается Черная Биологическая Дырка, куда проваливается невесомая и незримая психика. После этого живой организм перестает быть живым, а душа полностью пробуждается от "коллективного сновидения" и освобождается от бремени земной жизни. Душа полностью перестает заботиться о теле после того, как тело теряет свою способность вступать в биологический резонанс с душой.

7. Потусторонняя жизнь

Когда психика провалилась в Черную Биологическую Дырку и идеальная душа пробудилась от "коллективного сновидения", психическое сознание человека сменяется подлинным сознанием его идеальной души. Здесь начинается очередная (качественно новая) форма жизни человеческой личности. Прежде всего она начинается с "автоматической сортировки новопрыбывших" по заслугам.

Безгрешным людям и жертвам преступлений даруется безусловная свобода выбора – перевоплощаться или не перевоплощаться в другое биологическое тело новорожденного. Они могут вернуться на нашу землю, "переселиться" на другие планеты, в другие звездные системы, в другие галактики или даже в другие вселенные. Особо развитые люди отбираются для "командировки" в этот мир со "специальным заданием": Мессия, Моисей, Иисус, Акиба, Эйнштейн и др.

Люди, которые исчерпали свое развитие в рамках данной вселенной, могут перейти в идеальную вселенную более высокого класса.

Непрофессиональные преступники и грешники, которые могут исправиться, отбираются для насильственного перевоплощения с целью исправления.

Профессиональные преступники и неисправимые грешники снимаются из обращения и уничтожаются полностью.

Души особо отличившихся злодеев обрекаются на вечные мучения.

Самоубийство расценивается как убийство и наказывается как преступление.

Физическая жизнь человека есть "коллективное сновидение" его идеальной души. Фаза физической смерти человека есть фаза бодрости его идеальной души. Личная бодрость и "коллективное сновидение" идеальной души человеческой являются двумя противоположными фазами человеческого бытия, которые чередуются, поочередно сменяя друг друга.

8. Перевоплощение души

Если где-то открывается вакансия на воплощение души в новорожденное тело, то душа, желающая или обязанная занять эту вакансию, должна выдать как можно раньше зародышу свои резонансно-частотные характеристики и тем самым закрепить его за собой. И тогда все начнется сначала.

Если вы старый и больной, то молодость и здоровье есть ваша мечта. Вы можете заснуть больным и проснуться здоровым, заснуть старым и проснуться молодым. Физическая смерть, сопровождаемая периодичекими перевоплощениями души, есть сон именно такого рода.

28
ДОБРОВОЛЬНОЕ ПЕРЕВОПЛОЩЕНИЕ ДУШ

> Готовь сани летом, а телегу зимой.
> Русская поговорка

1. Инерция человеческой воли на бренной Земле. Никто еще не родился в этом мире без крика протеста. Никто еще не ушел из этого мира без слез и сожаления. Почему?

Почему никто не хочет прийти в этот мир без протеста и слез? И если он уже пришел, то почему он не хочет уйти из него? Приведу примеры.

1. По привычке старик не хочет переехать из ветхой деревянной лачуги в новый городской дом. Он не хочет покидать не только отцовский дом, где провел всю свою жизнь, но и могилы дедов своих и камни на улице.

2. Многие граждане бывшей Страны Советов тоскуют по советскому рабству.

3. Многие евреи не хотели уходить из египетского рабства.

4. Многие евреи, называвшие себя немцами, не хотели вовремя покидать фашистскую Германию и поэтому погибли.

5. Совершенно аналогично человек по привычке не хочет переселиться из отработавшего бренного тела в новый организм ребенка, ибо предстоит новый цикл и новые трудности.

Согласно закону инерции, всякий объект стремится сохранить свое состояние до тех пор, пока какие-то силы не выведут его из этого состояния.

Человек протестует против естественной смерти, потому что он хочет жить по инерции в этом мире, он хочет сохранить состояние своего биологического тела и ничего не знает об ином мире. Он протестует вовсе не потому, что иного мира якобы нет или что иной мир якобы является безысходным.

Точно так же первым криком своим новорожденный протестует по инерции против прибытия из иного мира в этот мир. Он плачет по иному миру долго, пока не привыкнет к этому миру. Но это вовсе не потому, что Материальный Мир является для него якобы наказанием, а не школой развития.

Наше назначение в этом мире – это содействовать развитию души на пути к совершенству. К совершенству стремится только лишь тот, кто обладает высоким интеллектом. Поэтому личность осознанно хочет прийти из Идеального Мира в Материальный Мир только лишь тогда, когда он обладает высоким интеллектом и знанием истины о сути своего существования и о своем назначении в жизни. Новорожденный ребенок всего этого еще не знает, поэтому он протестует и плачет.

И был крикливым голос мой.
И плакал я, когда родился:
Из райской жизни в ад земной
Я слишком рано опустился.

И вырос я в аду земном
Печальный, тихий, одинокий.
Кипела ненависть кругом,
Вражда была везде жестокой.

Сильнее грома крикнул я:
"Хочу любви, любви волшебной!"
Но глухо вертится Земля.
Не внемлет мне глухое небо.

Вот тихо плачу снова я,
Когда пришла пора вернуться.
Не рвется в рай душа моя,
Не хочет разум мой проснуться.

2. Бессмертие человека – дело рук самого человека. А как обстоит дело в Идеальном Мире? Приходит ли идеальная душа в Материальный Мир по своему собственному желанию или же Абсолютный Бог посылает ее в этот мир против ее воли? Обладает ли идеальный дух свободой выбора вселяться в то биологическое тело, в которое он хочет, или же данное биологическое тело предназначено для него свыше против его воли?

Каждой душе дана свыше уникальная (свойственная только ей одной!) форма волны так же, как всем гражданам России дается паспорт. Эта информационная волна может вступить в резонанс только лишь с такой и в той же мере уникальной биологической волной живого организма, вследствие чего душа может воплощаться только лишь в конкретное биологическое тело.

Идеальный дух обладает относительной свободой, а не абсолютной. Относительность свободы идеального духа прежде всего в том и заключается, что Абсолютный Бог может даровать ему свободу выбора в одних случаях и наказать его в других случаях.

Человек приходит в этот мир либо по собственному желанию, либо по велению Бога. В обоих случаях он приходит в Материальный Мир либо со специальным заданием, способствующим развитию, либо в качестве наказания для искупления грехов.

Согласно закону гармонического равновесия диалектических противоположностей, душа перевоплощается в тот организм, которого она заслужила.

Если идеальный дух познал святую истину о сущности бытия и достиг высшей стадии своего развития, то Абсолютный Бог дарует ему свободу выбора не только биологического тела, но и того, войти ему в Материальный Мир или же вовсе не делать этого. Однако в достаточной мере развитая душа неуклонно тянется на бренную Землю, но не для того, чтобы сеять зло и насилие, а для того, чтобы помочь несчастным и гонимым, разделить с ними их страдания и невзгоды.

3. Противоположные формы страданий

Существуют две формы страданий души человеческой:

1. Страдание как тяжкий путь познания истины, **как источник развития души человеческой**, ведущий к совершенству и к бессмертию.

2. Страдание как **заслуженное наказание** за совершенные грехи и преступления, которые не могут оставаться безнаказанными. Эта форма наказания является всего лишь расплатой за негативное прошлое и вовсе не ведет к совершенству.

Вышел я в чистое поле. Устремил свой взор в прозрачное небо. Распростер руки свои к господу Богу и спросил его: "О Боже! Почему ты послал мне столько невзгод? Чем я виноват перед тобою?"

И грянул гром. И небо дало трещину. Блеснула молния. И я услышал в сердце своем голос Бога; "Не виноват ты! А потому не в наказание, а в пользу твою я посылаю тебе невзгоды твои".

И простирает несчастный еврей дрожащие руки свои к господу Богу и вопрошает: "О Боже! За что ты послал на мою бедную голову антисемитизм? Чем я виноват перед тобою? Чем виноват народ мой перед людьми, которые его так жестоко истребляли? Не мы ли просвещали народы именем твоим?" И услышал страдалец-еврей в сердце своем голос Бога; "Не виноват ты! И не виноват народ твой. А потому не в наказание, а в пользу вашу я посылаю вам невзгоды ваши. Страдания ваши обратятся в благодатную почву, на которой вырастет счастье ваше и бессмертие ваше ".

Нет и никогда не было в мире такого народа, который был бы гонимым, преследуемым и истребляемым больше, чем еврейский народ. Поэтому в еврея воплощается либо душа антисемита, заслуживающего наказания за свои антисемитские поступки в прошлом, либо душа еврея, стремящаяся разделить участь гонимых и несчастных. Эту черту еврейской ментальности отметил еще в прошлом веке великий поэт Генрих Гейне в следующих выражениях:"Если еврей хорош, то он лучше нееврея, если же он плох – то хуже него".

Этим объясняется то, почему евреи были всегда в авангарде освободительного движения тех народов, среди которых они жили. Этим объясняется немаловажная роль евреев в коммунистическом движении, которое обещало равноправие и справедливость. Этим объясняется решающая роль евреев в борьбе черного населения Нью-Йорка за равноправие. Однако, позже, когда евреи вышли на демонстрацию с гневным протестом против государственного антисемитизма в Советском Союзе, ни один черный не выступил им в поддержку. Мэр города Эдвард Коч тогда заявил: "В борьбе черных за свои права принимало участие больше евреев, чем черных. Так почему же на еврейской демонстрации я не вижу ни одного черного лица ".

4. О последующей жизни надо позаботиться в этой жизни.

Согласно диалектическому закону, в результате двойного отрицания любая физическая реальность должна вернуться в исходное состояние. Например, день переходит в ночь для того, чтобы опять наступил день. Лето переходит в зиму для того, чтобы снова наступило лето. Зерно пшеницы отрицается и превращается в стебель для того, чтобы стебель дал другие зерна пшеницы. Однако если зерно пшеницы не опустить в надлежащее время в плодородную почву, то оно сгниет. Но тогда не будет никакого стебля и никаких новых зерен.

Совершенно аналогично, согласно диалектическому закону двойного отрицания, идеальная душа покидает пришедшее в негодность физическое тело для того, чтобы воплотиться вновь в свежий новорожденный организм ребенка. Однако после смерти физического тела не останется никакой идеальной души, а следовательно, не будет никакого ее перевоплощения в новорожденный организм ребенка, если в текущей жизни своей человек своевременно не позаботится об этом.

О хороших урожаях пшеницы осенью надо думать весной. Осенью уже будет поздно. Парень или девушка не станет учеником 10 класса, если он или она не позаботится об этом в 9 классе. Совершенно аналогично, о следующей жизни надо позаботиться в текущей жизни. Иначе никакой последующей жизни не будет.

Мы живем не только сегодняшним днем, но и будущим. Прошлый опыт нас интересует только лишь для того, чтобы мы могли правильно запланировать наше будущее. Например, если мы не женимся, то у нас не появятся дети. Если мы не будем учиться, то мы не сможем стать врачом или инженером. Если мы сейчас не будем строить дома, то потом нам придется жить на улице и т.д.

Если мы ныне отдаем почве всего лишь одно зерно пшеницы, то через 3-4 месяца благодарная земля возвращает нам 40-50 зерен. Если мы не будем делать этого из-за лени или вследствие жадности, то у нас не будет хлеба и мы умрем от голода. Если мы не позаботимся о нашем будущем "сегодня", то у нас не будет ни "завтра" и ни "послезавтра".

Жизнь человека может оборваться навсегда после биологической смерти только лишь в том случае, если он не верит в перевоплощение души своей и совершает поэтому непростительные ошибки. Если же вы планируете перевоплощение души вашей после физической смерти, то вы обязаны планировать вашу "следующую" жизнь заблаговременно, еще в "этой" жизни. Но для такого рода "планирования" вы должны знать истину о сути своего собственного бытия. Познавайте эту истину из достоверных научных источников.

Жизнь на этой бренной Земле может быть дана человеку не один раз. И именно поэтому каждую из них надо прожить так, чтобы она не оказалась последней.

Если человек ложится спать в постель, то ему вовсе небезразлично, проснется ли он утром или нет. Мало того, он заблаговременно принимает все меры к тому, чтобы исключить всякую возможность смерти во время сна: запирает двери, выключает газ, ликвидирует всякие возможные источники пожара и т.д.

Совершенно аналогично, если физическое тело человека умирает, то человеку не должно быть безразлично, вернется ли он в этот бренный мир снова или же нет. Напротив, он должен заблаговременно подготовить все необходимые условия для такого рода физического возрождения— не совершить никаких преступлений, грешить как можно меньше и оправдать доверие, оказанное ему Богом. Помните, что бессмертие человека в руках самого человека. И вовсе не зря русская поговорка гласит: готовь сани летом, а телегу зимой. Готовь свое бессмертие в бренной жизни и навещай бренную жизнь из своего бессмертия. **К следующей жизни следует готовиться уже в этой жизни.**

Один из участников так называемой гражданской войны Николай Островский писал:"Самое дорогое у человека – это жизнь. Она дается ему только один раз, и прожить ее надо так, чтобы не было мучительно больно за бесцельно прожитые годы, чтобы не жег позор за подленькое и мелочное прошлое и чтобы, умирая, мог сказать: вся жизнь и все силы были отданы самому прекрасному в мире – борьбе за освобождение человечества".

Тогда я задаю вопрос: действительно ли жизнь дается человеку всего лишь один раз? Великий персидский поэт и мыслитель Саади еще 800 лет тому назад утверждал обратное, что человеку жизнь должна быть дана по меньшей мере дважды: первый раз для того, чтобы страдать и набираться опыта, а второй раз для того, чтобы пользоваться этим опытом и наслаждаться ([25], стр. 95).

Я же, в соответствии с научной теорией перевоплощения душ, возражаю Николаю Островскому следующим образом. Жизнь дается человеку **не один раз и все-таки** "прожить ее надо так, чтобы не было мучительно больно не только за бесцельно прожитые годы, но и за незнание истины; чтобы не жег позор не только за подленькое и мелочное прошлое, но и за свое собственное за-блуждение, когда порабощение ты называл освобождением, а освобождение – порабощением; и чтобы, умирая, мог сказать: вся жизнь и все силы были отданы самому прекрасному в мире"– милосердию и счастливому бессмертию челове-чества".

Согласно библейскому закону великолепной семерки, жизнь дается человеку по крайней мере семь раз, если он этого заслуживает: шесть подготовительных и одна заключительная. Со-гласно моей научной теории перевоплощения душ, жизнь дается человеку столько раз, сколько раз он этого заслужил, вплоть до бесконечности. Тогда каждая последующая жизнь человека станет более совершенной, чем предыдущая. Абсолютное совершенство Бога станет для него пределом, к которому он вечно будет приближаться, хотя никогда его не достигнет. Абсолютным Богом человеку дана возможность так и только лишь таким образом сделать себя бессмертным.

И прожить жизнь надо так, чтобы, умирая, мог сказать: я познал святую истину о сути бытия и понял свое назначение в этой жизни – для чего я пришел и куда уйду. Я никогда не впадал в греховное и преступное заблуждение: не убивал, не насиловал, не угождал тиранам и деспотам. Я не давал увлечь себя лозунгам, благородным по форме и преступным по содержанию. Я никогда не был элементом фанатичной толпы, которая бросалась в пропасть с песнями, знаменами и криками "ура!". Я всегда оставался самим собой и поэтому точно знаю, что вернусь вновь на эту бренную Землю, чтобы продолжить свое развитие на вечном пути к своему совершенству.

О человек!

Не позволяй никому и никогда превратить себя в преступный элемент злобной толпы. Всегда оставайся самим собой: справедливым и милосердным.

5. Спецназначение

Жить среди хищных волков и тигров намного "приятнее", чем жить в злобной толпе среди безрассудных людей. И если ты, обладающий высоким интеллектом, оказался среди них, то это означает одно из двух: либо ты несешь заслуженное наказание, либо ты выполняешь особую миссию, для развития которой ты должен пройти через такого рода чистилище. Такого рода особую миссию заслуживают только лишь те люди, развитие которых находится уже на грани совершенства.

Обычно, когда нет специального задания, идеальная душа воплощается в такой физический организм младенца, который рождается в обществе, соответствующем уровню развития перевоплощаемой души. Поэтому чаще всего души дедов и прадедов перевоплощаются в биологический организм внуков и правнуков. Когда высокоразвитый человек приходит в этот мир со специальным заданием в общество невежд, его, как правило, ждет судьба "гадкого утенка" Андерсена или "одинокого паруса" Лермонтова. Такие люди приходят в этот мир для того, чтобы помогать отсталым, несчастным и гонимым. Но люди их понимают далеко не всегда.

Образно выражаясь, назначение "одиноких парусов", "гадких утят" и всех прогрессивных людей в том, чтобы превратить "тьму" в "свет". Чем мрачнее "тьма ночи", тем ярче "свет дня (эпохи)", в который неизбежно должна перейти ночь.

Сверкает разум одинокий
Во тьме безумства и цепей.
Зачем пришел он в мир жестокий?
Что хочет сделать для людей?

Есть мир иной, где ценят мудрость.
Есть мир возвышенных идей.
А он пришел сюда, как будто
Он образумит всех людей.

Вражда бушует, злоба рыщет.
Народ безмолвие хранит.
Увы! Он счастия не ищет
И не от гибели бежит.

29
ПРЕСТУПЛЕНИЕ И НАКАЗАНИЕ

Долг платежем красен
Поговорка

1. Закон равновесия противоположных про--цессов. Если вы ударите по жесткой стене кулаком с силой 100 кг, то стена немедленно отреагирует тем же, "ударив" ваш кулак с той же силой 100 кг.

Если на упругую пружину вы положите стальной диск и ударите по нему кулаком с силой 100 кг, то упругая пружина под действием вашего удара сожмется на некоторую величину "х", а после удара сначала выпрямится, а затем растянется на ту же величину "х". Это значит, что процесс "сжатия" обязательно должен быть уравновешен своей противоположностью – процессом "растяжения", то есть за процессом сжатия неизбежно следует процесс растяжения.

Наступление ночи неизбежно уравновешивается наступлением дня. Наступление морозной зимы неизбежно уравновешивается наступлением знойного лета. Количество темных ночей в году равно количеству светлых дней, а количество зимних дней на Земле – количеству летних дней.

Рождение неизбежно уравновешивается смертью. Если сегодня кто-то родился, то это недвусмысленно означает, что он неизбежно когда-то умрет. Если Вселенная ныне расширяется, то это значит, что неизбежно настанет время, когда она начнет сжиматься.

Таких примеров мы могли бы привести

несметное множество. Рассматривая любое количество других примеров, мы пришли бы к таким же выводам. Тогда, пользуясь общепризнанным научным методом индуктивного познания объективной истины, мы можем перейти от частных примеров к следующему **всеобщему закону равновесия противоположных процессов.**

Всякий процесс, протекающий в Материальном Мире, неизбежно, рано или поздно, уравновешивается своей противоположностью.

2. Терминология

Равновесие противоположных интересов мы называем **справедливостью. Преступление** – это умышленное нарушение **справедливых** законов, наносящее существенный ущерб интересам личности, группы людей, человечества или творческой деятельности Бога. **Наказание** есть заслуженная расплата за совершенное преступление. Однако нарушение **преступных** законов, устраняющих равновесие противоположных интересов, не есть преступление, а есть милосердие. Например, нарушение фашистского закона об истреблении евреев не есть преступление, а есть милосердие, ибо закон этот сам является преступным.

Грех – это поступок, неугодный Богу. Всякое преступление есть грех. Но не всякий грех есть преступление. Например, грех не есть преступление, если он не наносит никому никакого **существенного** ущерба.

Добро – это все то, что приносит пользу человеку, людям или всему человечеству. **Зло** – это не только преступление, но и все то, что наносит моральный или материальный ущерб человеку, людям или всему человечеству.

Мораль – справедливая и целесообразная норма поведения человека в обществе.
Аморальный поступок – нарушение моральных принципов.

3. Неизбежность заслуженного наказания.

Наказание является противоположностью преступления. Поэтому, пользуясь общепризнанным научным методом дедуктивного познания объективной истины, мы можем перейти от общего закона равновесия противоположных процессов к следующему частному **закону неизбежности заслуженного наказания:**

Всякое преступление, совершаемое в Материальном Мире, неизбежно, рано или поздно, уравновешивается своей противоположностью – заслуженным наказанием. В мире нет и не может быть каких-либо преступлений или грехов, которые могли бы оставаться ненаказанными. Если преступление осталось ненаказанным в Материальном Мире, то оно неизбежно наказывается в Идеальном Мире Абсолютным Богом.

Превышение нормы наказания есть преступление. Любое зло, любое преступление должно быть наказано. Однако наказание не должно превышать меру преступления. Всякое наказание, которое превышает меру преступления, есть само преступление. Например, воровство должно быть наказано. Однако это вовсе не значит, что если голодный украл булку хлеба, то его надо приговорить к 20 годам каторжных работ. Для каждого преступления есть своя мера наказания, так что они должны быть уравновешены.

Справедливой мы называем меру наказания только лишь тогда, когда она уравновешивает (а не превышает) норму преступления.

В материальной жизни не всегда возможно осуществить постоянное и идеальное равновесие преступления и заслуженной меры наказания. Такое равновесие может быть либо мгновенным, либо гармоническим, то есть колебательным, как гармоническое колебание диска, подвешенного на пружине. В конечном счете амплитуда колебания должна асимптотически приближаться к нулю.

О человек!

Оставайся всегда справедливым.

В этом прекрасном и фальшивом Материальном Мире ты можешь чувствовать себя как дома; но никогда не забывай, что ты в гостях. Не забывай этого, когда просыпаешься и ложишься спать, когда работаешь и отдыхаешь, когда делаешь добро и зло, когда познаешь истину и когда заблуждаешься, когда растишь ребенка и когда стареешь, когда протягиваешь руку помощи и когда стучишь кулаком!

Никогда не забывай!!!

Ибо если ты хотя бы на минуту забудешь это, то расплачиваться за содеянное будешь вечно.

Если ты – мужчина, обманул чистую девушку, которая тебя страстно любила и искалечил тем самым ей жизнь, то ты неизбежно рано или поздно непременно влюбишься в женщину, которая тебя не достойна, которая обманет тебя и искалечит жизнь твою. Либо это случится в этой жизни, либо это произойдет в следующей реинкорнации, либо ты уйдешь из мира сего вечным должником, за что получишь заслуженное наказание в ином, нематериальном, идеальном мире. Ты придешь к этому так же неизбежно, как точка, движущаяся по окружности, неизбежно вернется к исходному пункту.

4. Иллюзорность безнаказанности преступления. Иногда нам кажется, что чье-либо преступление остается безнаказанным. Это только кажущаяся безнаказанность, обусловленная тем, что мы ограничены не только определенным отрезком времени, но и тем, что много есть такого, чего мы не в состоянии понять. Только Бог, не ограниченный ни во времени, ни в чем то другом, может точно знать силу и меру справедливости, как равновесия противоположностей: преступления и наказания.

Из закона равновесия противоположностей неизбежно следует, что любое преступление уравновешивается наказанием. Если даже это преступление не было наказано в этом Материальном Мире, то это означает, что заслуженную кару понесет душа человека в том, неведомом нам, Идеальном Мире. И знает ли человек, в каких из двух миров (материальном или идеальном) лучше понести заслуженное наказание? Не лучше ли блаженствовать в Идеальном Мире на вечные времена и терпеть гнет короткое время в Материальном Мире?

Десятки или даже сотни лет благосостояния в Материальном Мире ничто по сравнению с вечными страданиями в Идеальном Мире.

5. Кто несет ответственность за грехи и преступления человека – его душа или его тело?

В принципе, не исключена возможность воплощения доброй души в злой организм и наоборот. Поэтому заслуги, грехи или преступления, совершаемые генетическими кодами и идеальной душой, следует четко отличать друг от друга.

Идеальная душа не несет наказания за преступления генетических кодов, но она ответственна за потерю контроля над ними.

Человек не отвечает за действия своих генетических кодов точно так же, как автомат не отвечает за последствия закодированной в нем программы. Человек несет полную ответственность только лишь за все свои **осознанные** действия.

Однако человек обязан контролировать деятельность своих генетических кодов. Если человек мог, но не пожелал укротить преступные действия своих генетических кодов, то человек должен быть наказан за то, что он мог, но не предотвратил преступления генетических кодов. Если же ум или сознание человека не смогли укротить свои собственные генетические коды, то в этом слабость человека, а не его вина. Слабые могут развиваться и стать сильными, а виноватые могут быть изъяты Богом из дальнейшего обращения при реинкорнации.

Растения не имеют никакой идеальной души, и поэтому их генетические коды никем не контролируются. Идеальная душа живого существа по мере своего развития все больше и больше контролирует деятельность своих генетических кодов. Когда идеальная душа получает достаточно высокое развитие и ее желания господствуют над хотениями генетических кодов, тогда она получает право вселиться в биологическое тело человека. В противном случае недоразвитая душа вселяется в биологическое тело животного или какого-либо другого живого существа.

Если в человеке воплощена злая душа и он совершает преступление по своей собственной воле, то человек и его душа несут полную ответственность за все преступления, совершенные ими.

За умышленное злодейство идеальной души несет ответственность сама идеальная душа, а следовательно, и тело, в котором она оказывается воплощенной в момент преступления.

Никто не должен наказываться за грехи или преступления другого человека, если даже они являются близкими родственниками. Если какой-то черный убил белого, то ни в коем случае нельзя наказывать за это других черных. Каждый человек должен отвечать за свои преступления сам. Если человек останется ненаказанным в текущей жизни, то после физической смерти его душа будет наказана Богом.

6. Интеллект и преступление

В мире нет и не может быть каких-либо преступлений или грехов, которые могли бы оставаться ненаказанными. Тогда возникает вполне справедливый вопрос: почему люди все-таки грешат и совершают преступления?

Все дело в том, что примитивный ум не знает святой истины о сути своего собственного бытия. Примитивному человеку кажется, что если земное правосудие до него не доберется, то его грехи и преступления останутся безнаказанными. Талантливый русский поэт М.Ю.Лермонтов критиковал таких людей следующим образом:

Есть божий суд, наперстники разврата.
Есть божий судия. Он ждет.
Он недоступен звону злата.
И мысли и дела он знает наперед.

Тогда напрасно вы прибегнете к злословью.
Оно вам не поможет вновь.
И вы не смоете всей вашей черной кровью
Поэта праведную кровь.

Автор этих строк был одним из лучшх стрелков и поэтому мог застрелить наверняка своего противника на дуэли. Но он предпочел быть убитым, чем убивать. Поэтому он выстрелил вверх и тем самым спас свою вечную душу, хотя бренное тело его было убито.

"Лучше быть пострадавшим, чем мучителем,"– заявила мать Галины Старовойтовой, которую убили 20-го ноября 1998 года за ее политические взгляды. За день до этого мать увидела смерть дочери во сне.

Примитивному человеку кажется, что он совершает свои гнусные преступления себе на пользу. Однако у него не хватает ума на то, чтобы понять, что добро является для него более выгодным, чем зло. Например, фашистам и революционерам казалось, что они убивают и насилуют людей во имя добра и прагматизма. На самом же деле никакой выгоды они от этого не получили, кроме гибели и проклятий.

Убийство во имя счастья – это классический образец примитивного мышления.

Истинный интеллект знает святую истину о сути бытия и поэтому не совершает никаких преступлений. Он стремится к добру и справедливости так же неуклонно, как цветы тянутся к лучам солнца. У него достаточно ума для того, чтобы разобраться в превосходстве добра перед злом. Только истинный интеллект в состоянии оценить добро и осудить преступление. Классическим примером интеллектуального человека является поэт Евгений Евтушенко, который понимал боль людей, расстрелянных в "Бабьем Яру", как свою собственную боль.

Чтобы понять чужую боль, нужен интеллект, а высшая мудрость недоступна злым людям. Поэтому милосердие отскакивает от злодея, как горох от стенки. Злодей и подлец несчастен уже потому, что он злодей или подлец – ибо злодейство и подлость не только унижают человеческое достоинство, но и лишают человека высшего в мире счастья: чувства любви. Поэтому познание истины является священным долгом каждого человека не только перед Богом, но и перед всем человечеством.

Человек – это относительное подобие Абсолютного Бога. Существенными атрибутами человека являются любовь и справедливость. Человек должен быть справедливым и милосердным, но не потому что боится наказания, а потому что человек должен оставаться всегда человеком. Человек должен любить Бога и людей, но не потому, что боится Бога, а потому, что Бог создал человека для любви.

30
ПЕРЕВОПЛОЩЕНИЕ ДУШ КАК МЕРА НАКАЗАНИЯ

> Бог карает преступника там и тогда, где и когда земное правосудие не может сделать это.
>
> Исай Давыдов

1. Перевоплощение душ как мера наказания

Мы уже говорили о том, что праведной, высокоинтеллектуальной и достаточно совершенной душе человеческой Бог дает полную свободу перевоплощения. Жертва преступлений может перевоплотиться в последующую жизнь и получить компенсацию в полной мере за все свои страдания и потери, понесенные в предыдущей жизни.

Однако идеальная душа вселяется в биологическое тело человека не только в качестве добровольного перевоплощения, но и как мера заслуженного наказания с целью ее исправления и развития. Если земное "беззубое" правосудие оказывается неспособным обнаружить и наказать профессионального и "зубастого" преступника на Земле, то Бог делает это за него в Идеальном Мире.

Если злой дух неисправим и заслуживает высшей меры наказания, то он по воле Абсолютного Бога исчезает навсегда и никогда больше не возрождается. Если же идеальный дух грешен, но исправим, то для искупления тяжких грехов Бог может вселить его насильственно в тело несчастного человека или даже животного.

274

Например, душа тирана, деспота или злодея, от которого в прошлой жизни людям приходилось прятаться и искать спасения, в этой жизни должна перевоплотиться в организм мышонка, который вынужден прятаться и искать спасения от людей и кошек в каждой дырке. Превращение человеческого тела в мышинное тело – это небылица. Перевоплощение души человеческой в мышинное тело – это реальное чудо. В прошлом – всесильный деспот, ныне – мышонок в норке. Вчера – властелин, сегодня – раб.

Душа жестокого тирана, который насильственно заставлял людей восхвалять свое воображаемое "величие" или свою несуществующую "мудрость", может воплотиься в таракана, чтобы понял он фактическое ничтожество свое.

Душа человека, прожившего предыдущую жизнь свою подхалимом, угождавшим деспоту и творящим зло по его указке, в этой жизни может перевоплотиться в "гада ползучего, пресмыкающегося на земле".

Душа человека, который в предыдущей жизни соблазнял и подстрекал людей совершать гнусные преступления против человечества, в этой жизни должна перевоплотиться в ползучую змею для того, чтобы змеиную душу свою изливал он из змеиного тела.

Душа белого расиста может вселиться в черного ребенка для того, чтобы он стал жертвой белого расизма и испытал на себе все "прелести" расистской жестокости. Душа черного расиста может перевоплотиться в белого ребенка для того, чтобы он стал жертвой черного расизма и испытал на себе все "прелести" черного расизма.

Душа антисемита может перевоплотиться в тело еврейского ребенка в самом антисемитском обществе для того, чтобы он мог на своих собственных плечах испытать всю тяжесть жестокого антисемитизма и понять бессмысленность той жестокости, которую он проявлял по отношению к евреям. Такого рода перевоплощение идеальной души в биологическое тело является справедливой мерой наказания и осуществляется Богом насильственно, против воли индивидуума.

Бог создал разнообразие живых организмов для того, чтобы душа каждого преступного человека могла перевоплотиться в живую тварь по заслугам в высшей степени точно.

2. Убийцы профессиональные и непрофессиональные. Как правило, юридическим органам правосудия удается обнаружить и наказать только лишь случайных убийц, а не профессиональных. Иногда профессиональные преступники сами восседают в судейских креслах, а их жертвы сидят на скамье подсудимых. Так было в фашистской Германии. Так было в России во времена сталинских репрессий.

Куда смотрит Бог?! – возмущается атеист.

На первый взгляд, такое возмущение атеистов кажется нам справедливым до тех пор, пока мы видим только лишь события Материального Мира и не видим событий Идеального Мира. Дело в том, что за одно и то же преступление несправедливо наказывать дважды. Поэтому убийца должен быть наказан либо органами правосудия в этом мире, либо Абсолютным Богом – в том мире.

Случайного убийцу органы правосудия легко обнаруживают и наказывают. Иногда он даже сам признается в содеянном. Такой непрофессональный убийца возвращается в иной мир уже наказанным и исправленным. Поэтому он может перевоплотиться в новое биологическое тело и вести праведный образ жизни. Искупать грехи в этом мире "дозволено" только случайным (исправимым) убийцам, а не профессиональным.

Профессиональный убийца неисправим. Он возвращется в иной мир с грузом своих преступлений. Согласно закону равновесия противоположностей, душа профессионального убийцы, избежавшего заслуженного наказания в этом мире, должна нести заслуженное наказание в том мире. Если на его счету всего одно убийство, то его душа уничтожается полностью и снимается из дальнейшего обращения навсегда. Если на его счету 60 убийств, то он перевоплощается в биологическое тело 60 раз для того, чтобы быть убитым 60 раз по принципу смерть за смерть, после чего душа его уничтожается и снимается из обращения навсегда. Так Абсолютный Бог очищает мир от злых духов.

Степень вины и мера наказания убийцы зависит не только от способа сознательного убийства, то есть от того, что именно было использовано им в качестве смертельного оружия: пуля, газ, веревка, вентилятор, капля воды, испуг, злое слово или даже простое изъятие нужного лекарства в нужную минуту. Степень наказания зависит и от того, насколько сознательно и в какой мере жестоко было совершено убийство.

Смерть за смерть. Поэтому всякое преднамеренное убийство должно наказываться в этом мире смертной казнью независимо от способа убийства: выстрелом, газовой камерой, каплей воды, вентилятором или нервотрепкой. Это есть единственное средство, при помощи которого можно спасти душу убийцы от окончательной гибели. Если убийца вернется в иной мир, не получив полного наказания в этом мире, то ничто уже не спасет его душу от гибели и исчезновения навсегда. Поэтому убийца сам должен быть заинтересован в чистосердечном признании и раскаянии в этом мире.

Убийца не только тот, кто убил, не только тот, кто в руки нож вложил, не только тот, кто нанял убийцу, не только тот, кто приказал убивать, но и тот, кто дал на это свое молчаливое согласие, кто мог бы предотвратить убийство, но не предотвратил. В истреблении 6 миллионов беззащитных евреев был виноват не один Гитлер. В этом были виноваты и немецкие солдаты, которые стреляли в безоружную толпу. В .этом было виновато и то местное население, которое выдавало евреев фашистам.

3. Убийца и его жертва – парадокс смерти

Биологическое тело человека уязвимо, а идеальная душа – нет. В этом смысле один человек может убить тело другого человека, но он не может убить его душу. Убийца ошибочно думает, что убил свою жертву. На самом же деле он убил не свою жертву, а убил самого себя. Душа убитого воплотится в новое биологическое тело. Он придет в этот Материальный Мир в новом обличье, в форме возрожденного человека. А убийца и его душа исчезнут из мира навсегда.

Мне приходилось видеть, как разъяренные люди забрасывали камнями экран, изображавший ненавистного им человека. Им казалось, что они бьют того, кого ненавидят. Однако они причиняли ущерб только лишь формальному экранированному изображению человека, а не ему самому. Совершенно аналогично, злой человек в состоянии неволить или убить живое тело доброго человека, но он не в состоянии неволить или убить его идеальную душу. Как бы злой человек ни глумился над телом честного человека, он не может причинять никакого ущерба его душе.

Огонь, вода, пули, бомбы, тюрьмы, концлагеря, газовые камеры – могут нанести ущерб только лишь материальному телу, но они совершенно безопасны для идеальной души. Душа праведного человека непобедима и бессмертна, потому что каждый раз после смерти биологического тела, она вселяется в новорожденное крепкое тело ребенка. Честный человек возрождается после каждой смерти, точно так же, как после каждой зимы наступает весна, как после каждой ночи приходит утро. Поэтому зло, совершаемое человеком, не может изменить глобальной программы Бога – путь к совершенству.

Однако это вовсе не означает, что злая деятельность человека, направленная во вред планам Бога, остается безнаказанной. Вряд ли Вы когда-либо настроите ваш радиоприемник на волну радиостанции, которая издает шум вместо того, чтобы петь, которая будет вам мешать вместо того, чтобы доставлять удовольствие. Конечным пунктом такой неисправимой радиостанции может оказаться только лишь свалка. Совершенно аналогично, Бог лишает человека права на возрождение после смерти, если он совершает зло; если он разрушает вместо того, чтобы строить; если он мешает планам Творца вместо того, чтобы помогать им.

Такую потерю права личности на очередное материальное возрождение после смерти мы и называем **трагедией** души потому, что она прекращает всякое развитие личности и приводит в конце концов к неизбежной гибели не только материальное тело злого человека, но и его идеальную душу. Это трагично, но в высшей степени справедливо. Справедливо потому, что Бог творит и развивает Материальный Мир не для того, чтобы его уничтожал злой человек. Справедливо потому, что Бог создал добрых людей не для того, чтобы их убивали злые люди. Справедливо потому, что Бог дал людям рассудок не для того, чтобы над этим рассудком глумилось безрассудство. И наконец, это справедливо потому, что Бог дал человеку волю не для того, чтобы ее кто-то неволил.

Обычно человек совершает зло во имя обманчивой сиюминутной выгоды. Совершая то или иное зло, такой человек думает, что он что-то выиграл. Он совершенно забывает о том, что выигрыш этот является всего лишь сиюминутным. Однако сия минута неизбежно пройдет, а вечность останется. А в вечности этой он потеряет намного больше, чем выиграл в сию минуту. Например, если воинствующий атеист фанатично идет убивать человека, верующего в Бога, то ему кажется, что он уничтожил своего идеологического противника и подорвал веру в Бога. На самом же деле он подписал смертный приговор своей собственной душе. Убийство не наносит никакого ущерба душе убитого точно так же, как поломка радио не наносит никакого ущерба диктору, находящемуся на радиостанции.

Однако убийца берет тяжкий грех на свою собственную душу, который может привести ее к гибели. В этом и заключается бессмысленность всякого зла, всяких убийств, прежде всего для самого убийцы, который не в состоянии нанести никакого ущерба душе убитого в то время, как свою собственную душу он обрекает на гибель. Вот почему процентное соотношение добрых людей с течением времени возрастает несмотря на то, что такие люди физически погибают чаще, чем злые, не успев передать "доброту" своих ген по наследству.

Бессмысленность всяких преступлений, которые неизбежно наносят ущерб самому преступнику, мы называем **обманчивым прагматизмом**. Прагматизм профессионального преступника (например, террориста или офицера фашистской армии) является обманчивым.

Дорогой читатель!

Не оставайся равнодушным к судьбе потенциального преступника. Если можешь, то помоги ему своевременно избрать правильный путь. Потом будет поздно. Это единственное средство для спасения его души. Убеди его. Скажи ему, например, так:

"Прежде чем вонзить нож в спину или в сердце жертвы твоей, или прежде чем нажать на курок револьвера, одумайся и пойми, что убивая бренное тело жертвы своей, ты убиваешь вечную душу свою, которая перестает быть вечной. Жертва твоя вернется в этот мир в новорожденном теле, а ты – никогда.

Подумай о том, что жертва твоя, может быть,

был в прошлой жизни   матерью твоей или отцом твоим, сестрой твоей или братом твоим, дочерью твоей или сыном твоим, подругой твоей или другом твоим.

Никто не может накакать тебе в штаны, кроме тебя самого. Совершенно аналогично, никто не может навредить тебе больше, чем ты сам себе .

Ни один лютый враг твой не может убить душу твою, за исключением тебя самого. Ты и только лишь ты можешь убить душу твою, избрав путь жестокости и садизма по отношению к другим."

Замечательный поэт Ифраим Амирамов говорит так: "Прости врагу продуманные подлости".

На первый взгляд, такое заявление кажется ошибочным. На самом же деле, если ты наказываешь его бренное тело в этом мире, то ты спасаешь его вечную душу. Если же ты простил своему врагу, то Бог накажет душу его.

Наказывать биологическое тело врага своего за грехи его души – это все равно, что бросить бутылку бензина на экран с изображением врага своего.

Иногда задают такой вопрос: может ли душа убитого из того мира убить тело своего убийцы в этом мире?

Да, может, если она этого хочет.

Душа убитого из иного мира может убить тело своего убийцы в этом мире. Она просто-напросто может его удушить. Но она не делает этого, потому что не хочет спасать душу своего убийцы, ибо наказывая тело своего врага, она освобождает душу его от заслуженного наказания.

4. Нужно ли запрещать смертную казнь убийцы?

Согласно закону диалектического равновесия противоположностей, убийство должно быть наказано смертной казнью. За преступления генетических кодов несет ответственность биологическое тело, за преступления души несет ответственность душа. Если убийца не получит заслуженной смертной казни в этом мире, то в ином мире погибнет его душа. Поэтому бренное тело убийцы должо быть наказано в этом мире во имя спасения от смерти его вечной души. Но для того, чтобы наказать истинного убийцу, правосудие должно быть безошибочным. Если правосудие не способно найти истинного убийцу, то это вовсе не означает, что убийца не должен быть казнен. Это означает, что правосудие обязано стать безошибочным.

Душа убийцы может быть спасена только лишь в том случае, если он будет наказан смертной казнью в той жизни, когда он совершил убийство.

5. Высшая мера наказания

Известно, что камень не имеет никакой души своей. Однако согласно каббале, преступная душа убийцы, осужденная на смерть и заслуженно снимаемая из дальнейшего обращения, предварительно может быть замурована в камень, если убийца замуровал свою жертву в бетон. Такая душа, обладающая волей, но не обладающая никакой свободой, обречена на долгие годы страданий.

В особо тяжких случаях душа убийцы связыавется и сковывается камнем (или чем-нибудь еще), от ограниченности и тяжести которого она страдает миллиарды лет, пока вселенная не начнет коллапсировать и пока душа не сгорит в агонии всепожирающего коллапса навсегда.

Тогда возникает вполне уместный вопрос: каким образом наказание может уравновесить преступления таких людей, как Гитлер и Сталин, по вине которых погибли миллионы людей?

Дело в том, что физическая или даже духовная смерть вовсе не является высшей мерой наказания, ибо существует множество других более суровых мер. Высшей формой наказания являются вечные и невыносимые страдания духа, переполненного несметным множеством неукротимых желаний, но лишенного всякой свободы в абсолютном смысле слова.

Проще говоря, высшей мерой наказания является мучительное бессмертие, о котором Максим Горький писал так:

"И желая смерти жил, Жил бы вечно".

Чем сильнее страдания и чем дольше их продолжительность, тем выше мера наказания. Однако сила страданий и их продолжительность не имеют предела, они могут быть увеличены вплоть до бесконечности и вечности.

6. Ад

Если говорят, что грешник будет страдать в аду, то это вовсе не значит, что в аду будет страдать его биологическое тело, утраченное после физической смерти. Это означает, что в аду вечно будет страдать его душа. Биологическое тело является всего лишь бессознательной и бренной (материальной) формой человека.

Однако в Идеальном Мире нет никаких тюремных решеток, никаких концентрационных лагерей и колючих проволок. Нет там и никакой "кипящей смолы, в которой чертенята жарят грешников". Страдание в потустороннем аду – это качественно иная форма наказания грешников и преступников.

Все радиоволны по своему качеству могут быть разбиты на следующие три категории:

1. Приятные (музыкальные),
2. Бессодержательные и
3. Невыносимые (шумовые).

Совершенно аналогично, все информационные волны Идеального Мира по своему качеству могут быть разбиты на следующие три категории:

1. Приятные (рай для праведников),
2. Бессодержательные и
3. Невыносимые (ад для грешников).

В Идеальном Мире каждая идеальная душа человеческая автоматически настраивается на ту волну, которую она заслужила в физической жизни. Следовательно, где бы ни находилась душа, ее рай или ад "идет" вместе с ней. От такого персонального рая или ада никуда не "убежишь".

Если Гитлер (или Сталин) убил миллионы людей, то душа его в ином мире авоматически будет подключена к его личному аду до тех пор, пока он не перестрадает за всех тех, кого он истребил. Он будет вынужден прослушать, прочувствовать и осознать вопли и страдания всех людей, им замученных. Затем он перевоплотится в биологическое тело, чтобы быть убитым столько раз, сколько человек им убито. И только лишь после всего этого его преступная душа "удостоится" полного уничтожения.

31
ВОЗМОЖНОСТИ
ПЕРЕВОПЛОЩЕНИЯ ДУШ

1. Информация – это элементы идей. Идея – это комбинация некоторого множества элементов информации, имеющих общее назначение. По мере физического развития ребенка у него сначала появляется сознание, а в конечном счете образуется зрелый ум. Интеллект человека получает информацию извне. Комбинируя элементы информации, он создает все новые и новые идеи.Эти идеи не содержат в себе ничего материального, даже физической энергии. Кроме того, их возниконовение не сопровождается какими-либо потерями энергии или материи. Это значит, что возникновение новых идей вовсе не представляет собой какого-либо превращения одного вида энергии в другой вид энергии или одного вида материи в другой вид материи. Так человек становится творцом, подобно Богу.

2. Путешествие в иные миры

Если бы 240 лет тому назад вам кто-нибудь сказал, что человек сможет перелететь через Атлантический океан в течение одного дня, то вы бы назвали его "сумасшедшим". Совершенно аналогично вы можете назвать меня сегодня сумасшедшим, ибо осмеливаюсь предсказать, что если человечество станет праведным, то через 240 лет человек сможет путешествовать между качественно различными мирами и вселенными и в каждой текущей жизни будет помнить все свои предыдущие жизни в этом и в иных мирах.

Душа обладает замечательным свойством путешествовать по различным мирам и перевоплощаться в различные организмы. Она может путешествовать от одной планеты к другой, от одной солнечной системы к другой, от одной галактики к другой галактике, от одной вселенной к другой вселенной, от элементарных частиц к великим мирам и от великих миров к элементарным частицам. Она может перевоплощаться в организмы различных людей, птиц, рыб и насекомых.

Нам кажется сказкой превращение человека в лягушку или мышонка, а уродливого чудовища в красивого юношу. Однако, в действительности это происходит не на наших глазах, а через определенные промежутки времени.

Если бы Альберт Эйнштейн и другие ученые не были в прошлом прогрессивными гражданами микроцивилизаций, существующих на уровне элементарных частиц, то они не смогли бы открыть нам законы микромира и научить нас пользоваться атомной энергией. Только лишь опыт и познание из предыдущих жизней позволило им в этой жизни стать необычными "учителями".

Тогда возникает вполне резонный вопрос: если душа моя существует вечно, переселяясь от устаревшего и умирающего тела в новорожденный организм ребенка, то почему я не помню свою предыдущую жизнь?

"Если мы уже рождались в прошлом, то почему не помним этого в этой жизни? Почему нас наказывают сейчас за то, что мы совершили в предыдущей жизни, которую не помним?" См. [7], стр. 43-44, 78-82.

Если мы совершили преступление и забыли об этом, то это не освобождает нас от заслуженного наказания.

Если мы не помним нашу предыдущую жизнь, то это вовсе не означает, что ее якобы не было. В самом деле, Вы не помните не только вашу предыдущую жизнь, но и свое детство. Вы, может быть, забыли полностью и то, что Вы ели позавчера на обед. Но не будете же Вы на этом основании утверждать, что у Вас якобы не было детства и что вы якобы никогда ничего не ели.

Для того чтобы разобраться в этом вопросе более подробно, нужно знать, что такое память и каково ее назначение.

3. Память – это "живое хранилище" идеальной информации. Память является идеальной категорией. Ее следует четко отличать от таких материальных устройств, как биологический мозг и "кибернетическая память", которые хранят информацию не в идеальной форме, а в виде специальным образом зашифрованных кодов. Выражаясь точнее, они хранят не саму идеальную информацию, а их материальную запись. Такую материальную запись идеальной информации мы и называем физической памятью, молекулярной памятью или кодом идеальной памяти.

Память имеет два раздела: резервный и оперативный. **Резервная память** удерживает только лишь такую полезную информацию, которая может пригодиться живому существу или его душе в будущем. В **оперативную память** поступает всего лишь небольшая (мизерная) часть резервной информации, которая нужна в данный момент времени. В сознании человека удерживается только лишь оперативная информация.

Если вы завинчиваете гайку, то вы держите в руке гаечный ключ; если вы пишите, то вы держите в руке только лишь ручку; если вы кушаете, то вы держите в руке только лишь ложку или вилку. Но вы никогда не держите в руке одновременно и вилку и ложку, не говоря уже о ручке, ключе и т.д. Совершенно аналогично, вы держите в оперативной памяти только лишь ту идеальную информацию, которая нужна только лишь для данной деятельности и только лишь в данный момент времени.

В общей сложности мы различаем следующие семь форм человеческой памяти:

память души и психики,

резервная и оперативная память,

оперативная память души,

резервная память души,

оперативная память психики,

резервная память психики.

Физическая память: молекулы памяти головного мозга и искусственная память кибернетического устройства.

Физический мозг кодирует и хранит в своей памяти не только нужную информацию, но иногда ненужную и даже вредную. Идеальная душа хранит только лишь нужную и полезную информацию, а все остальное не воспринимает вовсе.

Душа снабжает необходимой информацией психику в той же мере, в какой электростанция снабжает лампочку энергией, необходимой для освещения вашей комнаты. Кроме того, у души есть свои целесообразные секреты, которые она ни в коем случае не передает психике.

В то же время душа принимает не всегда и не всякую информацию психики. Она фильтрует и отбирает толко лишь ценную и очень нужную информацию. Как правило, делается это не на всем протяжении жизни, а в конце жизни человека. Приведу пример. Один из моих двоюродных племянников — Иммануиль Шамилов расказал мне следующую историю. Он купался в озере и утонул. Когда он умирал, в его сознании за несколько минут "прокручивалась пленка" всей его жизни К счастью, его вовремя вытащили из воды и спасли.

4. Целесообразная память.

Память обладает замечательным свойством – забывать. Если бы трупы живых существ не обращались в "земной прах", то Земля давным-давно была бы покрыта таким слоем трупов, что жизнь на Земле оказалась бы невозможной. Совершенно аналогично, если бы память человека не обладала замечательным свойством – забывать ненужную информацию, то сознание человека оказалось бы захламленным настолько, что мыслительный процесс оказался бы невозможным.

Согласно закону целесообразности, человек не будет помнить свою предыдущую жизнь до тех пор, пока это может нанести ущерб его развитию в текущей жизни. Он может получить доступ к такой информации только лишь тогда, когда достигнет высшей стадии своего развития.

Чтобы стать бессмертным, человек должен помнить свою предыдущую жизнь. Чтобы помнить свою предыдущую жизнь, человеку нужен доступ к секретам иного мира. Чтобы получить доступ к секретам иного мира, человек должен стать совершенным.

Ни в коем случае нельзя путать различные понятия памяти для души и психики. Душа получает подлинную информацию как из Идеального, так и из Материального Миров. Однако в своей резервной памяти она откладывает только лишь ту часть этой подлинной информации, которая когда-либо в будущем может быть ей полезной.

Психика человека в период своей материальной жизни накапливает не только важные и объективные знания, но и маловажные, субъективные и относительные знания. Она откладывет в своей резервной памяти не только ненужные, но и "балластные" знания. Поэтому за несколько минут до своей физической смерти живой организм "перематывает" нужную информацию всей своей жизни для идеальной души.

Когда человек умирает, его душа избавляется от всякого "балласта" знаний, от ненужного хлама, от всяких субъективных и относительных знаний. Душа отбирает и хранит при себе только лишь нужные и важные объективные знания, крупинки абсолютной истины, шаг за шагом накапливая истину не толко в смысле достоверности, но и полноты. Материальная жизнь человека, его периодическая смерть и возрождение, есть средство развития души в стремлении к абсолютному совершенству, к которому она будет вечно стремиться, но которого она никогда не достигнет.

Образно выражась, психика человека есть своего рода "насос", перекачивающий полезную информацию из Материального Мира в резервную память души.

Психика человека полностью контролируется его душой. Поэтому душа человека имеет неограниченный доступ как к оперативной, так и к резервной памяти психики. Однако психика человека не имеет никакого доступа к той недозволенной информации, которая хранится в резервной памяти его идеальной души.

Биологический индивидуум с самого начала своего рождения снимает психическую копию идеальной души сквозь материальный фильтр генетических кодов, пропускающих все необходимое и не пропускающих ничего недозволенного.

Существование "внемозговой" памяти, так же как и существование биополя, является достоверно и научно доказанным фактом. И против этого уже выступают далеко не все материалисты. Различие между объективной наукой и атеизмом заключается в том, что атеизм замыкает "внемозговую память" в рамки материальности, забывая о том, что материя невозможна без идеи.

"Молекулы памяти" – это материальная запись идеальной информации, которая закодирована в головном мозгу человека на молекулярном уровне.

Если человек умирает, то молекулы памяти, а следовательно, и посюсторонняя память, исчезают. Однако, потусторонняя память идеальной души, независимая от материи, продолжает существовать. Резервная память души уничтожает все ненужные сведенния и хранит только лишь полезную информацию.

Конечно же, генетические коды могли бы быть сконструированы таким образом, чтобы человек помнил свою предыдущую жизнь. Однако, Бог создал их именно такими, чтобы на данном этапе человеческого развития секреты Идеального Мира оказались недоступными для нашего сознания в Материальном Мире.

Забывать – замечательное свойство памяти. Если бы вы не забывали номера телефонов, которые вы знали ранее и которые вам нужны были ранее, но которые вам не нужны теперь, то ваша память была бы засорена ненужной информацией. Если вы чувствуете неудобство, когда ненужная мебель засоряет вашу квартиру, то совершенно аналогично вы испытываете неудобство и тогда, когда ненужная информация засоряет вашу память.

4. Доверие и секреты

Психике человека секреты потустороннего Идеального Мира недоступны. Мы не помним нашу прошлую жизнь прежде всего потому, что Бог не доверяет нам секреты Идеального Мира. Тогда возникает вполне резонный вопрос: почему Бог не доверяет нам секреты Идеального Мира?

В этом есть громадный смысл, потому что живое существо, будучи несовершенным, может использовать совершенные секреты потустороннего мира себе во вред точно так же, как это делает несовершеннолетний ребенок, использующий секреты родителей во вред всей семье, а следовательно, и самому себе.

Человеческое общество рождается и развивается точно так же, как и ребенок. Нашу эпоху образно можно назвать "детством человеческого общества". Но можно ли детям доверять секреты? Конечно же, нет! Приведу примеры из повседневной жизни.

Первый пример. Мама не делала никаких секретов от своей трехлетней дочери, которая видела, как зажигается газовая плита на кухне. Однажды ночью девочка встала и включила газ, в результате чего вся семья отравилась и погибла. Если вы доверите спички ребенку, то он может сделать пожар.

Второй пример. Папа поставил рукоятку на "тормоз" и вышел из машины всего на одну минуту, оставив там двухлетнего сына. Малыш нажал на рукоятку и освободил тормоз, в результате чего машина поехала и совершила аварию.

Совершенно аналогично, если бы несовершенное общество знало все секреты Идеального Мира, то оно могло бы совершить тоталитарную катастрофу. Если бы Бог доверил свои секреты несовершенному человечеству, то оно пустило бы поезд человечества под откос истории. Поэтому для благополучия самого человеческого общества необходимо, чтобы секреты Идеального Мира раскрывались перед человеком постепенно, по мере его развития, а не сразу. Бог открывает свои секреты перед человеком по мере того, как он становится более совершенным

Если люди научатся любить друг друга, то человечество станет более праведным. Если человечество станет более праведным, то перед ним откроется больше секретов. Если перед праведным человечеством откроется больше секретов, то оно станет более совершенным и счастливым. Если человечество станет более совершенным, то люди будут любить друг друга еще больше. Если люди научатся любить друга еще больше, то человечество станет еще более праведным и т.д.

Моральное совершенство современного человека находится на таком низком уровне, что ему не дозволено помнить свои предыдущие жизни. Если бы современному человеку было дозволено помнить это, то он перестал бы любить тех, кого горячо любит сегодня: жену, мужа, детей, родителей, друзей и т.д. Тогда сотворение Вселенной не достигло бы своей основной цели: освобождения черствых душ от ржавчины несусветного эгоизма.

Если же когда-нибудь в будущем человек станет достаточно совершенным, то он будет "помнить" свои предыдущие жизни без ущерба для своей текущей жизни. Тем самым он станет бессмертным и счастливым.

32
ПРОИСХОЖДЕНИЕ
ДУШИ ЧЕЛОВЕЧЕСКОЙ

> И сотворил Абсолютный Бог
> идеальную душу человеческую, как
> относительное подобие свое
>
> Исай Давыдов

1. Значения библейского термина "адам"

В древнееврейском языке не различают заглавные буквы от строчных. В то же время имя собственное и имя нарицательное – являются противоположными категориями, которые ни в коем случае нельзя путать. Кроме того существенным содержанием человека прежде всего является душа. Поэтому в Библии под словом "АДАМ" следует понимать одно из следующих четырех понятий.

АДАМ = адам – душа человека в нарицательном смысле слова;

АДАМ = адам – душа конкретного человека;

АДАМ = адам – человек в нарицательном смысле слова;

АДАМ = Адам – собственное имя человека в конкретном смысле слова.

2. Почему Бог сотворил душу человеческую?

Не было ничего: ни Земли, ни неба; ни Солнца, ни звезд; ни галактик, ни вселенных; ни пространства, ни времени и ничего такого, что могло бы существовать в пространстве и времени. Только лишь один–единственный Абсолютный Бог существует в абсолютной вечности вне всякого относительного пространства и вне всякого относительного времени.

При этом возникает весьма резонный вопрос: почему Бог сотворил душу человеческую?

1. Любовь – высшая форма духовного наслаждения. Без любви абсолютное совершенство Бога не было бы абсолютным. Это значит, что любовь является основным атрибутом Абсолютного Бога. Если бы Бог утратил абсолютное совершенство своей любви, то Абсолютный Бог перестал бы быть абсолютным. Иначе говоря, совершенство Абсолютного Бога не было бы абсолютным без великой любви.

2. Но любовь невозможна без внешнего объекта любви. Чтобы любить надо иметь кого любить. Поэтому Бог сотворил объект любви своей, которого мы называем духом. Бог сотворил душу человеческую не ради скуки, а ради любви, то есть для того, чтобы было кого любить. Совершенно аналогично, человек рожает детей не ради скуки, а ради любви, без которой жизнь человека была бы серой.

3. Рожая детей, человек хочет, чтобы его дети были достойными людьми. Совершенно аналогично, Бог хочет, чтобы люди были достойными объектами его любви.

4. В то же время если бы Бог создал другую абсолютную категорию, то она стала бы его составной частью и не была бы внешним объектом его любви. Такого рода любовь Бога оказалась бы "эгоистичным себялюбием", а не любовью.

5. .Если бы сотворенный Богом дух был несовершенным вовсе, то он стал бы противоположностью Бога и не заслуживал бы его любви.

6. Вот почему Абсолютный Бог и решил создать идеальную душу человеческую, как **относительное** подобие свое, а не как свой **абсолютный** эквивалент. Но процесс такого творчества требует развития от небытия к бытию. Вместе с тем процесс развития невозможен без пространства и времени. Поэтому Абсолютный Бог, существующий в вечности без всякого пространства и без всякого времени, сотворил душу человеческую вне себя, то есть в относительном пространстве и относительном времени.

И сотворил Абсолютный Бог сначала относительное пространство и относительное время, а затем несметное множество идеальных духов по относительному подобию своему.

7. Любовь Бога является абсолютно совершенной, а воля его – абсолютно свободной. Любовь человека должна быть относительно совершенной, а его воля – относительно свободной. Совершенство Любви Божественной есть предел, к которому всегда должно приближаться совершенство любви человеческой.

3. Сотворение души человеческой

"И сказал Бог: создадим человека по подобию Нашему." Это библейское выражение следует перевести на современный научный язык следующим образом: И создал Абсолютный Бог идеальную программу сотворения души человеческой, как относительного подобия своего.

1.

Однако прежде чем сотворить вечную душу человеческую, как относительное подобие Абсолютного Бога, нужно было построить для нее Относительный Мир, как относительное подобие Абсолютного Мира. Поэтому Бог сотворил в начале идеальное пространство и абсолютное поле информационной связи между Абсолютным Богом и всем Относительным Миром.

2.

Далее Абсолютным Богом было сотворено относительное время, с течением которого дух человеческий мог бы неуклонно стремиться к абсолютному совершенству Бога. При этом абсолютное совершенство Бога выступает как предел, к которому неуклонно и вечно должна приближаться душа человеческая, хотя этого она никогда не достигнет.

3.

В относительном пространстве и относительном времени построил Бог идеальные вселенные, слоисто напоминающие "матрешку". Причем, каждый внешний слой содержит в себе не одну, а множество одинаковых прослоек. Эти качественно различные идеальные вселенные предназначены для проживания и ступенчатого развития человеческих душ.

В каждом n-мерном идеальном пространстве Бог создал множество $(n-1)$-мерных идеальных пространств, где $n = k, ..., 9, 8, 7, 6, 5, 4, 3, 2, 1..$

Каждое n-мерное идеальное пространство создано для идеальных духов, обладающих "n"

степенями собственной свободы, где n = 2,3,4,5,6,7,8,9, ...k.. Чем больше количество степеней свободы духа, тем выше его качество. Душа человеческая обязана перед Богом и перед самим собой развиваться вечно и ступенчато переходит из менее качественной вселенной в более качественную. Тем самым абсолютное бессмертие Бога становится пределом, к которому должно всегда стремиться относительное бессмертие души человеческой, хотя никогда этого не достигнет. Если душа человеческая уклоняется от этого долга, то она тем самым совершает преступление перед Богом.

4.

Когда построение всего идеального пространства было завершено, в трехмерном идеальном пространстве Бог сотворил изначальную душу человеческую, обладающую тремя и более степенями собственной свободы. Так была создана трехмерная идеальная вселенная, где живут и развиваются наши идеальные души. Идеальная душа человеческая была сотворена Богом в качестве относительного объекта его абсолютной любви.

5

Вы помогаете своим любимым детям до тех пор, пока они не станут самостоятельными. Совершенно аналогично, Бог создает изначальную душу человеческую совершенной в такой степени, чтобы в дальнейшем она могла развиваться самостоятельно без постоянной помощи Бога.

6.

Так создал Абсолютный Бог относительное подобие свое – идеальную душу человеческую (в нарицательном смысле этого слова). Так возникло и мгновенно разлетелось в Идеальном Мире бесконечное множество изначальных человеческих душ. Такого рода "мгновенный разлет" изначальных человеческих душ мы называем **большим духовным взрывом (spiritual big bang)**. Изначальные души человеческие на языке каббалы принято называть "искрами" (ницоцот), см. [7] стр. 52–54.

7.

Первоначально всем человеческим душам были даны одинаковое совершенство интеллекта и совершенно одинаковая свобода выбора. Иначе справедливый Бог перестал бы быть справедливым. Поэтому "стартплощадка" на пути к развитию была у всех душ одинаковой, как у спортсменов на соревнованиях по бегу.

8.

Однако воля у всех душ изначально была различной количественно и качественно, потому что всем была дана одинаковая свобода выбора. "Зло существует для того, чтобы можно было выбирать между Добром и Злом. Если бы существовало лишь Добро, то у нас не было бы свободы выбора и мы были бы просто роботами", см. [7], стр..68. Вместе с тем, добро и зло могут быть "равноправными партнерами" только лишь в начале развития, то есть в начальный момент сотворения душ. Согласно закону развития идеальных категорий, добро (как положительное явление) должно развиваться по закону логарифмической спирали вплоть до бесконечности, а зло (как отрицательное явление) должно сворачиваться по закону логарифмической спирали вплоть до полного исчезновения [25].

9.

Закон отрицания отрицания на идеальные категории не распространяется. Поэтому добро может существовать и развиваться без зла. Вот почему Бог поощряет добро и наказывает зло. В то же время потенциальное зло нельзя наказывать до тех пор, пока оно себя не проявит. В Идеальном Мире потенциальное зло не может себя проявить, потому что все души человеческие в нем равноправны и независимы друг от друга. Каждая душа представляет собой автономное "царство". Ни одна душа не может нанести какой-либо ущерб другой душе. Ни одна душа не может убить или даже обидеть другую душу. Поэтому для безопасного обнаружения и разоблачения зла Идеальный Мир, существующий в объективной действительности, неприемлем.

Образно выражаясь, для этого нужен испытательный "полигон", где жизнь представляет собой "коллективное сновидение". Такого рода испытательным "полигоном" является наша физическая Вселенная, состоящая из бесчисленного множества противоположностей, алгебраическая сумма которых равна идеальному нулю. События иллюзорного мира физических вселенных совершенно безопасны для человеческих душ, проживающих в Идеальном Мире.

Таким образом, для безопасного обнаружения, разоблачения и справедливого наказания зла физическая Вселенная является **необходимостью**.

10.

Неуклонное стремление к абсолютному совершенству является священным долгом души человеческой перед Богом. Однако такое приближение души к абсолютному совершенству невозможно без безграничного познания истины. В то же время возможности познания в рамках одной идеальной вселенной ограничены. Поэтому душа человеческая нуждается в путешествии по иным вселенным, которые она может использовать в качестве "курсов повышения своего совершенства". Наша физическая Вселенная сотворена Богом в качестве одного из таких "курсов".

11.

В идеальной вселенной все души независимы друг от друга, а потому равнодушны друг к другу. Однако жизнь без любви – это все равно, что рыба без воды. Беззаботная независимость идеальных духов друг от друга покрыла их ржавчиной несусветного эгоизма. Поэтому физическая жизнь на Земле, где все люди зависимы друг от друга, – это необходимость для того, чтобы освободить душу человека от несусветной ржавчины черствого эгоизма.

12,

И создал Бог для объекта любви своей (то есть для идеального духа) прекрасную жизнь, полную наслаждения без всяких забот. Первоначально душа благодарно пользовалась всеми благами, которыми Бог награждал ее. Позже когда однообразная легкая жизнь надоела ей, она перестала быть благодарной. Такие души для своего исправления нуждаются в наказании в таком "исправительно-трудовом лагере", каким является наша бренная Земля.

И был создан идеальный дух, существующий в пространстве и времени, как относительное подобие Абсолютного Бога, существующего вечно без всякого пространства и без всякого времени.

Для своего существования, наслаждения и развития душа не нуждается ни в какой пище, ни в какой работе и ни в каких заботах.

Идеальный дух является независимой и неуязвимой категорией, подобно Богу. Однако подобие это является относительным, а не абсолютным. Это значит, что все духи не зависят друг от друга и не могут причинять никакого ущерба друг другу. В то же время все они зависимы от Бога, находятся под его контролем, могут быть наказаны и вознаграждены им по закону.

Кроме того, идеальный дух не мог бы быть даже относительным подобием абсолютного Бога без таких основных атрибутов, как интеллект и свобода воли. Поэтому Бог наградил дух интеллектом и свободой выбора.

Тогда у любознательного читателя может возникнуть вполне естественный вопрос: если абсолютное совершенство Бога не могло быть исчерпывающим без любви к своему подобию, то не означает ли это, что до сотворения этого подобия совершенство Бога не было абсолютным?

Нет, не означает! Не означает потому, что понятия "до" и "после" существуют только лишь для нас, для жителей Относительного Мира, а не для Абсолютного Бога. Для Абсолютного Бога нет и не может быть никаких относительных понятий, таких, как "до" и "после". Поэтому абсолютное совершенство Бога было абсолютным всегда.

4. Свобода выбора души между добром и злом

И даровал Абсолютный Бог каждой душе одинаковую свободу воли – познавать истину или не познавать ее; повышать свое совершенство или не повышать его.

Душа, которая познавала истину старательно, стала интеллектуальной и праведной. Она поняла и оценила любовь без ненависти, добро без зла и т.д. Поэтому она продолжала развиваться самостоятельно и не нуждалась ни в каком "исправлении".

Душа, которая познавала истину поверхностно или не познавала ее вообще, стала завистливой и злой. Она поняла истину превратно и предпочла путь ненависти без любви. Поэтому злой дух для своего "исправления" нуждается в "испытательном полигоне" земной жизни.

Душа, которая не познавала истину вообще, оставалась примитивной. Она оказалась не в состоянии понять разницу между добром и злом, между любовью и ненавистью и т.д. Поэтому примитивная душа для своего "исправления" нуждается в "курсах повышения совершенства" земной жизни.

И сказал ей Бог: не оставайся примитивной (не вкуси запретный плод), ибо если ты останешься примитивной, ты можешь ошибиться и совершить непростительный грех.

И даровал Абсолютный Бог каждой душе одинаковую свободу выбора между добром и злом.

Согласно Библии, хитрее всех душ оказалась змеиная. Приблизилась она к душе человечной и спросила:

– В самом ли деле Бог не велел вам иметь злую волю?

– Нет, – сказала душа человечная. – Мы можем быть как добрыми, так и злыми духами. Но мы не должны ошибаться, чтобы не умереть.

– Нет, – сказала змеиная душа. – Не умрете вы от того, что станете злыми духами. Просто хочет Бог заставить вас быть добрыми.

И даровал Бог душе человеческой свободу выбора между добром и злом без права на ошибку. И разделились все души по совету "Змеи" на добрых и злых. Но каждая душа человека остается независимой от другой и поэтому не может проявить на деле ни милосердие свое ни ненависть свою. Чтобы проявить это, необходимо погрузиться в "коллективное сновидение" земной жизни, где все люди зависят друг от друга. Земная жизнь является иллюзорной и поэтому злой дух не может нанести фактического ущерба праведной душе человеческой.

33
ПРОИСХОЖДЕНИЕ ЧЕЛОВЕКА
([24],стр.275-300)

> И создал Господь Бог человека из праха земного.
>
> **Библия**

1. Почему Бог сотворил человека?

И сотворил Абсолютный Бог в начале идеальную вселенную и первобытных духов, беззаботная жизнь которых была сплошным наслаждением. Первобытные духи получали свое развитие в результате творческой деятельности Абсолютного Бога без всякого участия со стороны самих духов. И разделились все духи на "благодарных" и "неблагодарных". На какой-то стадии развития неблагодарным духам надоела беззаботная жизнь, состоящая из сплошных удовольствий. Тогда они возроптали против Бога и сказали : "О Боже! За что ты нас так наказываешь?"

И услышал Бог голоса эти и создал для них физическую Вселенную, где нет развития без труда, наслаждения без страданий, где все люди зависимы друг от друга и т.д. И сказал Бог неблагодарной душе человеческой так:

— За то что послушалась ты "змеиного совета" и возроптала на Господа Бога, сотворившего тебя, создаю я для тебя физическую Вселенную и бренную Землю. И сотворю я тело твое из праха земного, которое вернешь ты обратно в землю. И станешь ты человеком, материальным по форме и идеальным по содержанию, бренным по физической форме и вечным по нефизическому содержанию. И погружу я тело твое в тяжелое бремя физической жизни. И будешь "ползать" ты на Земле средь гадов мерзостных до тех пор, пока не сотворишь ты сам для себя крылья стальные. И будешь ты тяжело трудиться всю свою физическую жизнь для того, чтобы быть сытым.

Жизнь твоя будет переполнена физическими страданиями, ибо только лишь на фоне физических страданий ты можешь оценить духовные наслаждения, которые я тебе дарую. Ты всегда будешь зависим не только от каждого другого человека, но и от каждой другой твари, ибо только лишь на фоне тяжелой зависимости ты можешь оценить независимость, которую я даровал душе твоей.

И сотворил Бог человека уязвимым по телесной форме и неуязвимым по духовному содержанию для того, чтобы каждый человек мог проявить на деле милосердие свое или ненависть свою без ущерба для праведной души.

Бренная биологическая форма человека была создана для ускоренного развития его идеальной души. Финальной целью сотворения человека являются: совершенство его души и построение совершенного человеческого общества на Земле. При этом человеку (в нарицательном смысле этого слова) дана Богом свобода выбора: либо исполнить этот долг свой перед Богом, либо погибнуть.

2. Научная теория происхождения человека

И создал Абсолютный Бог идеальную душу человеческую по относительному подобию своему. И любил он ее, как самого себя. И даровал он ей свободу выбора между добром и злом без права на ошибку. И разделились все души на добрых и злых. Но каждая душа человека независима от другой и поэтому не может проявить ни милосердие свое ни ненависть свою. Решил тогда Бог испытать души человеческие на добро и зло. Чтобы при этом сохранить неуязвимость идеальной души человеческой, он создал для нее уязвимую материальную форму, которую погрузил в физическую ("земную") жизнь, представляющую собою "коллективное сновидение" душ. Единство биологического (материального) организма и идеальной души человеческой и есть человек, материальный образ нематериального Бога. Но тогда возникает вопрос: каким образом создавалась биологическая форма человека?

По вопросу происхождения человека в современной науке существуют два противоположных течения: неверное (дарвинизм) и верное (номогенезис). Неверный дарвинизм проповедует происхождение человека от обезьяны. Правильная и верная теория номогенезиса научно доказывает сотворение человека Абсолютным Богом через посредство генетической программы и генетических кодов. Если бы Дарвин знал генетику, то, может быть, он сам отказался бы от своей идеи происхождения человека от обезьяны.

Проблему происхождения человека невозможно решить до тех пор, пока не будет дано четкое определение понятию "человек". Понятию "человек" невозможно дать четкое определение до тех пор, пока мы не откажемся от атеистической догмы о "происхождении человека от обезьяны"

"И сказал Бог: создадим человека по образу и подобию нашему ([1],Б1-26)". И создал Бог генетическую программу сотворения и эволюционного развития человека – одну общую программу для всех людей. Суть моей научной теории происхождения человека заключается в том, что процесс сотворения человека Богом состоит из следующих шести этапов биологической эволюции.

На первом этапе биологической эволюции генетическая программа человека, созданная Богом для всех людей в Идеальном Мире, была закодирована на энергетическом уровне в нашей физической Вселенной. Энергетические коды генетической программы человека мы называем **энергетическими семенами человека.**

На втором этапе биологической эволюции энергетические коды перерабатываются в вещественные коды на ядерном или электронном уровне. Такого рода материальные коды генетической программы человека мы называем "**элементарными семенами человека**".

На третьем этапе биологического развития элементарные семена человека перерабатываются в молекулы белков и нуклеиновых кислот будущего человека.

На четвертом этапе биологической эволюции молекулы белков и нуклеиновых кислот будущего человека образуют одноклеточные организмы, которые являются древними "предками" современного многоклеточного человеческого организма.

На **пятом этапе** биологической эволюиии древние многоклеточные человеческие организмы образуют **первичных людей** – мужчин и женщин.

Первичные люди способны саморазмножаться половым путем, но сами они возникли не половым путем. Они появились на Земле в результате эволюционного преобразования одноклеточных "предков" человека в многоклеточные, а многоклеточных "предков" человека – в первичных людей.

Если какое-либо растение размножается из поколения в поколение при помощи весомых и зримых семян, то первичное растение не могло появиться из такого же семени, ибо до него не было растения, способного дать такое же весомое и зримое семя. Это недвусмысленно означает, что в древние времена на Земле протекали такие процессы, при которых растение рождалось без весомого и зримого семени.

Совершенно аналогично, первичные пары сексуальных противоположностей (самцов и самок) тех или иных видов живых существ не могли появиться путем полового скрещивания, потому что у них не было никаких родителей, способных к скрещиванию. Это недвусмысленно означает, что на древней Земле протекали такие процессы, при которых первичные люди (мужчины и женщины) создавались неполовым путем.

Сейчас на Земле таких процессов нет. Если бы они протекали ныне, то мы бы назвали их "чудесами". Точно таким же чудом является откровение Моисея на горе Синай.

На **шестом этапе** биологической эволюции (примерно 60 тысяч лет тому назад) на Земле появились **первобытные люди**, которые произошли от первичных людей половым путем и стали сами размножаться регулярно половым путем. Так возникло первобытное человеческое общество. Потомки этих людей существуют до настоящего времени без существенных изменений.

Адам не был первым человеком. Люди жили и до него. Однако во время Всемирного Потопа в 1656 году по библейскому календарю погибли все люди на Земле, кроме Ноя и его потомков. Ной – прямой потомок Адама. Таким образом, все современное человечество произошло от Адама и Евы, которые появились на свет на 3760 лет раньше Иисуса Христа.

Библейский календарь ведет свое летосчисление со дня появления на свет Адама. А христианский календарь ведет свое летосчисление со дня рождения Иисуса Христа. Библейский календарь ошибочно называют "еврейским". Это неверно, потому что Адам был отцом не только для евреев. Он был отцом всех современных народов. Поэтому со дня его рождения начинается история всего сознательного человечества, а не только еврейская история.

Б7–6. Ною было шестьсот лет, когда вода на Земле стала потопом (5 месяцев по 30 дней с 17 Хашвон по 17 Нисон 1656 года по библейскому летосчислению)

3. Видообразование, см. [27], стр.348 – 379.

Наукой отрицается не Библия, а атеизм. Поэтому было бы вполне логично, если бы "научный" атеизм признал себя антинаучным и сошел с мировой сцены. Вместо этого он тщетно ищет свое спасение в биологии, выдавая желаемое за реальное и вкладывая в понятие видобразования неверный смысл. Так, атеизм неустанно и торжественно провозглашает, что якобы одни виды живых существ могут превратиться в другие виды сами собой. Ниже мы вкратце покажем несостоятельность такого утверждения.

Биологический вид (biological species) – категория живых существ, скрещивание которых дает плодовитое потомство. Межвидовое скрещивание (например, львицы с верблюдом или человека с обезьяной) не дает никакого потомства.

Абсолютный Бог сотворил человека не материальными руками и не волшебной палочкой, а при помощи "божьего слова", то есть через посредство генетической программы, закодированной сначала на уровне фотонов и элементарных частиц, а затем в биологических клетках.

Образование того или иного вида живого существа определяется не "борьбой за существование", а генетической программой, созданной Богом и закодированной изначально еще на энергетическом уровне.

Один фотон не отличается от другого фотона только лишь по внешней форме, то есть на первый взгляд. Однако по своему содержанию все фотоны могут отличаться друг от друга качественно, ибо могут нести в себе энергетические коды совершенно различных генетических программ.

Человек возник на Земле исключительно по своей единственной генетической программе, созданной Абсолютным Богом специально для человека. Обезьяна возникла по своей, совершенно иной, генетической программе, созданной тем же Абсолютным Богом специально для обезьяны. У каждого из них был свой путь эволюционного развития от генетической программы до нынешнего состояния.

Поэтому все люди относятся к одному и тому же биологическому виду, а все обезьяны – к совершенно иному виду. Это значит, что скрещивание человека только лишь с другим человеком дает плодовитое потомство. Однако скрещивание человека с любым другим видом живых существ (например, с обезьяной) ни в коем случае не дает никакого потомства вообще. Следовательно, атеистическая гипотеза происхождения человека от обезьяны является антинаучной небылицей.

В этом смысле все люди одинаковы и похожи друг на друга. В то же время, все люди совершенно разные в зависимости от того, какая душа воплощена в данного человека. Кроме того, в зависимости от условий существования все люди становятся разными в том смысле, что между людьми существует внутривидовое отличие. Например, люди крайнего севера – блондины, люди средней полосы – брюнеты, люди на экваторе – чернокожие и т.д.

В смысле индивидуальности все люди также отличаются друг от друга. Например, нет в мире двух людей даже с одинаковыми отпечатками пальцев.

Одноклеточные предки человека завершили свое эволюционное развитие тогда, когда они переродились в первичных людей, способных размножаться половым путем.

Одноклеточные предки обезьян завершили свое эволюционное развитие тогда, когда они переродились в первичных обезьян, способных размножаться половым путем.

Одноклеточные организмы не могут менять свой вид на половине пути своего развития.

Если засуха началась тогда, когда семя дыни уже проросло, но еще не дало плоды, то ростки дыни погибнут. "В борьбе за существование" они вовсе не превратятся в арбуз или елку. Рыба никогда не превратится в человека, если даже полностью осушить океан. Человек никогда не превратится в рыбу, если даже вся поверхность Земли покроется толстым слоем воды. Совершенно аналогично, если стадо обезьян попало в трудные условия, то "борьба за существование" не превратит их в людей.

Проведем мысленный эксперимент. Возьмем большой кусок льда при температуре, равной -100^0C и начнем его разогревать. Увеличение температуры от -100^0C до 0^0C будет протекать без изменения качества льда. При 0^0C количественное изменение температуры приведет к качественному изменению: лед превратится в воду. Далее увеличение температуры от 0^0C до 100^0C будет протекать без изменения качества воды. При температуре, равной 100^0C, количественное изменение температуры приведет к качественному изменению: вода превратится в пар. Дальнейшее увеличение температуры от 100^0C до какого-то конкретного уровня будет протекать без изменения качества пара. Определенное количественное изменение температуры приведет опять к качественному изменению: пар превратится в плазму и т.д. Однако это вовсе не означает, что когда-нибудь вода якобы превратится во что-нибудь инородное. Сколько бы мы воду ни нагревали, она никогда не превратится в бриллиант, золото или хотя бы железо.

Совершенно аналогично, как бы долго био-логическая эволюция ни протекала, никогда один вид биологического организма не превратится в другой вид точно так же, как щетина никогда не превратится в золото, а вишня – в арбуз.

Гипотеза превращения обезьяны в человека равноценна утверждению о том, что железо якобы самопроизвольно превратилось в швейную машину, а швейная машина – в радиоприемник.

Человекообразных обезьян нет, есть только человек и есть обезьяна. Лишь выражаясь образно, какую-то группу обезьян мы можем называть человекообразными в той же мере, в какой мере мы можем называть обезьяноподобным какого-то человека. Различные виды живых существ отличаются друг от друга так, что нет никаких промежуточных звеньев.

34
КОЛЛЕКТИВНОЕ СНОВИДЕНИЕ
([26], стр.144–154)

> Физическая Вселенная существует
> объективно и в то же время не сущес-
> твует совсем, как сновидение.
>
> Исай Давыдов

1. Мир наших ощущений

Нашей физической Вселенной практически нет, потому что алгебраическая сумма ее положительной и отрицательнной массы равна идеальному нулю. Вместе с тем "для нас" она существует постольку, поскольку мы проникаем в ее противоположные категории с помощью шести наших органов чувств. Например, мы различаем свет и тьму лишь постольку, поскольку нам даны органы зрения.

Наши глаза способны различать световые волны в диапазоне частот от $4 \cdot 10^{14}$ до $8 \cdot 10^{14}$ гц. Этим частотам соответствуют длины световых волн примерно от 0,8 до 0,4 мкм. Более короткие или более длинные световые волны нашим органам зрения недоступны. Если бы нам были даны "другие глаза", способные различать световые волны в другом диапазоне их длины или частоты, то мы представили бы физический мир в совершенно ином свете. Если бы всем людям были даны "разные органы зрения", то каждый человек представлял бы физический мир в своем индивидуальном свете. Причем, представление каждого человека существенно отличалось бы от представления другого.

Мы воспроизводим и воспринимаем звуковые волны лишь постольку, поскольку нам даны органы слуха и речи. Известно, что наши уши способны различать в воздушной среде звуковые волны в диапазоне частот от 20 до 16 000 гц. Эти частоты соответствуют длине звуковых волн в воздухе от 17 м до 2 см. Более короткие или более длинные звуковые волны нашим органам слуха недоступны. Если бы нам были даны "другие уши", способные различать звуковые волны в другом диапазоне их длины или частоты, то мы представили бы физический мир звуков совершенно иным. Если бы всем людям были даны "разные органы слуха", то ни один человек в физическом мире не смог бы понять другого. Тогда звук для каждого человека оказался бы индивидуальным сновидением, а не коллективным.

Наши уши являются совершенно **глухими** в отношении световых волн, а наши глаза являются совершенно **слепыми** в отношении звуковых волн.

То же самое можно сказать и о всех шести органах чувств всех людей. Органы чувств представляют собой своего рода "датчики" биологического тела, установленные для коллективного сновидения души.

В наших глазах и в других органах чувств закодирована генетическая программа, согласно которой мы должны видеть материю в том или ином свете. Мы видим "ничто", как нулевую. сумму "света" и "тьмы", потому что так закодировано в наших органах зрения генетической программой, которую создал Бог. Днем мы видим "свет" (то есть положительную энергию), а ночью мы видим "тьму " (то есть отрицательную энергию). Если бы мы смотрели одновременно и на "свет" и на "тьму", то мы не увидели бы ничего.

Физический мир прекрасен и в то же время ужасен. Когда я вижу прелести этого мира, мне хочется не только прыгать, но и летать от радости. Когда я вижу ужасы этого мира, мне хочется плакать навзрыд. Когда я вижу и то и другое одновременно, я умом своим начинаю понимать, что физического мира в объективной действительности нет.

Итак, физическая Вселенная, масса которой равна нулю, существует "для нас" только лишь постольку, поскольку мы проникаем в ее противоположные категории с помощью шести наших органов чувств. Если бы у человека не было никаких органов чувств, то не было бы никакой физической реальности. Если бы у человека не было никакого сознания и никакого ума, то мы не могли бы регистрировать физическую реальность приборами. Тогда в такого рода "мертвом существовании" материи не было бы никакого смысла. Это значит, что физическая Вселенная существует постольку, поскольку существуют органы чувств и интеллект человека или какого-либо другого живого существа.

Однако у нашей потусторонней души нет никаких физических приборов, никаких глаз, никаких ушей и никаких органов чувств вообще. Поэтому для нашей души жизнь в физической Вселенной является "коллективным сновидением", а не объективной реальностью. Образно выражаясь, физическая жизнь представляет собой "коллективное сновидение" человеческих душ. Такого рода сновидение мы называем коллективным, потому что органы чувств всех людей одинаковы в рамках одного коллектива.

Если бы всем людям были даны "разные органы чувств", то сновидение каждой человеческой души стало бы индивидуальным. Но тогда физическая жизнь утратила бы основной смысл своего существования – земное испытание душ на добро и зло при полной безопасности праведной души в Идеальном Мире.

Если какому-нибудь конкретному человеку в нашем современном обществе был дан седьмой или восьмой уникальный орган чувств, то он мог бы познавать то, чего не могут познать все другие люди. Бог может наградить праведных людей дополнительным органом чувств, например, для того, чтобы выделить их из неправедного общества в процессе запрограммированного отбора.

Если бы людям были даны не шесть, а шесть миллиардов органов чувств, то "для них шестигранный" физический мир приобрел бы шесть миллиардов различных граней.

2. Относительность индивидуального и коллективного сновидений.

Приходилось ли вам видеть ночью кошмарный сон? Как вы были рады, когда проснулись! Вы были рады тому, что все эти кошмары были только сном. Ведь ночной сон – это почти ничто по сравнению с физической Вселенной, в которой мы живем. Физическая жизнь во Вселенной является, в свою очередь, только лишь "коллективным сновидением" души человеческой И если ваша материальная жизнь была сплошным кошмаром, то как будет рада душа ваша тому, что все эти кошмары были всего лишь сновидением, а не объективной действительностью.

Кроме того, **всякая физическая действительность прошлого в будущем перестает быть действительностью вообще.** Например, два тысячелетия тому назад существование мощной Римской империи вместе со всеми ее атрибутами (рабами, рабовладельцами, плебеями, патрициями, войнами и т.д.) было физической действительностью для всех людей, независимо от их субъективного мнения. Сегодня от той Римской империи остались всего лишь воспоминания, да и то для тех, кто знает историю.

Человек, как и вся физическая Вселенная, представляет собой своего рода "мыльный пузырь", который сначала раздувается из ничего, а затем лопается ни во что.

Тогда возникает вполне резонный вопрос: почему Абсолютный Бог сотворил физическую Вселенную из нулевой суммы относительных противоположностей?

3. Смысл коллективного сновидения

Бог сотворил душу человеческую и любит ее, как себя самого. И даровал он ей свободу выбора без права на ошибку. Поэтому все души человеческие разделились на добрых и злых. Злые ("змеиные") духи постоянно подстрекали добрых. Но каждый дух в Идеальном Мире независим от другого и поэтому не может проявить на деле ни милосердие свое ни ненависть свою. Вместе с тем злой дух не может быть наказан до тех пор, пока он не проявит на деле свою злую волю.

Так возникла необходимость в иллюзорном (коллективном) сновидении, где каждая душа (добрая или злая) может проявить свою волю. Иллюзорное сновидение может быть реальной действительностью только лишь в физической Вселенной, масса которой равна идеальному нулю. Масса физической Вселенной может быть равна нулю только лишь в том случае, если она состоит из нулевой суммы реальных противоположностей.

Так воникла необходимость в сотворении иллюзорной (физической) Вселенной, где злые души могут совершать свои грехи и преступления без всякого ущерба для добрых душ. В Идеальном Мире преступники наказываются и погибают за свои "земные" грехи, а жертвы преступления – получают свое духовное развитие в качестве награды за свое "земное" милосердие.

Положительная масса Вселенной на протяжении всей ее жизни непрерывно меняется: увеличивается или уменьшается. Одновременно и в той же мере изменяется и ее отрицательная масса. Однако алгебраическая сумма полной массы Вселенной всегда сохраняется постоянной и равной идеальному нулю величиной. Поэтому физическая Вселенная существует только лишь для нас, ее внутренних обитателей. Для Идеального Мира она представляет собой всего-навсего "**мерцающую точ-ку**", все физические атрибуты которой равны идеальному нулю. А жизнь в физической Вселенной для обитателей Идеального Мира (в частности, для наших душ) является всего-навсего "**коллективным сновидением**", см. [27], стр.246.

35
ДУХОВНЫЕ И МАТЕРИАЛЬНЫЕ ЦЕННОСТИ

> Любая роскошь и любое богатство обращаются в трагедию там и тогда, где и когда нет морали и любви.
>
> Исай Давыдов

1. Материальные ценности сотворены Абсолютным Богом и поэтому безусловно являются только лишь его собственностью. Человек берет их у Бога только лишь в долг для временного пользования. Даже свое собственное биологическое тело человек берет в долг у Бога и обязан вернуть ему полностью после своей физической смерти.

Ни один материальный атом не является собственностью того или иного человека. Какое бы количество материи или материальных благ мы ни заняли в долг у окружающего нас Материального Мира, такое же количество мы обязаны ему вернуть.

Если человек не может стать богатым за счет денег, занятых в долг, то точно так же человек не может быть счастливым за счет материальных благ, данных ему во временное пользование. Поэтому богатство и роскошь не могут быть сами по себе предметом человеческого счастья, см. [77], Тайноведение, том 4, стр.142-145.

Материальные ценности являются временными. Они как приходят, так и уходят. Еще никому и никогда не удавалось унести с собой в иной мир сколь угодно малое количество материальных ценностей.

В злодеяниях нет никакого смысла, ибо сколько бы злодей ни награбил материальных ценностей, он не может забрать с собой в иной мир ни одного цента. Если он вернется в этот мир снова, то он может накапливать ценности заново. Нам не дано помнить свою прошлую жизнь для того, чтобы не претендовать на богатства, накопленные в прошлой жизни.

2. Духовные ценности

Тяжела была моя студенческая жизнь. Я получал стипендию 29 рублей в месяц, из которых 3 рубля удерживали за общежитие. Рубля в день не хватало даже на самое скудное питание. К тому же, если какому-нибудь зло настроенному преподавателю захотелось поставить вам "тройку" на экзамене, то вы лишены стипендии на полгода.

Тем не менее, студенческие годы я считаю самыми лучшими в моей жизни, потому что они были духовно насыщены.

Человеку безвозмездно принадлежит только лишь его душа и духовные ценности, ею созданные. Поэтому богатство человека определяется его духовными ценностями, а не материальными, ибо они остаются с ним всегда, даже после его физической смерти. Тогда я задаю вопрос: что лучше – вечные духовные ценности или временные материальные богатства? Я уверен, что многие из моих читателей отдадут предпочтение духовным ценностям. И правильно сделают. Но это вовсе не означает, что от материальных ценностей нужно полностью отказаться.

3. Шесть физических потребностей, без которых живой человек не может обойтись: воздух, вода, пища, сон, секс, труд и отдых. Седьмая потребность (не физическая, но самая главная!) – это интеллект и духовное наслаждение.

Первые три человек берет в долг у Бога. Следующие три – это способности человека, которыми его наделил Бог. И только лишь развитие ума и связанные с ним духовные ценности являются собственностью самого человека, как результат его собственного труда.

4. Гармоническое равновесие

Согласно основному закону природы, между материальными и духовными ценностями должно существовать гармоническое равновесие. Духовное развитие человека на Земле не представляется возможным без материальных ценностей. В то же время чрезмерное увлечение материальными ценностями не оставляют человеку времени не только для духовного развития, но даже для того, чтобы сказать Богу простое слово – спасибо. Любая роскошь и любое богатство обращаются в трагедию там и тогда, где и когда нет морали и любви.

Не дух для материи, а материя для духа.

5. Смысл духовного развития

Если ребенок не учится в школе, то он не совершает никакого греха. Однако это вовсе не означает, что он может претендовать на должность врача или инженера, когда вырастет безграмотным человеком. Совершенно аналогично, человек имеет свободу выбора между физическим наслаждением и духовным развитием. И если он использует всю свою жизнь для физического наслаждения, полностью пренебрегая духовным развитием, то он не совершает никакого греха. Но это вовсе не означает, что он может претендовать на жизнь в раю, когда придет Мессия.

Своевременная физическая смерть человека целесообразна еще и потому, что она помогает ему сбросить не только накопленную погрешность, генетических кодов, но и всякое излишнее "балластное богатство", чтобы в новой жизни он мог вновь трудитья и накапливать богатство. Если бы не было физической смерти, то богатый перестал бы трудиться, а следовательно, развиваться.

6. Анекдоты индуизма.

Анекдот первый:
Бедняк просил Бога сделать его богатым.
– Но ты не бедный, – сказал Бог.
– Нет, я бедный, ибо у меня мало денег.
– Если хочешь, я дам тебе миллиард долларов, но взамен лишу тебя ума, – сказал Бог.
– О нет! Я не согласен, – сказал "бедняк".
– Значит, ты не бедный, ибо у тебя есть ум, сердце, руки, ноги и все другие необходимые органы, которые не купишь ни за какие деньги.

Анекдот второй:
Бедняк просил Бога: "Я хочу быть богатым. Сделай так, чтобы все, к чему я ни прикоснусь, стало золотом". И сказал Бог "Да будет так!" Бедняк прикоснулся к жене, она стала золотом. Бедняк прикоснулся к хлебу – хлеб превратился в золото....В конечном счете владелец золота умер от голода.

36
МАТЕМАТИЧЕСКАЯ МОДЕЛЬ РАЗВИТИЯ ЧЕЛОВЕКА
([25], стр. 294–350)

1. Математическая модель развития материальной формы человека.

Согласно обобщенному уравнению движения материальных категорий, развитие биологической формы человека происходит по закону замкнутого цикла:

$$y = r \sin(\omega t), \qquad (7)$$
$$\acute{y} = r \, \omega \cos(\omega t) .$$

Величину r принято называть амплитудой колебаний, величину $\varphi = \omega t$ – фазой колебаний; величину ω – круговой (собственной) частотой перевоплощения душ, t – время. Промежуток времени Т, заключенный между двумя последовательными перевоплощениями души, принято называть периодом одной (текущей) жизни человека. По истечении периода фаза изменяется на величину 2π. Следовательно, $T\omega = 2\pi$, откуда находим круговую частоту перевоплощения душ:

$$\omega = 2\pi/T. \qquad (8)$$

Величина f, обратная периоду и определяющая количество перевоплощений за какой-то промежуток времени, называется частотой перевоплощения души:

$$f = 1/T = \omega/2\pi.. \qquad (9)$$

Какое бы направление своей практической деятельности человек ни избрал [(+ ω) или (- ω)], неизбежный результат в физической жизни один: он рождается, развивается, достигает своего зрелого возраста, стареет, умирает, переходит в свою диалектическую противоположность и снова рождается. Сколько бы материальных ценностей человек ни накопил (честным или бесчестным путем), ни одного грамма он не сможет взять с собой в иной мир. Все оставит здесь. Все, до последнего грамма. Другое дело духовные ценности. Они принадлежат душе, а не телу. Они остаются собственностью души даже после физической смерти тела.

2. Математическая модель развития идеального содержания и личности человека

Математически доказано, что всякое свободное движение, изменение и развитие в Идеальном Мире протекает по закону логарифмической спирали, имеющей начало, но не имеющей конца Поэтому динамическое развитие или угасание человеческой личности протекает по одной из следующих формул [25]:

$$y_1 = r\, e^{\omega t}, \; y_2 = r\, e^{-\omega t} \qquad (10)$$

Здесь: "e" = 2,71828183...... — основание натурального логарифма, π = 3,1415926536..... — отношение длины окружности к диаметру. Величины "e" и π – всегда остаются постоянными числами.

В уравнениях (10) коэффициент **r** представляет собой "первоначальный толчок", данный Богом в момент сотворения фундаментальной сути человеческой личности. Он выражает изначальное совершенство идеального духа. Этот коэффициент, как и основание натурального логарифма "е", всегда остается постоянным. Поэтому фундаментальная суть личности духа, данная ему Абсолютным Богом изначально в момент его сотворения, никогда не меняется и всегда остается постоянной. В дальнейшем развитии этой фундаментальной сути личность получает от Бога свободу выбора без права на ошибку.

Коэффициент r изначально дается Богом всем людям одинаково, а отсюда каждая личность человеческая по своему выбору движется по закону логарифмической спирали либо к совершенству, либо к катастрофе. Она может также топтаться на одном месте, поочередно меняя направление своей деятельности. Поэтому никакого качественного равенства между людьми нет, не может и не должно быть, как не может быть одинаковых знаний у того, кто учится, и у того, кто не учится.

Для того чтобы решить проблему своего собственного счастья, у человека нет никакой необходимости знать абсолютную истину в исчерпывающей ее полноте. Ему нужно знать всего лишь те элементы абсолютной истины, которые необходимы для того, чтобы сделать правильный выбор между двумя альтернативами типа "да-нет", в частности между двумя направлениями своей практической деятельности: $(+ \omega)$ или $(- \omega)$

Если человек в земной жизни выбирает правильное направление своей практической деятельности $(+ \omega)$, то есть если он посвящает свою текущую жизнь справедливости, добру и милосердию, то логарифмическая спираль совершенства его души возрастает на один виток за каждую такую земную жизнь по закону $y = r\,e^{\omega t}$.

Если же человек в земной жизни выбирает неправильное направление своей практической деятельности $(-\omega)$, то есть если он посвящает свою текущую жизнь преступлениям, злодейству и ненависти, то логарифмическая спираль совершенства его души убывает на один виток за каждую такую земную жизнь по закону $y = r\,e^{-\omega t}$.

Если $t \Rightarrow \infty$, то $y_1 \Rightarrow \infty$ и $y_2 \Rightarrow 0$. Это значит, что решение y_1 — сколь угодно большая величина, ведущая человеческую личность к бессмертию и абсолютному совершенству. Решение y_2 – сколь угодно малая величина, ведущая личность человеческую к уродству и гибели. Человек имеет свободу выбора одного из этих двух решений, но не имеет права на ошибку.

Совершенство Абсолютного Бога выступает как предел, к которму совершенство человеческой личности при определенных условиях может приближаться вечно, хотя оно этого никогда не достигнет.

Характерные моменты первого цикла физического и духовного развития человеческой личности:

$\omega t = 0$ – воплощение души в тело новорожденного ребенка.

$\omega t =.$ от 0° до 90° – физическое развитие организма человека по генетической программе.

$\omega t = $ от 90° до 180° – физическое старение человеческого организма вследствие накопленной погрешности генетических кодов.

$\omega t = $ от 0° до 180° – духовное развитие личности в физической жизни.

$\omega t = 180°$ – физическая смерть человека вследствие накопленной погрешности генетических кодов.

$\omega t = $ от 180° до 360° – отдых от физической жизни, развитие личности в идеальной вселенной.

$\omega t = $ от 0° до 360° – развитие личности за весь период первого цикла.

$\omega t = 360°$ – перевоплощение души в новорожденное тело.

Бог дал человеку свободу выбора, но не дал права на ошибку. Если в период текущей физической жизни человек выбрал неправильное направление своей деятельности, то идеальная душа его сворачивается по закону логарифмической спирали вплоть до полного исчезновения в нулевой точке. Если же человек выбирает правильное направление своей деятельности, то идеальная душа его развивается на один виток за каждый цикл по закону логарифмической спирали вплоть до бесконечности. Тем самым человек имеет возможность стать бессмертным.

Правильное поведение человека в физической жизни – необходимое условие для его духовного развития. Между физическими страданиями и духовными наслаждениями человека должно быть установлено гармоническое равновесие.

37
БОГ,
ЧЕЛОВЕК И КОМПЬЮТЕР

> Бионику часто называют молодой
> наукой. Это неверно. Ведь еще господь
> Бог занимался бионикой, создавая лю-
> дей по образу и подобию своему.
>
> Академик Петр Ильич Капица

1. Человек и компьютер

В Библии мы читаем [1]: "И сотворил Бог человека по образу и подобию своему". Человек – это биологический образ нематериального Бога, относительное подобие абсолютного Творца. Чтобы глубоко осмыслить и понять эту фразу, сравним ее с другой аналогичной фразой, которую часто можно слышать в научном мире: "И сотворил человек компьютер (робот) по образу и подобию своему". Компьютер – это неживой образ живого человека, немыслящее подобие мыслящего творца.

Человек – живое существо, состоящее из материального тела и идеальной души, обладающее своей собственной волей и высоким идеальным интеллектом. Компьютер – это неживая кибернетическая система, состоящая из электронных элементов, но не обладающая никакой душой, никакой собственной волей, никаким идеальным интеллектом и никакой личностью.

Их подобие вовсе не означает, что человек якобы имеет электронные ноги, электронное сердце, электронный мозг и т.д. Компьютер является всего лишь электронным образом биологического тела живого человека, а не его тождественным эквивалентом. Их подобие заключается прежде всего в том, что они оба могут выполнять высококвалифицированную работу.

Но такая деятельность является качественно различной для человека и компьютера. Если трудовая и творческая деятельность человека является осознанной, то компьютер выполняет всякую работу бессознательно, ибо искусственный интеллект компьютера представляет собой лишь материальную копию идеального человеческого интеллекта, но не является его тождественным эквивалентом. Поэтому спутать искусственный интеллект компьютера с идеальным интеллектом человека – это все равно, что спутать материю с идеей или атеизм с религией. Относительное совершенство человеческого интеллекта – это тот недосягаемый предел, к которому искусственный интеллект будет всегда стремиться, но которого он никогда не достигнет.

Простейшие машины и механизмы в какой-то мере облегчают труд человека, хотя и требуют с его стороны непосредственного участия и неустанного контроля. Компьютер создан для облегчения не только физической, но и умственной и творческой деятельности человека при минимальном контроле с его стороны. Однако это вовсе не означает, что человек собирается стать рабом кибернетических систем, подчиняя машинной программе свою волю и программу своего развития. Человек будет брать от кибернетики все только лишь полезное для него. Человек сразу же уничтожит любую кибернетическую систему, которая окажется вредной для его развития. Кибернетика предназначена помогать человеку, а не вредить ему.

Обычно задают следующий вопрос: может ли интеллектуальный человек создать такую кибернетическую систему, которая поработит или уничтожит человечество. Да, может! Но не хочет! Не хочет, потому что ни один интеллектуальный человек не желает своей собственной гибели.

2. Всемогущий Бог

Самым "остроумным шутником" атеизма можно по праву назвать Комарова Виктора Ноевича, см. [45], стр. 14. Видимо, не зря его отец носил имя того самого Ноя, которого Бог спас от Всемирного потопа. Рассмотрим здесь самый "остроумный" вопрос этого "шутника": может ли Бог создать такой камень, который он сам не сможет поднять?

Если нет, – значит, он не всемогущ, а если – да, тем более он не всемогущ.

Этот самый "остроумный" трюк атеизма по сути дела ничем не отличается от всех остальных трюков. На самом деле Бог может создать любой камень, который он не сможет поднять, но после этого он перестал бы быть всемогущим Богом. А это равносильно самоубийству. Поэтому Комаров должен был поставить вопрос иначе: хочет ли Бог покончить жизнь самоубийством?

Но тогда "остроумный" вопрос Комарова оказался бы смехотворным, ибо Богу незачем себя убивать. Более того, Бог не хочет создавать таких людей, с которыми он не мог бы справиться.

Совершенно аналогично, человек может создать такую кибернетическую систему, с которой потом он не сможет справиться. Однако. человек не хочет, а поэтому не сделает этого, ибо человек не хочет быть рабом робота, он хочет сделать робота своим рабом. Не человек для робота, а робот для человека.

3. Бог и человек

Совершенно аналогичный смысл имеет и библейская фраза о том, что Бог сотворил человека по образу и подобию своему. Бог – это абсолютно совершенная идеальная (а не материальная!) категория, сотворившая и контролирующая весь Относительный Мир. Человек состоит из материального тела и идеальной, но не абсолютно совершенной души. Подобие человека Богу вовсе не означает, что Бог якобы имеет материальное тело, материальные руки, материальные ноги, материальные глаза, материальные уши, материальный мозг и т.д.

Человек является всего лишь материальным образом, биологической моделью и несовершенным подобием идеального и абсолютно совершенного Бога. Их подобие заключается прежде всего в том, что живой человек сознательно моделирует глубоко осмысленную творческую деятельность Бога: если Бог сотворил рыбу, то человек создал подводную лодку, если Бог сотворил птицу, то человек создал самолет, если Бог сотворил человека, то человек создал кибернетические системы и т.д.

Идеальный и абсолютно совершенный Бог не имеет никаких материальных атрибутов, никакой материальной формы, никакого человеческого тела, рук, ног, бороды и т.д. Это атеисты придумали материального (биологического) бога в виде человека-волшебника, шагающего в облаках и проделывающего неправдоподобные фокусы; придумали для того, чтобы им было легче бороться против религии. Ведь с человекообразной моделью Бога куда легче бороться, чем с самим Богом. Однако в Библии нигде не написано, что Бог якобы имеет материальное или биологическое тело, что он якобы шагает в облаках и проделывает фокусы волшебства.

Неживая материя исполняет программу, начертанную Богом, пунктуально, но слепо, без всякой инициативы. Такое развитие событий требует со стороны Бога непосредственного участия и неустанного контроля. Но Богу нужны не только слепые и беспрекословные исполнители его воли. Ему нужны также сознательные помощники, которые могли бы облегчить творческую деятельность Бога при минимальном контроле с его стороны. Таким инициативным помощником Бога на Земле и является человек. Бог сотворил живое существо, дал ему ум и волю для того, чтобы живое существо более или менее сознательно, более или менее инициативно исполняло его волю.

Бог сотворил человека, наградил его интеллектом и волей, дал некоторую свободу этой воле для того, чтобы человек помогал Богу в его творческой деятельности, а не мешал. В частности, Бог создал человека для того, чтобы он сознательно и инициативно стремился к совершенству при минимальном контроле со стороны Бога. Поэтому человек обязан оказывать активное содействие программе развития, начертанной Богом.

Бог – это идеальная (а не материальная!) абсолютно совершенная категория, обладающая абсолютной волей, но не обладающая физическим телом и никакими другими материальными атрибутами. Все компоненты Бога идеальны и абсолютно совершенны.

Человек – это биологический образ и относительно совершенное подобие идеального и абсолютно совершенного Бога. И сотворил Бог человека по образу и подобию своему, но сотворил Бог человека не руками и не волшебной палочкой, а при помощи "божьего слова", то есть через посредство идеальной программы, закодированной сначала на уровне фотонов и элементарных частиц, а затем в биологических клетках. Именно Богом разработана идеальная программа рождения и эволюционного развития всего Материального Мира, всей живой и неживой материи, всех живых существ и самого человека. Именно Абсолютным Богом сотворен и контролируется весь Относительный Мир.

Подобно Богу человек обладает высоким интеллектом, но человеческий интеллект в отличие от божественного является относительно (а не абсолютно!) совершенным. Подобно Богу человек обладает свободной волей, но свобода человеческой воли в отличие от божественной является относительной, а не абсолютной! Подобно Богу человек способен мыслить и творить. Но в отличие от божественной интеллектуальная и творческая деятельность человека является относительно (а не абсолютно!) совершенной.

Абсолютное совершенство Бога является тем недосягаемым пределом, к которому человек в процессе своего эволюционного развития всегда будет стремиться и асимптотически приближаться, но которого он никогда не достигнет.

Абсолютное совершенство Божественной Воли есть предел, к которому должно вечно приближаться совершенство праведной души человеческой, хотя оно его никогда не достигнет.

Человеческий интеллект выступает как совершенный предел, к которму всегда будет стремиться искусственный интеллект кибернетической системы, но которого он никогда не достигнет. Однако у кибернетической системы нет и не может быть никакой воли.

И создал Бог в лице человека достойного помощника себе, способного (подобно Богу) творить целенаправленно и осознанно. А человек должен оправдать это высокое доверие, которое оказано ему Богом. Человек возвышается над всеми другими живыми существами не просто трудом, а высоким интеллектом, свободой воли, духовными качествами, сознательным поиском объективной истины о смысле своего бытия, творческой деятельностью и стремлением к подлинному счастью. Смысл жизни человека заключается в сознательном и инициативном стремлении к совершенству, а не в слепом влечении к безобразной трагедии. Именно поэтому человек не может быть счастлив до тех пор, пока он не поймет свою собственную душу.

4. Человек – творец своей судьбы

Из всего сказанного следует вопрос: является ли человек хозяином своей судьбы? Или будущее человека однозначно заранее определяется Богом?

Деятельность компьютера однозначно и полностью определяется заложенной в нем программой. Интеллектуальный программист не оставил никакой свободы выбора компьютеру, у которого нет и не может быть никакой собственной воли. Воля есть у программиста, а не у компьютера.

Совершенно аналогично, движение и изменение неживой и неразумной материи однозначно и полностью определяется идеальной программой материального развития, созданной Абсолютным Богом. Бог, как интеллектуальный программист, не оставил никакой свободы выбора неживой материи, у которой нет и не может быть никакой собственной воли. Воля есть у Бога, а не у материи.

Судьба каждого человека полностью определяется идеальной программой развития человеческой личности, созданной Абсолютным Богом. Бог в этой программе дает человеку свободу выбора без права на ошибку. Тем самым программа судьбы человеческой становится разветвленной и многозначной, а не прямолинейной и однозначной. Программа развития человеческой личности, созданная Богом, состоит из множества противоположных ветвей. Каждый человек по своей собственной воле может выбрать для себя любое значение из этого множества ветвей и стать тем самым хозяином своей судьбы.

5. Свобода выбора без права на ошибку.
Судьба человека имеет двойственную структуру. Прежде всего она целиком и полностью зависит от Абсолютного Бога. Вместе с тем она зависит и от самого человека.

С одной стороны, человек имеет свободу альтернативного выбора. Это значит, что ему дозволено выбирать направление своей деятельности. В этом заключается основная суть отличия живого существа от неживого вещества. С другой стороны, человеку не дано право на ошибку. Это значит, что развитие событий в выбранном направлении зависит не от самого человека. а от внешних условий или законов природы, созданных Богом.

Чем больше вы познаете истину, тем меньше вы совершаете ошибок, тем сильнее и эффективнее вы можете влиять на свое будущее. Будущее находится в руках у тех, кто знает истину. Однако абсолютной истиной владеет только лишь Бог, а для человека она непостижима. Поэтому будущее в целом зависит только лишь от Бога и им определяется. Человек владеет всего лишь элементами или крупинками относительной истины. Поэтому человек не может менять программу развития мира. Он может только лишь избирательно пользоваться тем или другим направлением этой программы.

Например, человеку дана Богом свобода выбора: познавать истину или не познавать ее. Но ему не дано право на ошибку. Если человек будет познавать истину, то знание истины сделает его волю свободной. Если же человек не будет познавать истину, то незнание истины заведет его в неволю.

Человеку дана Богом свобода выбора между добром и злом. Но ему не дано право на ошибку. Если он будет милосердным, то душа его станет бессмертной. Если же он станет профессиональным убийцей, то его душа погибнет навсегда.

Человеку дана Богом свобода выбора: любить или ненавидеть. Но ему не дано право на ошибку. Любовь лечит, а ненависть калечит. Если больной человек будет любить, то любовь вылечит его больную душу. Если же здоровый человек будет ненавидеть, то ненависть искалечит его здоровую душу.

340

Совершенно аналогично, человеку дана свобода выбора повернуться спиной или лицом к господу Богу, верить или не верить в него, оскорблять или благодарить его. Но последствия этого выбора зависят от Бога, а не от человека.

От земледельца зависит опустить или не опустить зерно пшеницы в плодородную почву. И если он решил опустить зерно в плодородную почву, то процесс размножения пшеницы зависит не от крестьянина, а зависит от условий погоды и генетических кодов, созданных Богом. Горские евреи говорят так: "От тебя труд – от Бога пшеница" (Эз туь гьэрэкэт – эз Худо бэрэкэт.) Вместе с тем крестьянин не получит никакого урожая, если он ничего не посеет.

Родителям дана Богом свобода выбора: зачать ребенка или не зачать. Но от их желания вовсе не зависит сам процесс оплодотворения и развития ребенка в утробе матери. Он протекает по законам и программам, которые созданы Богом.

Пассажиру может быть дана свобода выбора: сесть на самолет, который летит на Колыму или в Ладисполь. Все остальное от него не зависит: будет ли он умирать от лютых морозов на Колыме или наслаждаться на курортных пляжах в Ладисполе. Если он сел на самолет, который летит на Колыму, то он не может наслаждаться курортными пляжами, которых там нет.

Мудрый царь Соломон говорил так: "О Господи, дай мне мудрость, чтобы отличить правильный путь от неправильного". Мудрость царя Соломона в том и заключалась, что он умел отличить одно от другого. Смешение этих двух категорий сви-

341

детельствует о прмитивности ума того или другого человека.

Человек обладает свободой только лишь в выборе положительного или отрицательного направления своего движения и развития в соответствии со своей собственной волей, с качеством своего интеллекта и количеством приобретенных знаний. Все остальное зависит уже не от него, а определяется идеальной программой всеобщего развития, созданной Богом.

Бог помогает человеку лишь в том случае, если он сам себе помогает. Да вознаградит тебя Бог, если ты позаботишься об этом сам. Об этом красноречиво говорит следующий анекдот.

И простер человек руки свои к Господу Богу и попросил: "О Боже! Пошли мне выигриш по лотерее". И сказал Бог: "Хорошо".

Но не выиграл человек и спросил у Бога:

"О Боже! Почему ты не сдержал своего обещания?"

И ответил ему Бог вопросом на вопрос:

"А ты билет купил?"

38
ЧЕЛОВЕК И ЖИВОТНОЕ

И сказал Господь Бог так: "Человек состоит из духа и плоти, а плоть есть прах. Если дух будет побежден плотью, то я сделаю пределом жизни человеческой сто двадцать лет, вместо одной тысячи".

Книга Бытия [1], 6–3.

1. Человек и труд
Согласно "диалектическому" материализму, "труд – целесообразная деятельность человека".

"Труд создал самого человека", – сказал Фридрих Энгельс, см. [88], стр. 422.

Если бы труд был целесообразной деятельностью **только лишь** человека, то до человека не было бы никакого труда. Если до человека не было бы никакого труда, то труд не мог бы создать самого человека. Следовательно, труд является целесообразной деятельностью **не только** человека. Тогда возникает вполне естественный вопрос: чей труд создал человека?

Атеизм предполагает, что якобы обезьяну сотворил не Бог, а природа; а обезьяний труд превратил обезьяну в человека. Если это так, то природа, создавая обезьяну, тоже "трудилась". Тогда получается, что труд является целесообразной деятельностью не только живых существ, но и неживой природы.

На самом же деле Абсолютный Бог создал своим трудом и природу, и обезьяну, и человека, и весь Относительный Мир. Но это вовсе не означает, что Бог якобы не велел трудиться человеку или обезьяне.

Напротив, согласно программе всеобщего развития [25], никто и ничто в этом мире не имеет права "бездельничть". Даже колоссальная звезда исчезает бесследно в черной космической дыре, если перестает "работать".

Бог создал человека для того, чтобы человек помогал Богу в его творческой деятельности. Творческая созидательная деятельность есть святой долг каждого человека перед Богом. Уклонение от этого долга есть тяжкий грех. Вот почему жизнь человека становится невыносимо тяжелой, когда она пуста, когда она лишена созидательной деятельности. Такие люди впадают в отчаяние, в депрессию, привязываются к алкоголю, к наркотикам, к половым извращениям – и в конечном счете погибают.

Если трудом мы называем всякую целесообразную деятельность и если в результате ряда целесообразных превращений первобытные биологические клетки переродились ныне в живых людей, то чей труд преобразовал первичную клетку в мыслящего человека? Труд живой клетки? Но разве первичная клетка обладала каким-нибудь умом, чтобы заниматься целесообразной деятельностью?

Если даже предположить, что первичная клетка обладала какой-то примитивной формой ума и целесообразно трудилась, создавая человека, то возникает следующий вопрос: чей труд превратил неживую материю в живую клетку??? Труд неживой материи или неразумной природы? Но разве неживая природа или материя обладает умом, чтобы заниматься целесообразной деятельностью?

Нет! Не материя и не природа трудились над созданием человека! Роль природы в создании человека была не больше, чем роль робота с программным управлением в изготовлении деталей. Если робот совершенно бессознательно выполняет механическую работу по целесообразной программе, разработанной интеллектом инженера, то неразумная природа также бессознательно создавала человека по идеальной программе биологического развития, разработанной нематериальным интеллектом Абсолютного Бога.

Всякая деятельность, направленная на разрушение, наносит ущерб творческой деятельности Бога. Поэтому она расценивается Богом как преступление.

Из всего сказанного следует, что труд – это любая целесообразная деятельность, направленная на создание материальных и духовных ценностей. Но человек отличается от других живых существ не только трудом.

2. Существенный атрибут человека

Чедовек, как и все другие живые существа, имеет двойственную структуру – биологическую форму и идеальное содержание. Но тогда возникает вполне резонный вопрос: что же является существенным атрибутом человека, отличающим его от всех других живых существ?

Согласно "диалектическому" материализму и "научному" атеизму, человек отличается от всех других живых существ трудом. Если бы это было так, то муравьи и пчелы были бы "самыми человечными человеками".

Ведь трудом (то есть целесообразной деятельностью) занимаются не только люди, но и муравьи, и пчелы, строящие соты, и птицы, вьющие себе гнезда.

Но смею заверить, что ни муравьи, ни пчелы, ни птицы – от этого в людей никогда не превратятся.

Не каждое двуногое животное является человеком. Если бы отличительным признаком человека от животных было наличие двух ног (хождение на двух ногах), то курицу нужно было бы считать человеком. Если бы наличие двух ног и двух рук было отличительным признаком человека, то всех обезьян пришлось бы считать "человеками".

Если бы речь и сигнально-информационная связь были отличительными чертами человека, то всякое живое существо пришлось бы называть человеком или даже сверхчеловеком, ибо коммуникационная связь между многими видами животных и рыб осуществляется при помощи ультразвуковых волн, более совершенных, чем воздушные.

Человек отличается от всех остальных живых существ, населяющих Землю, прежде всего своим чрезвычайно высоким интеллектом. Высокий интеллект позволяет человеку познавать истину о сути бытия вширь и вглубь. Знание истины помогает человеку сделать правильный выбор между добром и злом. Вследствие этого он стремится к совершенству, становится справедливым и милосердным. Стремление человека к совершенству и справедливости делает его бессмертным. А подлинная любовь сопровождает это бессмертие вечным наслаждением.

Вряд ли какое-либо живое существо, кроме человека, может осознанно стремиться к бессмертию, совершенству духа или каким-либо моральным принципам.

346

Интеллект человека настолько велик, что он обладает свободой воли до такой степени, что оказывается властелином Земли, как сказано в Библии [1]:

"И сказал Бог: создадим человека по образу и подобию нашему, и да владычествуют люди над рыбою морскою, и над птицами небесными, и над скотом, и над всею Землею, и над всеми гадами, пресмыкающимися на Земле".

Человек – относительное подобие Абсолютного Бога. Поэтому существенными атрибутами человека, отличающими его от всех других видов живых существ, прежде всего являются его моральные и духовные ценности: позитивная воля, чрезвычайно высокий интеллект, творческие способности, высокая мораль, умение любить, милосердие и т.д.

Проще выражаясь, важнейшими атрибутами человека являются духовные ценности, высокая мораль и творческие способности. Если утрачиваются духовные ценности, высокая мораль и творческие способности, то утрачивается фундаментальная суть человека.

Но не все люди одинаковы. Они отличаются друг от друга прежде всего качеством своей воли – положительной или отрицательной. Человек отрицательной воли и низкой морали идет по преступному пути ненависти и зла. Поэтому он перестает быть подобием Бога и превращается в его противоположность.

Человек положительной воли и высокой морали идет по нравственному пути любви и милосердия. Поэтому он вечно развивается, совершенствуется и становится относительным подобием Абсолютного Бога. Такой человек понимает бессмысленность всякой жестокости. Он сознает чужую боль, как свою собственную.

На определенной стадии своего развития человек не только ищет смысл в своей жизни, но и успешно решает в более или менее полной форме проблему этого смысла.

Сначала он начинает понимать, что материальные ценности являются не единственной категорией ценностей. Далее он обнаруживает, что кроме материальных ценностей существуют еще и духовные. Затем он отдает предпочтение духовным ценностям, а материальные ценности рассматриваются им лишь как временный инструмент, обслуживающий его вечную душу. В конечном счете он приходит к Богу.

3. Хотение и желание

Есть еще одно очень важное свойство, отличающее человека от животных, – это умение подчинять нецелесообразные чувства целесообразному рассудку.

Хотениями мы называем биологические потребности генетических кодов живого организма. Образно их называют **животными потребностями**. **Желаниями** мы называем нефизические потребности индивидуальной воли. Хотение – материальная категория, а желание – идеальная. Желания, как и хотения, могут быть позитивными и негативными, целесообразными и нецелесообразными.

Существенной чертой человека, отличающей его от животного, является не столько труд и членораздельная речь, сколько его способность подчинять негативные и нецелесообразные "хотения" своих генетических кодов своей позитивной и целесообразной воле. Но тогда возникает вполне уместный вопрос: почему же абсолютно совершенный Бог снабдил генетические коды человека такого рода нецелесообразными хотениями?

Ответ простой: нецелесообразные хотения генетических кодов необходимы для эффективного развития целесообразной воли. Если бы их не было, то целесообразная воля не могла бы развиваться столь эффективно.

Нецелесообразные хотения генетических кодов перестают быть нецелесообразными уже в процессе их преодоления целесообразной волей. Именно благодаря сопротивлению такого рода "хотений" целесообразная воля получает свое развитие. Поэтому нецелесообразные хотения генетических кодов становятся целесообразными в той же мере, в какой мере физическая нагрузка целесообразна для развития мускулов. Такого рода "нецелесообразные хотения" являются своеобразными "гантелями" духовного развития целесообразной воли.

Злые люди причиняют нецелесообразную боль добрым и несут за это заслуженное наказание в ином мире. Нецелесообразные страдания праведной личности перестают быть нецелесообразными уже в процессе преодоления страданий целесообразной волей. Именно благодаря сопротивлению такого рода страданий праведная личность получает свое неуклонное развитие. Поэтому страдания, причиняемые злыми людьми добрым, становятся целесообразными в той же мере, в какой мере физическая нагрузка целесообразна для развития мускулов. Такого рода "нецелесообразные страдания" являются своеобразными "гантелями" духовного развития праведной личности.

4. Человек и мораль

Растение является промежуточным звеном между неживой материей и животным миром. Оно состоит из биологических клеток и даже имеет какую-то примитивную "нервную систему". Тем не менее, растение не сознает какой-бы то ни было боли, потому что у него нет никакого ума, никакого сознания. Животное отличается от растения тем, что обладет каким-то примитивным умом и поэтому понимает свою собственную боль, но не понимает чужой боли. Человек возвышается над животным своим высоким интеллектом, вследствие чего он понимает не только свою, но и чужую боль. Поэтому злодей, который не понимает чужой боли и уничтожает безвинных людей в газовых камерах, является по сути дела не человеком, а двуногим животным в образе человека.

Для оценки умственных способностей человека в США устраивают тесты: чем быстрее и больше задач решает человек в единицу времени, тем он считается умнее. Я позволю себе не согласиться с таким подходом и оценкой не потому, что мое мышление медленное и тщательное, а потому, что один компьютер, не обладающий вовсе никаким идеальным интеллектом, может решить быстрее и больше задач, чем тысяча умнейших ученых. Быстрота – это количество. А ум – это качество. Интеллект человека следует прежде всего оценивать по его отношению к другим людям, к Богу, к жизни. Чем умнее человек, тем выше у него мораль, тем он видит больше смысла в доброте и любви. Чем глупее человек, тем больше не хватает ему ума, чтобы понять бессмысленность всех своих злых деяний.

Умный человек никогда не убъет другого безвинного человека! Ибо нет в этом убийстве для него никакой пользы, кроме греха и горя. Разве Андропов прожил больше или лучше от того, что сбил гражданский авиалайнер и погубил сотни ни в чем не повинных людей?

Разве можно сравнить бесчеловечность Гитлера, уничтожившего десятки миллионов людей, с бесчеловечностью волка, съевшего всего несколько десятков кроликов? И можно ли вообще такого "человека", как Гитлер, назвать человеком?

Хороший человек намного лучше всякого животного, но плохой человек – намного хуже любого волка.

Немецкий фашист два года неустанно шел из Берлина до Кавказа для того, чтобы убить там еврея, который никогда его не видел и который никогда его не трогал. Он осуществил свою мечту и убил еврея. А затем был убит сам. Тогда я задаю вопрос: каков моральный облик этого человека?

Советский юноша оставил свою мать в Москве и улетел в Кабул специально для того, чтобы убить афганца, который никогда его не видел и который никогда его не трогал. Он убил афганца, а затем был убит сам. Тогда я задаю вопрос: каков моральный облик тех людей, которые посылали мирных юношей на бессмысленную смерть?

Неизвестный юноша прилетел откуда-то в Нью-Йорк специально для того, чтобы взорвать себя и как можно больше американцев, которые никогда его не трогали. Тогда я задаю вопрос: можно ли такого "человека" называть человеком?

Бесчеловечность плохого человека проявляется не только в убийствах, но и в безнравственном поведении. Приведу пример.

Я еду в метро. В вагоне было так тесно, что людям было негде не только сесть, но и стоять. Однако один молодой парень "умудрился" занять шесть мест. Люди боялись его потревожить. Однако другому (пожилому) мужчине стало стыдно за него, и он попросил его уступить свободные места другим. Тогда молодой человек поднял на него свой суровый взор и сказал: "Исчезни с моих глаз, пока мой нож не оказался у тебя в животе". Пожилой человек бросился искать полицейских, но их, как правило, не оказывается там и тогда, где и когда они нужны.

5. Человек и собака

Произошло это в городе Нальчике в октябре тревожного 1942 года, когда мне было всего 10 лет. Я и мой товарищ шли по улице. Вдруг на небе появились необычные самолеты. Не успели мы опомниться, как на нас посыпались бомбы. Все кругом рушилось, дома горели, куски человеческих тел валялись на земле. Мой товарищ исчез, от него осталась одна галоша. Я в растерянности схватил эту галошу и изо всех сил побежал домой. Дом наш был весь в дыму. Во дворе меня встретила моя собачка Шарик. Она периодически подбегала ко мне и убегала от меня, показывая тем самым мне дорогу в бомбоубежище. Когда таким образом она завела меня в бомбоубежище, она села рядом со мной, отдышалась и успокоилась.

Тогда я задаю вопрос: кто есть человек и кто

есть животное: тот, кто сыпал с неба на мою бедную голову бомбы или тот, кто, рискуя своей собственной жизнью, пытался спасти меня от бомбежки?

А вот другой эпизод: я шел по улице. Увидев меня, дворовая собака начала лаять. Хозяйка вышла и сказала: "Бобик, перестань лаять на прохожих". И собака замолкла.

Тогда я задаю вопрос: кто есть человек и кто есть собака: тот, кто понимает или тот, кто не понимает человеческого языка?

Собака лишь тогда кусачая, когда жизнь у нее собачая. Хорошая собака – благодарный друг человека. Если мы называем хорошего человека собакой, то мы оскорбляем человека, а если мы называем собакой плохого человека, то мы оскорбляем не человека, а собаку.

6. Волки и олени

Собака – это волк, хорошо воспитанный в домашних условиях Если это так, то почему волки съедают оленей?

Согласно основному закону природы, олени не могут существовать без волков точно так же, как волки – без оленей. Если не было бы волков, то один больной олень мог бы заразить и умертвить все стадо. Когда волки гонятся за стадом оленей, здоровые и молодые олени вырываются вперед, а старые и больные отстают. Съедая отстающих, волки предохраняют оленей от долгой и мучительной смерти.

7. Сытые тигры

"Высокопоставленная" публика в могущественной Римской империи наслаждалась кровью, пролитой гладиаторами на арене. Но иногда ей этого было мало. Тогда на арену выпускали не гладиаторов, а малолетних детей и тигров. Высокопоставленная публика наслаждалась зрелищем, как лютый тигр терзает и ест живого ребенка.

Однажды на арену выпустили двух еврейских детей: мальчика и девочку. Высокопоставленная публика замерла в ожидании любимого зрелища. Каково же было удивление и разочарование публики, когда лютые тигры не стали есть этих детей, а стали с ними играть. Разочарованная публика все-таки по какой-то неизвестной причине проголосовала за то, чтобы отпустить этих детей на свободу. Видимо, в ней проснулось изначальное чувство человечности. Позже выяснилось, что в тайне от императора тигры были предварительно откормлены досыта надзирателем.

Отсюда мы делаем вывод о том, что тигры и волки едят свою жертву по необходимости, ради утоления голода, а не ради забавы. Тогда я задаю вопросы: чем отличаются дикие волки и тигры от тех людей, которые наслаждались людской кровью, пролитой на арене "цирка"? И можно ли таких кровожадных "людей" называть людьми?

К моему великому сожалению, не только в древнем Риме, но и в современном обществе существуют структуры, воспитывающие в подрастающем поколении дурной вкус к "мордобитию".

8. Домашняя кошка и злой дух

В отличие от хорошо воспитанной собаки, в кошке, как правило, воплощен злой дух, который трудно перевоспитать. Говорят, что вороватая кошка желает своему хозяину ослепнуть, чтобы она могла безнаказанно воровать у него сметану, пироги, курицу или что-нибудь еще, см. басню Крылова "Кот и повар".

9. Кругооборот биологических организмов

Согласно закону развития материальных категорий по закону замкнутого цикла, в природе существует следующий круговорот: человек ест курицу, курица съедает червей, а черви едят человеческий труп – и все это запрограммировано Богом. Но почему?

Во-первых, потому что если бы живые существа не ели друг друга, то вся поверхность нашей Земли давно покрылась таким толстым слоем трупов, что жизнь на ней оказалась бы невозможной.

Во-вторых, каждое живое существо берет свое тело "в долг" у природы и оно рано или поздно должно его вернуть.

В-третьих, согласно закону равновесия противоположных интересов, если какой-то вид живого существа съел тело другого вида, то он должен быть съеден кем-то третьим.

Однако ни одно живое существо не ест другого в рамках своего вида. Тигр не ест тигра, волк не ест волка, змея не ест змею и даже кошка не ест кошку. В весьма редких случаях злая кошка ест своих новорожденных котят, предварительно обмокнув их в золу или грязь, чтобы скрыть от самой себя тот гнусный факт, что она ест своих собственных детей. Только лишь бесчеловечный "человек" сознательно ест другого человека в прямом или переносном смысле этого слова.

10. Человек и ящерица

Я смотрю на ящерицу и думаю: "О Боже! Спасибо тебе за то, что ты сотворил меня человеком, а не ящерицей". Тогда ящерица подбежала, уставилась на меня глазами и открыла рот, словно хочет сказать: "О Боже! Спасибо тебе за то, что ты сотворил меня ящерицей, а не человеком".

Каждое живое существо имеет свое земное назначение, и поэтому каждому виду живого существа дорог его образ жизни.

Бог создал многообразие живых существ для того, чтобы каждая душа могла перевоплотиться по своему назначению в тот вид живого существа, который она заслужила в предыдущей физической жизни. Если какая-то собака ведет себя "человечно" – значит, в прошлой жизни она была человеком. Если какой-то человек ведет себя "бесчеловечно" – это значит, что в прошлой жизни он был каким-то другим живым существом.

39
СМЫСЛ ЖИЗНИ
И НАЗНАЧЕНИЕ ВСЕЛЕННОЙ

1. Назначение души человеческой.

Совершенство Абсолютного Бога не было бы абсолютным без великой любви. Поэтому Бог сотворил объект любви своей, которого мы называем духом или душой. При этом Бог хочет, чтобы души человеческие были достойными объектами его любви.

В то же время если бы Бог создал другую абсолютную категорию, то она стала бы его составной частью и не была бы внешним объектом его любви. Такого рода любовь Бога оказалась бы "эгоистичным себялюбием", а не любовью. Если бы сотворенный Богом дух был несовершенным вовсе, то он стал бы противоположностью Бога и не заслуживал бы его любви. Вот почему Абсолютный Бог и решил создать идеальную душу человеческую, как **относительное** подобие свое, а не как свой **абсолютный** эквивалент.

Все это значит, что **назначение души человеческой заключается в том, чтобы быть достойным и вечным** объектом любви Абсолютного Бога.

2. Назначение идеальной вселенной

Чтобы быть достойным объектом божественной любви, душа человеческая должна стать относительным подобием Абсолютного Бога. Чтобы стать относительным подобием Абсолюного Бога, душа должна вечно развиваться. Для вечного развития душа нуждается в сфере существования и во времени.

Процесс развития от небытия к совершенному бытию невозможен без пространства и времени. Поэтому Абсолютный Бог, существующий в вечности без всякого пространства и без всякого времени сотворил душу человеческую вне себя, то есть в относительном пространстве и в относительном времени.

Идеальные вселенные являются сферой существования человеческих душ, которая **предназначена** *для их вечного развития. В процессе своего циклического развития душа каждый раз переходит из менее совершенной в более совершенную идеальную вселенную, как ученик средней школы переходит из класса в класс.*

3. Назначение человека на бренной Земле.

И сотворил Абсолютный Бог в начале идеальную вселенную и первобытных духов, которые были совершенно независимы друг от друга и ни в чем не нуждались. Беззаботная и независимая жизнь была сплошным наслаждением, ни к чему не обязывала и поэтому не способствовала развитию душ.

Черное невозможно видеть на черном фоне. Белое невозможно видеть на белом фоне. Белое хорошо просматривается только лишь на черном фоне. Совершенно аналогично, полная независимость человеческих душ может быть хорошо осознана только лишь в сравнении с зависимым положением людей друг от друга. Духовные наслаждения человека могут быть хорошо осознаны только лишь не фоне его физических страданий. В то же время интеллект человеческий обязан четко различать наслаждения от страданий, белое от черного, хорошее от плохого, добро от зла и т.д. Это значит, что примитивные души нуждаются в исправлении. Высокий интеллект в таком исправлении не нуждается.

Поэтому Бог создал физическую Вселенную, где все люди зависимы друг от друга, где нет развития без труда, наслаждения без страдания, любви без ненависти и т.д.

Сотворил Бог биологическое тело человеческое из праха земного и погрузил в него идеальную душу человеческую с целью ее ускоренного развития. И сказал Бог человеку так:

– В поте лица своего ты должен трудиться и страдать для того, чтобы построить на Земле справедливое человеческое общество добра без зла, любви без ненависти, блаженства без страданий и свободы без насилия. Только лишь тогда ты сможешь оценить тот идеальный рай, который я для тебя построил в Идеальном Мире.

Финальной целью сотворения человека являются: совершенство его души и построение совершенного человеческого общества на Земле.

Назначение бренного человека на Земле – это построение Земного Рая, то есть совершенного человеческого общества любви без ненависти, милосердия без злодейства, счастья без трагедии, наслаждения без страданий, свободы без насилия, добра без зла и т.д.

Человеку представляется такая возможность один раз за каждые 6000 лет. Мы можем построить такое общество до 2240-го года. Если до этого времени мы не справимся с этой задачей, то на

Земле произойдет тоталитарная катастрофа, после которой в живых останутся считанные люди. Тогда развитие человечества начнется сначала – от кирки и лопаты..

4. Назначение физической Вселенной

И создал Абсолютный Бог идеальную душу человеческую по относительному подобию своему. И любил он ее, как самого себя. И даровал он ей свободу выбора между добром и злом без права на ошибку. И разделились все души на добрых и злых. Но каждая душа человека независима от другой и поэтому не может проявить ни милосердие свое ни ненависть свою.

Народная мудрость гласит: если хочешь испытать друга своего на верность и преданность, дай ему власть и богатство. Затем притворись, что ты якобы зависишь от него.

Если хочешь испытать душу человеческую на верность и преданность, то сотвори для нее иллюзорный мир, в котором она приобретет уверенность в том, что она якобы наделена властью и богатством, а все другие люди якобы зависят от нее.

И сотворил Бог физическую Вселенную для того, чтобы испытать души человеческие на добро и зло. Испытание всех людей на добро и зло возможно, если сделать их завсимыми друг от друга. Чтобы злые люди не могли причинять действительную боль добрым людям, земная жизнь, как и вся физическая Вселенная, должна быть иллюзией, которую мы называем "коллективным сновидением". И погрузил Бог души человеческие в "коллективное сновидение" земной жизни для того, чтобы испытать их на добро и зло.

Наша физическая жизнь на бренной Земле воспринимается нашими душами, существующими в иной, идеальной вселенной, как "коллективное сновидение".

Всякое однообразие есть враг совершенства. Это значит, что однообразное наслаждение идеального духа неприемлемо для его развития на пути к совершенству. Интеллектуальный дух неуклонно стремится к совершенству, желает разнообразия и протестует против однообразия. Вот почему Бог создает физический мир, как дополнительное поле действия и развития для идеального духа.

Таким образом, для развития человеческих душ, существующих в идеальной вселенной, необходимо сотворение физической вселенной. Наша физическая Вселенная предназначена:

1) в качестве колыбели любви человеческой для освобождения души от несусветной ржавчины черствого эгоизма;

2) в качестве курсов повышения совершенства человеческих душ;.

3) в качестве испытательного "полигона" для испытания души на соблазн с целью выбрать добро и отсеять зло;

4) в качестве "исправительно-трудового лагеря" для исправления "блудных" душ;

5) в качестве наказания неисправимых преступников путем изъятия их из дальнейшего обращения;

6) в качестве контрольно-пропускного пункта для запрограммированного отбора лучших душ – строителей светлого будущего на Земле;

7) в качестве базы для построения в будущем прекрасного человеческого общества: общества истины без лжи, общества любви без ненависти, общества милосердия без зла, общества справедливости без вероломства. Если человечество образумится и станет на верный путь, то придет Мессия (Мошиах) и построит рай на Земле. Мошиах – это тот, чья душа перестрадала больше всех остальных душ. Если же человечество не образумится и останется на неверном пути зла и насилия, то в скором будущем произойдет тотальная катастрофа (**ахир–заман**), после которой в живых останутся только лишь праведные люди.

5. Смысл физической жизни человека на бренной Земле, см. [25], стр.10.

Плоть человека рождается из "праха земного", развивается, расцветает, стареет и в конечном счете неизбежно превращается в "прах земной". Тогда я задаю вопрос: есть ли какой-нибудь смысл в том, что она возникла из праха земного и превратилась снова в прах земной?

Детство, молодость, зрелость, старость, здоровье, секс, богатство, роскошь, успех, слава – всему этому со временем приходит неизбежный конец. Разве может иметь смысл в конце концов то, что неизбежно кончается?

Всякое временное явление имеет конец. Все, что кончается безвозвратно и бесследно – не имеет смысла. Однако человек не умирает безвозвратно. Безвозвратно умирает только лишь его временная физическая форма. После каждой физической смерти идеальное содержание человека (то есть его душа) перевоплощается в свежее биологическое тело новорожденного ребенка. Количество таких перевоплощений может быть сколь угодно большим, а духовные наслаждения человека сколь угодно вечными, если человек на протяжении всех своих физических жизней будет оставаться верным принципам любви и милосердия.

Поэтому **смысл физической жизни** *праведного человека заключается в бессмертии любви и вечном духовном блаженстве. Если бы не было бессмертия любви и вечного блаженства души человеческой, то в физической жизни бренного человека не было бы никакого смысла.*

Физическая Вселенная неизбежно должна погибнуть примерно через 36 миллиардов земных лет. Вместе с ней неизбежно погибнет все материальное, все физическое. Поэтому если бы не было идеальных вселенных и перевоплощения душ, то человек не мог бы пережить свою физическую Вселенную. Тогда в физической жизни любого человека не было бы никакого смысла.

Смысл невозможен без интеллекта. Именно поэтому целесообразное развитие не имеет абсолютно никакого смысла для самой неживой и неразумной материи, которая ни в коем случае не могла бы целесообразно развиваться без потустороннего интеллекта. Целесообразная эволюция живой и неживой материи недвусмысленно указывает на наличие потустороннего интеллекта.

6. Смысл духовной жизни человека – *бессмертие, подлинное счастье и вечное приближение души человеческой к абсолютному совершенству по закону логарифмической спирали.*

40
ПРЕДПОСЫЛКИ РАЗВИТИЯ ЛИЧНОСТИ

1. Конфликт и сотрудничество (conflict and co-operation)

Каждая личность уникальна, ибо она прежде всего обладает своей собственной волей, которая хотя бы чем-нибудь отличается от воли всех других личностей. Если бы некоторое множество личностей стали абсолютно одинаковыми, то множество личностей превратилось бы в одну личность, а отдельная личность утратила бы свою суть, то есть она бы обезличилась и перестала существовать. Таким образом, различие воли делает все личности по самой сути своей противоположными категориями по отношению друг к другу. Тем самым свобода воли каждой личности ограничивается свободой воли всех остальных личностей. Для успешного развития каждой личности прежде всего необходимо, чтобы между противоположными интересами всех людей существовало гармоническое равновесие, которое я называю **справедливостью**.

2. Познание истины – долг перед Богом

Чтобы быть справедливым и сделать правильный выбор между добром и злом, необходимо знать истину, а чтобы познавать истину, необходимо обладать умом. Поэтому Бог наградил человека интеллектом и предоставил ему возможность познания истины. Развитие души человеческой начинается со свободы выбора: познавать или не познавать истину. Если личность познает истину, то она развивается и совершенствуется. Если же личность не познает истину, то она увядает и погибает.

Чтобы личность человека не впадала в роковое заблуждение, Бог наградил ее интеллектом. Человек обязан пользоваться этим подарком, то есть он должен совершенствовать свой интеллект и приобретать как можно больше достоверных знаний. Вот почему научное познание истины о сути бытия является не праздным делом, а священным долгом каждого современного человека перед Богом. Вот почему те сильные мира сего, которые стремятся держать народные массы в атеистическом заблуждении, совершают тяжкий грех против Бога и всего человечества.

3. Количество знаний и качество интеллекта.

Когда Бог сотворил душу человеческую, он наградил ее умом и свободой воли без права на ошибку. Поэтому изначально все души имели совершенно одинаковый ум и совершенно одинаковые возможности для своего развития. Однако по своей собственной воле одни души проходили тяжкий путь познания истины более интенсивно, другие менее интенсивно, а третьи предпочитали заниматься чепухой и не познавали истину вообще. Согласно диалектическому закону перехода количесва в качество, **какое-то конкретное количество накопленных знаний неизбежно приводит к изменению качества интеллекта.** Чем больше объем знаний – тем выше качество интеллекта. В результате в процессе перевоплощения душ ныне все люди оказались совершенно разными по качеству не только воли, но и интеллекта. Одни люди рождаются талантами, другие – обывателями, а третьи – примитивными.

Если у тебя здоровый мозг и красивое тело, то в этом нет твоей заслуги, в этом заслуга Бога и родителей твоих.

Если ты познавал святую истину, развивал свой ум, совершенствовал тело свое и дух свой, то в этом полностью заслуга твоя.

Если человек не пользовался умом своим и поэтому утратил его, если по незнанию своему он не сберег свое тело и изуродовал свой дух – то в этом вина его самого.

4. Абсолютное совершенство есть предел относительного

Абсолютная категория может быть одна и только лишь одна-единственная. Поэтому абсолютно совершенным может быть только лишь Бог. Человек – всего лишь относительное подобие Абсолютного Бога. Поэтому человек не может быть абсолютно совершенным. Абсолютное совершенство Бога выступает как недосягаемый предел, к которому праведная душа человеческая должна приближаться вечно, хотя она никогда этого не достигнет. Такое относительное приближение идеальной категории к абсолютной протекает, как было сказано выше, по закону логарифмической спирали.

Однако далеко не все люди четко представляют себе бесконечное количество витков логарифмической спирали. А без этого трудно понять существенное отличие абсолютной категории от относительной. Поэтому поясним разницу между абсолютными и относительнымы категориями на примере десятичной дроби.

Для абсолютных категорий не существует понятий "больше или меньше", "лучше или хуже" и т.д. Такие понятия существуют только лишь для относительных категорий.

Если абсолютную категорию мы принимаем за 100%, то в десятичной дроби она принимается за единицу. Тогда относительная, бесконечно возрастающая, кактегория может быть выражена десятичной дробью = 0,9999999999............., где количество девяток равно бесконечности. Сколько девяток мы бы ни поставили в этой дроби, она всегда будет меньше единицы. Совершенно аналогично, как бы ни развивалось совершенство относительной категории, она всегда будет оставаться ниже абсолютного совершенства. Поэтому абсолютное совершентво есть предел развития относительного совершенства.

Совершенство Абсолютного Бога есть предел, к которому всегда должно приближаться совершенство души человеческой.

Праведной мы называем личность духа, совершенство которого вечно приближается к абсолютному совершенству Бога по закону логарифмической спирали, хотя она никогда его не достигнет.

Большинство современных людей находятся на той стадии своего духовного развития, когда они **уже** не хотят просто "верить" (в религию), но **еще** не могут разобраться в научных доказательствах.

41
ПАРАДОКСЫ БЫТИЯ

> Умение отличать добро от зла
> – это самая важная и вместе с тем
> самая трудная проблема.
>
> Исай Давыдов

1. Парадокс – это кажущаяся нелепость, очевидное невероятное. Много лет назад профессор Сергей Петрович Капица в своих телевизионных передачах убедительно показал, что нередко очевидные вещи кажутся нам невероятными, а невероятные – очевидными.

Для подлинного счастья индивидуальной личности необходимо бессмертие ее души. Бессмертие души возможно только лишь в том случае, если человек ведет себя на Земле правильно в полном соответствии с заветами и законами Абсолютного Бога. А для этого надо уметь четко отличать "правильное" от "неправильного", хорошее от плохого, истину от лжи, добро от зла, счастье от трагедии, любовь от ненависти, друзей от врагов, преступника от жертвы преступления и т.д. Но сделать это не так просто. Поэтому привожу здесь некоторые (наиболее важные!) парадоксы бытия.

2. Парадокс души и тела
Человек имеет двойственную структуру — материальную форму и идеальное содержание. Материальная форма – это весомое и зримое тело, которого в объективной действительности нет. Идеальное содержание – это невесомая и незримая

душа, которая существует в объективной действительности. Когда тело умирает, душа пробуждается от сна. Когда тело рождается, душа погружается в "коллективное сновидение". Физическая жизнь человека – это коллективное сновидение его души.

3. Парадокс жизни

Нам ошибочно кажется, что физическая жизнь является единственной формой жизни. На самом же деле в объективной действительности существует только лишь вечная жизнь независимых душ. А физическая жизнь является всего лишь "коллективным сновидением" идеальных (нефизических) душ.

Иллюзорное представление всех людей о нашей физической жизни одинаково, потому что все люди имеют одинаковые органы чувств. Вот почему "сновидение" наших душ о земной жизни является коллективным, а не индивидуальным. Если бы все люди имели разные органы чувств, то все они представляли бы одну и ту же физическую жизнь различной.

Если бы Бог наградил нас не шестью органами чувств, а миллиардами, то мы представляли бы нашу физическую жизнь миллиардно-гранной, а не "шести-гранной".

4. Парадокс объективности

Нам ошибочно кажется, что в мире объективно существует только лишь то, что мы можем щупать руками, слышать ушами, видеть глазами или регистрировть приборами. На самом же деле в объективном мире нет и не может быть ничего физического, так как всякая физическая категория представляет собой нулевую сумму противоположных компонентов.

Наоборот, в объективной действительности существует все то, что мы можем обнаружить своим интеллектом, если даже **не можем** видеть это глазами, слышать ушами, щупать руками и регистрировать приборами. Например: ум, мысль, душа, Бог и т.д.

5. Зрительный парадокс и обман зрения

Мы видим окружающие нас предметы не глазами, а умом своим. Наши глаза – это всего лишь инструмент, с помощью которого наш интеллект "видит" все то, что мы видим. Наши глаза часто нас просто-напросто обманывают. Например, они показывают нам гигантские звезды маленькими. С помощью сложных расчетов и умозаключений наш интеллект не позволяет нашим глазам обманывать нас, см. [58], стр.59–60.

Еще никто и никогда не видел своего собственного лица своими собственными глазами. Человек может "видеть" лицо свое только лишь через посредство зеркала и умозаключений.

6. Парадокс физической Вселенной

Физическое пространство нашей Вселенной создано из отрицательной энергии. А все то, что движется, изменяется и развивается в этом физическом пространстве, создано из такого же количества положительной энергии. Если мы отвлекаемся от физического пространства, то мы на его фоне "видим" несметное множество колоссальных предметов. Если же мы отвлекаемся от физических предметов, то на их фоне мы "видим" громадное физическое пространство. Поэтому для нас (жителей Земли) наша физическая Вселенная является многогранной и имеет громадные размеры.

На самом же деле масса физической Вселенной, как алгебраическая сумма положительной и отрицательной массы, равна идеальному нулю. Поэтому наша громадная физическая Вселенная для внешнего наблюдателя представляет собой всего лишь мерцающую точку, все физические атрибуты которой равны идеальному нулю. Это значит, что **нашей физической Вселенной в объективной действительности нет!** Она – всего лишь иллюзия, создаваемая для нашего интеллекта с помощью наших органов чувств.

7. Парадоксы добра и зла

Образно выражаясь, злодей – это ветер, а его жертва – это пламя. Под действием ветра слабый огонь гаснет, а сильный огонь разгорается еще сильнее. Чтобы противостоять злу, жертва злодейства должна быть достаточно сильной духом. Иначе она может погибнуть.

Первый пример. Рим распял Иисуса Христа на кресте для того, чтобы через 300 лет пасть к его ногам. Если бы его не распяли, то вряд ли падение рабства в Римской империи было столь эффективным.

Второй пример. Из Библии известно, что у малолетнего и милого Иосифа было десять братьев, которые из-за зависти продали его в рабство. Но в Египте он освободился от рабства и стал наместником фараона. Но когда на всей земле бушевал голод, все десять братьев пришли к Иосифу с просьбой спасти их от голодной смерти. И сказал им Иосиф так: "Я Иосиф, брат ваш, которого вы продали в Египет. Но не жалейте об этом. Бог послал меня сюда, чтобы сохранить вашу жизнь. Идите и пригласите ко мне отца. Только два года длится голод, еще пять лет неурожайна будет земля, а я поселю вас в земле Гесем и прокормлю все эти годы." Плакал Иосиф и целовал Вениамина, и всех братьев своих целовал он, и опять плакал, см. [10], стр. 58.

Если бы старшие братья не совершили злодейство, то они не продали бы своего брата в рабство. Если бы Иосиф не был рабом в Египте, то он не стал бы наместником фараона. Так "зло", совершенное старшими братьями против младшего, обратилось в "добро" для младшего брата.

Третий пример. Из Библии известно, что фараон совершал злодейство против евреев, когда истреблял их новорожденных мальчиков. Если бы наглость египетского фараона не превзошла все границы и если бы он не стал убивать еврейских младенцев, то мать Моисея никогда не пустила бы своего младенца по течению реки. Если бы мать не пустила Моисея по течению реки, то Моисей никогда не попал бы во дворец фараона. и не получил бы того образования, без которого он не мог бы открыть миру Бога. Если бы Моисей не попал во дворец фараона, то он никогда не смог бы освободить евреев от рабства.

Вместе с тем, если бы евреи не были рабами у фараонов, то они исчезли бы с лица Земли так же давно, как исчезли природные египтяне. Сейчас от Египта осталось только название, там живут арабы, а не египтяне.

Если бы Моисей не открыл людям Бога, то человечество осталось бы без духовных ценностей. Так злодейство, совершенное фараоном против евреев, обернулось в освобождение евреев из египетского рабства [10].

Четвертый пример. Однажды, не найдя ночлега в одном городе, Акиба был принужден провести ночь вне его стен, под открытым небом. Он без ропота подчинился этому лишению. В эту же ночь лев растерзал его осла, кошка задушила его петуха, пение которого возвещало ему наступление рассвета, и, наконец, ветер потушил его свечу. Единственное замечание, которое сделал Акиба по поводу всех этих неприятностей, было: "Все, что Милосердный делает, к лучшему". Когда рассвело, Акиба увидел, насколько справедливы были его слова: шайка разбойников напала ночью на город и увела в плен его жителей. Сам он избежал этой участи, так как его местопребывание не могло быть замечено в темноте, осел и петух не могли выдать его, [37].

8. Парадокс убийцы

Когда убийца расстреливает свою жертву, он ошибочно думает, что он убил свою жертву. На самом же деле он убил не свою жертву, а самого себя. Душа жертвы перевоплотится в тело новорожденного ребенка и продолжит свою жизнь, а душа убийцы исчезнет навеки и никогда больше не возродится, подробности читай в тридцатой главе. При этом самоубийство наказывается Богом так же, как и убийство.

9. Парадокс наказания

Нам ошибочно кажется, если убийцу осудили и расстреляли, то он наказан. На самом деле наказано лишь его бренное тело, а вечная душа спасена.

Если профессионального убийцу не поймали и не расстреляли, то кажется, что ему якобы удалось уйти от наказания. На самом деле от наказания ушло его бренное тело, которое так или иначе все равно умрет, а вечная душа перестанет быть вечной и погибнет.

10. Парадокс физической боли

Мне кажется, что я несчастен, когда испытываю физическую боль. Однако, на самом деле, своевременная (а не запоздалая) боль необходима для спасения моих органов от смерти.

11. Парадокс страданий

Нам кажется, что физические страдания делают нас глубоко несчастными. На самом же деле незаслуженные страдания – это целесообразная необходимость для духовного развития. Заслуженные страдания очищают наши души от ржавой накипи совершенных грехов.

Еще в свои школьные годы моя дочь Илона писала по этому поводу следующее: "Ничто в жизни не является несчастьем, а только лишь кажется в порыве своей новизны. Из всех вещей, именуемых людьми несчастьем, есть два истинных – смерть близких и болезнь. Все же остальное является необходимым условием для какого-либо нового познания и прозрения.

Как дети боятся и не любят зубных врачей, которые причиняют им боль, не понимая, что эта боль необходима для того, чтобы потом зуб был здоров, так и взрослый человек боится "несчастья", не понимая, что оно нужно. Легкое, беспредельное счастье портит душу человека, делая ее все беспечней и грубей. Может быть, именно поэтому ни один человек не прожил безукоризненно счастливо всю свою жизнь".

В чем тут Илона была права, а в чем – нет? Как советская школьница, она не могла даже предполагать,что своевременная физическая смерть не есть конец, а есть целесообразное освобождение души от накопленной погрешности тела. В этом она была не права. Однако она была безусловно права в том, что тяжкое испытание, именуемое нами "несчастьем", является целесообразной необходимостью для глубокого познания святой истины, без которого подлинное счастье невозможно.

Путь к подлинному (вечному) счастью лежит через земное (иллюзорное) страдание. Земное и бренное страдание – необходимое условие для подлинного и вечного счастья.

12. Парадокс смерти и бессмертия

Нам ошибочно кажется, что физическая смерть человека – это его конец. На самом же деле физическая смерть нужна человеку для целесообразного сброса накопленной погрешности его генетических кодов. После чего человек может начать новую жизнь в другом (здоровом) теле новорожденного младенца. Путь к подлинному (духовному) бессмертию лежит через физическую (иллюзорную) смерть.

13. Парадокс смысла жизни

Если бы физическая смерть человека не сопровождалась периодическим перевоплощением его души, то жизнь человека была бы временной и бессмысленной суетой. На самом же деле перевоплощение души может сделать жизнь человека вечной и целесообразной. Человек может стать бессмертным сразу же после того, как он **поймет** бессмертие души своей.

14. Парадокс правды и лжи

Говорят, что всегда надо говорит правду, а лгать никогда нельзя. На самом же деле нельзя говорить правду тогда, когда она помогает преступнику. Надо лгать тогда, когда ложь спасает жертву от убийцы.

15. Парадокс грубияна

Если Иван грубо, громко и сочно материл Петра, то ему кажется, что он оскорбил Петра, а на самом деле он оскорбил самого себя.

16. Парадоксы волшебства

В сказках рассказывается о том, как волшебник обратил человека в журавля. Возможно ли это в объекивной действительности??? На первый взгляд, кажется, что нет! Но простер человек дрожащие руки свои к господу Богу и вопросил: "Отчего ты не создал меня птицей крылатой?" И услышал Господь Бог просьбу его. И в следующей жизни вселилась душа человека в белого журавля.

17. Парадокс счастья

Земное счастье человека может быть только лишь временным и всеобщим. Оно не может быть вечным или индивидуальным. Вместе с тем подлинное счастье души человеческой может быть только лишь вечным. Оно может быть как индивидуальным, так и общим.

42
РЕШЕНИЕ ПРОБЛЕМЫ ПОДЛИННОГО СЧАСТЬЯ
([25], стр.20-28,79-90)

Удовольствие – это счастье глупцов, счастье – это удовольствие мудрецов.

С.Буффле

1. Терминология

И "сказал" Бог человеку: "Вот сотворил я тебя по образу и подобию моему. И дал я тебе все потенциальные воможности для того, чтобы ты мог стать бессмертиным и счастливым, как я. Но бессмертие свое и счастье свое ты должен построить сам". Но тогда возникает у человека вполне резонный вопрос, поставленный в начале наших исследований: что такое счастье и как его построить?

Счастье – совокупность широкого круга разнообразных и положительных форм наслаждения, сознаваемая высоким интеллектом души человеческой на ее пути к совершенству.

Подлинное счастье – бессмертие любви и вечность многогранных форм духовного наслаждения; сознательное и вечное приближение относительного совершенства человеческой личности к абсолютному совершенству Бога, которого оно никогда не достигнет. Важнейшими атрибутами подлинного счастья являются бессмертие, наслаждение и совершенство. Если утрачивается бессмертие любви, вечность духовного наслаждения или неуклонное приближение к абсолютному совершенству, то подлинное счастье перестает быть подлинным.

Земное счастье – всеобщее, бренное и временное счастье человека на Земле.

Мы четко отличаем подлинное счастье от земного. Существенное различие заключается в том, что подлинное счастье может быть индивидуальным и только лишь вечным, а земное счастье может быть только лишь всеобщим, временным и иллюзорным, как сновидение. Оно не может быть индивидуальным.

Земное счастье каждого человека прежде всего зависит от социальных условий. Следовательно, оно не может принадлежать отдельной личности. Поэтому проблемы земного счастья человека мы рассмотрим в моей следующей книге. Ранее эта задача была поставлена в работе [25], стр.20-34. Здесь я приведу решение проблемы подлинного счастья.

2. Атрибут бессмертия

В соответствствии с теорией перевоплощения душ я должен возразить Николаю Островскому следующим образом: физическая жизнь дается человеку не один раз, тем не менее каждую из них надо прожить так, чтобы обеспечить счастливое бессмертие идеальной души.

Первым и самым важным атрибутом подлинного счастья является бессмертие личности. Если утрачивается атрибут бессмертия, то подлинное счастье перестает быть подлинным счастьем и превращается в бренное и иллюзорное "сновидение".

Согласно генетической программе, созданной Абсолютным Богом, биологическое тело человека рождается из "праха земного", развивается по закону замкнутого цикла, стареет и превращается вновь в "прах земной" независимо от воли самого человека.

Биологическому телу человека, как и любой другой материальной категории, не дано право на вечное существование.

Однако человеку дана свобода выбора без права на ошибку между добром и злом. Если человек прожил свою текущую жизнь на бренной Земле преступно, то его душа теряет право на дальнейшее существование и погибает. Такой человек больше никогда не родится. Если же человек избрал путь любви и милосердия и добросовестно выполнял свой земной долг перед Богом, то Бог дарует ему право на последующую жизнь. Количество перевоплощений может быть сколь угодно большим, вследствие чего душа праведного человека (а следовательно, и личность его) может стать бессмертной.

Путь к подлинному (духовному) бессмертию лежит через физическую смерть, а подлинное счастье человеческой личности возможно лишь тогда, когда она бессмертна.

3. Атрибут наслаждения

Многогранные формы духовного наслаждения человеческой личности также являются существенными атрибутами счастья. Они оцениваются количеством степеней свободы, которые зависят от качества интеллекта. Качество интеллекта зависит от объема знаний. Объем знаний зависит от воли личности.

Высшей формой духовного наслаждения является любовь. Если утрачивается бессмертие любви, то подлинное счастье перестает быть подлинным.

По выражению С. Буффле, физическое "удовольствие – это счастье глупцов”, не способных познавать истину. Духовное “счастье – это удовольствие мудрецов”, познающих истину.

Выражаясь бренным (земным) языком, я счастлив тогда, когда я наслаждаюсь. Я несчастен тогда, когда страдаю. Однако то, что я испытываю (наслаждение или страдание) зависит прежде всего от моих вкусов и от меня самого. Если я смотрю балет на льду, то я наслаждаюсь. Если я смотрю “мордобитие врислингистов”, то я страдаю. Если я ем шоколад, то я наслаждаюсь. Если я пью водку, то я страдаю. Если я люблю, то я наслаждаюсь. Если я ненавижу, то я страдаю. Если я совершаю добро, то я наслаждаюсь. Если мне приходится делать что-то отвратительное, то я страдаю, и т.д. У какого-то другого человека может быть все наоборот. Воспитывая в себе добрые и полезные вкусовые качества, я пытаюсь создать надежную основу для своего счастливого будущего. Следовательно, **наше счастье или несчастье зависит прежде всего от нас самих.**

4. Атрибут совершенства

Подлинное счастье человека прежде всего заключается в его стремлении к совершенству. Чем больше душа познает истину, тем она свободнее и совершеннее. Чем сильнее и чем быстрее человек устремляется к абсолютному совершенству, тем раньше и тем в большей степени он становится подобием Бога.

5. Познание истины

Но тогда возникает вполне резонный вопрос: от чего зависят наше бессмертие и совершенство? Познавайте истину! Она сделает вас свободными, совершенными, бессмертными и счастливыми.

В процессе познания объективной истины человек должен четко отличать истину от лжи, добро от зла, счастье от трагедии, любовь от ненависти, друзей от врагов, преступника от жертвы преступления и т.д.

Никто не радуется глотку воды так, как жаждущий путник пустыни. Никто не оценит хлеб так, как умирающий от голода. Никто не оценит свободу так, как узник темницы. Никто не радуется белому свету так, как прозревший слепец. Никто не оценит мудрость религии так, как прозревший советский ученый, прошедший через все стадии атеистического чистилища. Никто не тянется к справедливости так, как тот, кто выпил до самого дна полную чашу вопиющей несправеделивости. Никто не стремится к мудрости так, как испытавший на себе всю жестокость безрассудства. Высшую степень мудрости может достичь только лишь мученик, испытавший на себе все ужасы страданий и прошедший через все стадии чистилища. Высшая форма подлинного (осознанного) счастья доступна лишь тому, кто достиг высшей стадии мудрости.

Путь к подлинному (вечному) счастью лежит через земные (иллюзорные) страдания.

Земные и бренные "страдания" – необходимое условие для подлинного и вечного счастья.

Если хочешь подлинного счастья, то стремись постичь высшую форму мудрости. Если хочешь взойти к сияющим вершинам мудрости, то протяни руку свою несчастным и обездоленным, гонимым и оскорбленным. Влейся в их ряды и неси вместе с ними всю тяжесть ужасного бремени.

Мудрый человек не может быть жестоким.

Человек, достигший высшей стадии мудрости, смотрит на всех людей, как на братьев и сестер. Он пытается поделиться с ними своей мудростью, учит их, радуется их успехам, если они идут по верному пути; пытается удержать их от неверного шага.

Проблема подлинного счастья решается для каждой личности весьма просто. Для этого нужно всего лишь сделать следующее: следовать законам и заветам Абсолютного Бога, познавать истину о сути своего собственного бытия, понять возможности своего бессмертия, быть всегда милосердным и справедливым, научиться любить каждого другого человека, как самого себя, если он этого заслуживает.

Справедливого и милосердного человека можно считать праведным, если он познает истину и умеет любить. Справедливость и милосердие сделают его душу бессмертной, а любовь доставит ей вечное наслаждение. Познание истины обеспечит вечное развитие души на ее пути к абсолютному совершенству.

Подлинное счастье – это бессмертие, вечное наслаждение и неуклонное развитие интеллектуальной души человеческой. Подлинное счастье души может быть индивидуальным и только лишь вечным. Однако счастье бренного человека на общей Земле не может быть индивидуальным. Земное счастье человека может быть только лишь бренным и всеобщим.

Дорогие читатели! Будьте справедливы, милосердны, бессмертны и счастливы!

ПРЕДМЕТНЫЙ УКАЗАТЕЛЬ

УКАЗАТЕЛЬ ИМЕН

ЛИТЕРАТУРА НА РУССКОМ ЯЗЫКЕ:

1. Библия, Пятикнижие Моисеево.

2. Бабаков И.М. Теория колебаний. - Издательство "Наука", Москва, 1965, 560 страниц.

3. Балашов М.М. Физика, учебник для 9 класса общеобразовательных учреждений. - Издательство "Просвещение", Москва, 1994, 320 страниц.

4. Берг Лев Семенович. Номогенез или эволюция на основе закономерностей. 1922

5. Берг Л.С. Труды по теории эволюции, 1922 - 1930, Л.,1977.

6. Берг Ф.Ш. Введение в каббалу. - Нью Йорк, 1987, 254 страниц.

7. Берг Ф.Ш. Перевоплощение душ. - Нью Йорк, 1989, 278 страниц.

8. Берг Ф.Ш. Астрология. - Нью Йорк, 1989, 292 страницы.

9. Берг Ф.Ш. Зоны времени. - Нью Йорк, 1995, 256 страниц.

10. Библейские истории. - Издательство "Дрофа", Москва, 2000, 288 страниц.

11. Библейский альбом Гюстава Доре. - Малое предприятие "МАР", Москва, 1991, 464 страниц.

12. Биологический энциклопедический словарь. - Советская Энциклопедия, 1986, 832 страниц.

13.Бланк София. Бессмертие.- Publisher "GS Company, Inc.", New York, USA, 2003, 160 pages.

14. Боумэн Кэрол. Прошлые жизни детей. - Издательство "София", Киев, 1998, 320 страниц

15. Введение в философию, учебник для высших учебных заведений СССР. - Политиздат, Москва, 1990, часть первая, 368 страниц.

16. Введение в философию, учебник для высших

учебных заведений СССР. - Политиздат, Москва, 1990, часть вторая, 640 страниц.

17. Виленчик М.М. Биологические основы старения и долголетия. - Знание, Москва, 1976, 160 стр.

18. Гегель Георг Вильгельм Фридрих. Энциклопедия философских наук, Мысль, Москва, 1977.

19. Геометрия, учебник для 10-11 классов с углубленным изучением математики (авторы: Александров и др.). - Издательство "Просвещение", Москва, 1994, 464 страниц.

20. Глазер Р. Биология в новом свете. - Издательство "Мир", Москва, 1978, 174 страницы.

21. Глинка Н.Л. Общая химия, учебник для высших учебных заведений СССР. - Москва, 1980, 720 страниц.

22. Горелик Г.С. Колебания и волны. - Физматгиз, Москва, 1959, 572 страницы.

23. Давыдов И.Ш. (под псевдонимом: Иосиф Соулсон). Миры. - Интернациональный Научный Центр, Нью-Йорк, 1991, 400 страниц.

24. Давыдов И.Ш. Сотворение и эволюция. - Интернациональный Научный Центр, Нью-Йорк, 1997, 384 страниц.

25. Давыдов И.Ш. Познание истины. - Интернациональный Научный Центр, Нью-Йорк, 2004, 424 страниц.

26. Давыдов И.Ш. Бытие .- Интернациональный Научный Центр, Нью-Йорк, 2005, 416 страниц.

27. Давыдов И.Ш. Запрограммированное развитие мира..- Интернациональный Научный Центр, Нью-Йорк, 2005, 416 страниц.

28. Давыдов И.Ш. Оптимальная комплектация зубчатых колес. - В книге: Управление качеством в механо-сборочном производстве,   Тезисы докладов

межобластной научно-технической конференции. Пермский политехнический институт, Пермь, 1973, стр.146-150.

29. Давыдов И.Ш. О параметрических колебаниях в одноступенчатой прямозубой цилиндрической передаче. - Вестник машиностроения, Москва, 1970, №10, стр. 29-31.

30. Давыдов И.Ш. К расчету нелинейных колебаний зубчатых механизмов. - В книге: "Механика машин", Академия Наук СССР, выпуск 58, издательство "Наука", 1981, стр. 3-10.

31.Давыдов И.Ш. Способ решения дифференциальных уравнений с кусочно-линейными периодическими коэффициентами. - Математическая физика, Республиканский межведомственный сборник Академии Наук УССР, издательство "Науково думка", Киев, выпуск 17, 1975, стр.41-48.

32. Дарвин Ч. Происхождение видов путем естественного отбора. - Наука, Спб., 1991, 539 страниц.

33. Диалектический и исторический материализм. - Политиздат, Москва, 1974, 368 страниц.

34. Диалектический материализм, учебное пособие для высших учебных заведений СССР. - Высшая школа, Москва, 1987, 336 страниц.

35. Диалектический материализм, учебник - Мысль, Москва, 1989, 400 страниц.

36. Дубинин Н. П. Генетика и человек. - Просвещение, Москва, 1978, 144 страниц.

37. Еврейская энциклопедия в 16 томах. - Издательство "ТЕРРА", 1991.

38. Естествознание, учебник для 7 класса общеобразовательных учреждений (авторы: Хрипкова и др.). - Издательство "Просвещение", Москва, 1997, 224 страниц.

39. Ефремов Ю. Н. В глубине Вселенной. - Наука, Москва, 1977, 224 страниц.

40. Зельдович Я.Б, Мышкис А.Д. Элементы прикладной математики. - Издательство "Наука", Москва, 1972, 592 страниц.

41. Зоар Парашат Пинхас. - Нью Йорк, 1995, в трех томах.

42. Иллюстрированный энциклопедический словарь. - Большая Российская Энциклопедия, 1995, 894 страниц.

43. Кареев Н.И. Учебная книга древней истории. - Просвещение, Москва, 1997, 320 страниц.

44. Китайгородский А.И. Физика для всех, Фотоны и ядра. - Наука, Москва, 1979, 208 страниц.

45. Комаров В.Н. Атеизм и научная картина мира. - Просвещение, Москва, 1979, 192 страницы.

46. Компанеец А.С. Что такое квантовая механика? - Наука, Москва, 1977, 216 страниц.

47. Косидовский З. Библейские сказания. - Политиздат, Москва, 1987, 464 страницы.

48. Краев А.В. Анатомия человека, в двух томах. Медицина, Москва, 1978.

49. Лазарев С.Н. Диагностика кармы. - Санкт-Петербург, 1999, в четырех книгах.

50. Лайтман Михаэль. Каббала. - Израиль, 1984.

51. Левитан Е.П. Астрономия, учебник для 11 класса. - Издательство "Просвещение", Москва, 1994, 208 страниц.

52. Левитан Е.П. Физика Вселенной. - Издательство "Наука", Москва, 1976, 200 страниц.

53. Лузин Н.Н. Дифференциальное исчисление. - Издательство "Наука", Москва, 1952, 476 страниц.

54. Марков М.А. О природе материи. Москва 1976.

55. Материалистическая диалектика. - Полит-издат, Москва, 1985, 352 страниц.

56. Медников Б.М. Биология: формы и уровни жизни - Издательство "Просвещение", Москва, 1994, 416 страниц.

57. Мелюхин С.Т. Проблема конечного и бес-конечного. - Госполитиздат, Москва, 1958, 264 страницы.

58. Муди Реймонд. Жизнь после жизни - Лениздат, 1991, 94 страниц.

59. Народонаселение, энциклопедический словарь. - Издательство "Большая Российская эн-циклопедия", Москва, 1994, 640 страниц.

60. Научный атеизм, учебник для высших учебных заведений СССР. - Политиздат, Москва, 1976, 288 страниц.

61. Новиков И.Д. Эволюция Вселенной. - Из-дательство Наука, Москва, 1979, 176 страниц.

62. Общая биология, учебник для 10-11 классов общеобразовательных учреждений (авторы: Беляев и др.). - Издательство "Просвещение", Москва, 1995, 288 страниц.

63. Общая биология, учебник для 10-11 классов общеобразовательных учреждений (авторы: Полянский и др.). - Издательство "Просвещение", Москва, 1995, 288 страниц.

64. Основы марксистской философии, учеб-ник. - Политиздат, Москва, 1962, 656 страниц.

65. Основы марксистско-ленинской филосо-фии, учебник. - Политиздат, Москва, 1976, 464 стр.

66. Опарин А.И. Материя ⇒ жизнь ⇒ интеллект. - Издательство "Наука", Москва, 1977, 208 страниц.

67. Пекелис В. Кибернетическая смесь. - Из-дательство "Знание", Москва, 1973, 240 страниц.

68. Поннамперума С. Происхождение жизни. - Издательство "Мир", Москва, 1977, 176 страниц.

69. Привалов И.И. Аналитическая геометрия. - Государственное издательство технико-теоретической литературы, Москва, 1952, 368 страниц.

70. Рыдник В.И. Законы атомного мира. - Атомиздат, Москва, 1975, 370 страниц.

71. Смирнов В.И. Курс высшей математики, том первый. - Физмат, Москва, 1965, 480 страниц.

72. Смирнов В.И. Курс высшей математики, том второй. - Физмат, Москва, 1974, 656 страниц.

73. Смирнов В.И. Курс высшей математики, том третий, часть первая. - Физмат, Москва, 1967, 324 стр.

74. Смирнов В.И. Курс высшей математики, том третий, часть вторая. - Физмат, Москва, 1969, 672 стр.

75. Справочник машиностроителя в шести томах, том 1. - Издательство "Машгиз", Москва, 1961, 592 страницы.

76. Справочник по элементарной физике (авторы: Лободюк и др.). - Издательство "Наукова думка", Киев, 1975, 448 страниц.

77. Тайноведение. Израиль, 1982.

78. Тарг С.М. Краткий курс теоретической механики. - Издательство "Физико-математической лиитературы", Москва, 1963, 480 страниц.

79. Тейлер П. Дж. Происхождение химических элементов. - Издательство "Мир", Москва, 1975, 230 страниц.

80. Теоретические основы классификации языков мира, проблемы родства. - Издательство "Наука", Москва, 1982, 312 страниц.

81. Тихоплав В.Ю., Тихоплав Т.С. Физика веры – Издательство "Весь", Санкт–Петербург, 2003, 254 страниц.

82. Турсунов Акбар. Философия и современная космология. - Политиздат, Москва, 1977, 192 страницы.

83. Угаров В.А. Специальная теория относительности. - Издательство "Наука", Москва, 1977, 384 страницы.

84. Управление, информация, интеллект. - Издательство "Мысль", Москва, 1976, 384 страницы.

85. Успенский П.Д. Новая модель Вселенной. - Издательство Чернышева, Спб, 1993, 560 страниц.

86. Фастов А.В. Атлас зарождения и эволюции жизни на Земле. - Издательство "ЭЛСМО-ПРЕСС", 2001, 96 страниц.

87. Физика, учебное пособие для 10 класса с углубленным изучением физики (авторы: Дик и др.). - Издательство "Просвещение", Москва, 1993, 416 страниц.

88. Философский словарь. - Политиздат, Москва, 1975, 496 страниц.

89. Философский энциклопедический словарь. - "Издательский Дом ИНФРА-М", Москва, 1997, 576 страниц.

90. Шкловский И.С. Вселенная, жизнь, разум. - Издательство "Наука", Москва, 1976, 340 страниц.

91. Шкловский И.С. Звезды, их рождение, жизнь и смерть. - Издательство "Наука", Москва, 1975, 368 страниц.

92. Шорман Н. Вечность и суета. - Издательство "ШВУТ АМИ", Иерусалим, 1989, 210 страниц.

93. Шульман Соломон. Инопланетяне над Россией. - Издательство "Эрмитаж", США, 1985, 208 страниц.

94. Эйнштейн А. Собрание научных трудов, том 1. - Издательство "Наука", Москва, 1965, 700 страниц.

95. Энгельс Ф. Происхождение семьи, частной

собственности и государства, 1884.

96. Эрдеи-Груз Т. Химические источники энергии. - Издательство "Мир", Москва, 1974, 304 страницы.

97. Эрдеи-Груз Т. Основы строения материи. - Издательство "Мир", Москва, 1976, 488 страницы.

98. Ярославский Емельян. Библия для верующих и неверующих. - Госполитиздат, Москва,1958,408 страниц.

LITERATURE IN ENGLISH:

99. Berg Leo. Nomogenesis or evolution determined by law. -The M.I.T. PRESS, London, 1969.

100. Berg Philip. Time zones. - Kabbalah, New York, 1993, 256 pages.

101. Berg Philip. Astrology. - Kabbalah, New York, 1986, 256 pages.

102. Bowman Carol. Children's Past Lives. - Bantam Books

103. Davydov Joseph. God exists, new light on science and creation. - Schreiber Publishing, Washington-New York, 2000, 302 pages.

104. Davydov I.Sh. Parametric vibrations in a single-stage spur gear transmission. - Applied mechanics reviews. Volume 25, #3, March 1972, review #1903, page 284, "The American Society of Mechanical Engineers", New York, USA.

105. Davydov I.Sh. A way of solving differential equations with piecewise linear periodic coefficients. - Mathematical reviews. Volume 56, #1, July 1978, review #3386, USA.

106. Davydov Isay. Vibrations programs. Users manual, New York, 1984, 10 pages.

107. Hawking Stephen. A brief history of time from the big bang to black holes. - Bantam books, New York, 1988, 198 pages.

108. Mind and Brain. A Scientific American Special Report.1994, 11 pages.

109. Ouspensky P.D. A New Model of the Universe,New York, 1971.

110. The Self from Soul to Brain. New York Academy of Sciences, Volume 1001, 2003, 317 pages.

111. Shane Victor. Book of Life. Para - Anchors International, Summerland, CA, 2003, 308 pages.

СПИСОК ОПУБЛИКОВАННОЙ ЛИТЕРАТУРЫ
автора Давыдова Исая Шоуловича

121. Давыдов И.Ш. Дополнительный поворот зубчатого колеса, вызванный перемещениями в опорах. - В книге: Ученые записки Кабардино-Балкарского государственного университета, серия физико-математическая. Выпуск 24. Нальчик, 1965, стр.331-334

122. Давыдов И.Ш. Колебания одноступенчатой прямозубой передачи с упругими опорами. - Известия высших учебных заведений, Машиностроение, Москва, 1966, №12, стр.12-18.

123. Давыдов И.Ш. Области неустойчивости периодических колебаний, происходящих без размыкания контакта зубьев и опор в одноступенчатой прямозубой передаче с упругими опорами. - Известия высших учебных заведений, Машиностроение, Москва, 1967, №1, стр.28-31.

124. Давыдов И.Ш. Параметрические колебания одноступенчатой прямозубой передачи с упругими опорами. - Доклады научно-технической конферен-ции по итогам научно-исследовательских работ за

1966-1967 годы. Энерго-машиностроительная секция. Подсекция теории механизмов и деталей машин. Московский энергетический институт, Москва, 1967, стр. 29-38.

125. Давыдов И.Ш., Шнейдер Ю.Р. Методика моделирования одноступенчатой прямозубой передачи с упругими опорами на аналоговой вычислительной машине. - Доклады научно-технической конференции по итогам научно-исследовательских работ за 1966-1967 годы. Секция автоматики и вычислительной техники. Подсекция применения средств вычислительной техники. Московский энергетический институт, Москва, 1967, стр. 161-167.

126. Давыдов И.Ш. Исследование параметрических колебаний одноступенчатой прямозубой передачи с упругими опорами. - НИИИН-ФОРМТЯЖМАШ, 18-67-94, Москва, 1967, 6 стр.

127. ДавыдовИ.Ш. О невозможности уничтожить параметрические колебания в многопоточных передачах путем согласования фаз изменения коэффициентов жесткости. - Пятое совещание по основным проблемам теории машин и механизмов, тезисы докладов, Москва-Тбилиси, 1967, стр. 225.

128. Давыдов И.Ш. Теоретическое исследование параметрических колебаний одноступенчатой прямозубой передачи с упругими опорами. - Автореферат диссертации на соискание ученой степени кандидата технических наук. Московский энергетическиий институт, Москва, 1967, 19 страниц.

129. Давыдов И.Ш. Особый случай параметрических колебаний одноступенчатой прямозубой передачи с упругими опорами. - Известия высших учебных заведений, Машиностроение, Москва,

1969, №2, стр.66-71.

130. Давыдов И.Ш. О параметрических колебаниях в одноступенчатой прямозубой цилиндрической передаче. - Вестник машиностроения, Москва, 1970, №10, стр. 29-31.

131. Давыдов И.Ш. Влияние угла зацепления на изменение коэффициентов скольжения и ускоренного скольжения прямых зубьев цилиндрической эвольвентной передачи с внешним зацеплением. - Известия высших учебных заведений, Машиностроение, Москва, 1970, №3, стр.49-52.

132. .Давыдов И.Ш. О возбуждении параметрических колебаний в многопоточных передачах. - В книге: "Теория передач в машинах", Академия Наук СССР, издательство "Наука", Москва, 1971, стр.61-69.

133. Давыдов И.Ш. Математическое моделирование трения в зацеплении. - В книге: "Моделирование трения и износа и расчетно-аналитические методы оценки износа поверхностей трения". Тезисы докладов, разделы 1 и 2. Москва-Ростов-на-Дону, 1971, стр.16-23.

134. .Давыдов И.Ш. О возможности существования параметрических колебаний с двойным и более зубцовыми периодами в прямозубой передаче. - В сборнике "Динамика и прочность механических систем", Пермский политехнический инстит, Сборник научных трудов №102, Пермь, 1971, стр.58-62.

135. Давыдов И.Ш. Безразрывные колебания одноступенчатой прямозубой цилиндрической передачи с упругими опорами. - В книге: Повышение надежности и долговечности изделий машиностроения. Пермский политехнический инстит, Пермь, 1972, стр.37-42.

136. Давыдов И.Ш. Определение критической

скорости вращения вала, лабораторная работа по курсу "Детали машин". - Кабардино-Балкарский государственный университет, Инженерно-технический факультет, Нальчик, 1972, 12 страниц.

137. Давыдов И.Ш. Проблема исключения колебаний в прямозубой пердаче. - В книге: "Теория передач в машинах", издательство "Наука", Москва, 1973, стр. 105-110.

138.Давыдов И.Ш. Оптимальная комплектация зубчатых колес. - В книге: Управление качеством в механо-сборочном производстве, Тезисы докладов межобластной научно-технической конференции. Пермский политехнический инстит, Пермь, 1973, стр.146-150.

139. Давыдов И.Ш. Проблема создания синусоидальных форм регулируемых вибраций повышенной частоты механическим путем. - Вибротехника, Материалы международного симпозиума "Теория вибрационных механизмов", Каунас-Вильнюс, 1973, №3 (20) стр. 361-367.

140. Давыдов И.Ш. Расчет параметрических колебаний зубчатого вибростенда. - Тезисы докладов, Научно-техническая конференция по вопросам механизации и автоматизации производственних процессов, Кабардино-Балкарский государственный университет, Инженерно-технический факультет, Нальчик, 1974, стр.23-24.

141. Давыдов И.Ш. Влияние внутреннего трения на вибрацию прямозубого зацепления. - Тезисы докладов, Научно-техническая конференция по вопросам механизации и автоматизации производственних процессов, Кабардино-Балкарский государственный университет, Инженерно-технический факультет, Нальчик, 1974, стр. 25-27.

142. Давыдов И.Ш. Проблмы динамики зубчатых передач. - Труды 4 и 5 научно-технической конференции, машиностроительная серия, Кабардино-Балкарский государственный университет, Инженерно-технический факультет, Нальчик, 1974, стр. 3-5.

143. Давыдов И.Ш. Параметрические колебания прямозубой зубчатой передачи с одной степенью свободы. - Труды 4 и 5 научно-технической конференции, машиностроительная серия, Кабардино-Балкарский государственный университет, Инженерно-технический факультет, Нальчик, 1974, стр. 6-27.

144. Давыдов И.Ш. Возбуждение вибрации в прямозубом эволвентном зацеплении силами трения скольжения. - Труды 4 и 5 научно-технической конференции, машиностроительная серия, Кабардино-Балкарский государственный университет, Инженерно-технический факультет, Нальчик, 1974, стр. 27-40.

145. Давыдов И.Ш. Теория диссипативного возбуждения вибрации в эволвентном зацеплении. - Труды 4 и 5 научно-технической конференции, машиностроительная серия, Кабардино-Балкарский государственный университет, Инженерно-технический факультет, Нальчик, 1974, стр. 40-51.

146. Давыдов И.Ш. Уравнения собственных колебаний прямых зубьев в планетарных передачах. - В книге: Конструирование и производство планетарных передач, Тезисы докладов Всесоюзного научно-технического совещания, Алма-Ата, 1974, стр.211-214.

147. Давыдов И.Ш. Исследование и разработка методов уменьшения динамических нагрузок в

зубчатых передачах. - В книге: "Шестое совещание по основным проблемам теории машин и механизмов", Тезисы докладов, Ленинград, 1975, стр.72-73.

148. Давыдов И.Ш. Способ решения дифференциальных уравнений с кусочно-линейными периодическими коэффициентами. - Математическая физика, Республиканский межведомственный сборник Академии Наук УССР, издательство "Науково думка", Киев, выпуск 17, 1975, стр.41-48.

149. Давыдов И.Ш. Проблема подавления параметрического возбуждения колебаний в прямозубом зацеплении. - Известия высших учебных заведений, Машиностроение, Москва, 1975, №8, стр.21-25.

150. Давыдов И.Ш. Динамические нагрузки в зубчатых передачах. - Кабардино-Балкарский государственный университет, Инженерно-технический факультет, Нальчик, 1975, 32 стр.

151. Давыдов И.Ш. Реальное зацепление прямых эволвентных зубьев. - Кабардино-Балкарский государственный университет, Инженерно-технический факультет, Нальчик, 1976, 118 страниц.

152. Давыдов И.Ш. Детали машин, методические указания по курсовому проектированию. - Кабардино-Балкарский государственный университет, Инженерно-технический факультет, Нальчик, 1976, 126 страниц.

153. Давыдов И.Ш., Чеченов Х.Д. Испытания предохранительных муфт, лабораторные работы по курсу "Детали машин". - Кабардино-Балкарский государственный университет, Инженерно-технический факультет, Нальчик, 1976, 78 страниц.

154. Давыдов И.Ш. Уравнения собственных колебаний зубьев прямозубых колес. - Тезисы докладов, Кабардино-Балкарский государственный

университет, Инженерно-технический факультет, часть 2, Нальчик, 1976, стр. 5-6.

155. Давыдов И.Ш. Влияние внутреннего трения на повышение долговечности эвольвентного зацепления. - Тезисы докладов, Кабардино-Балкарский государственный университет, Инженерно-технический факультет, часть 2, Нальчик,1976, стр. 6-9.

156. Давыдов И.Ш. Управление зубчатым вибростендом. - Известия Северо-Кавказского научного центра высшей школы, Технические науки, Новочеркасск, 1976, №1.

157. Давыдов И.Ш., Гучаев М.Т. Вибростенд для калибровки сейсмических приборов. - Сейсмостойкое строительство, ГОССТРОЙ СССР, Центральный институт научной информации по строительству и архитектуре, Реферативная информация,серия XIV, выпуск 1, Москва, 1978, стр.21-24.

158. Давыдов И.Ш. Уравнения собственных колебаний зубьев прямозубых колес. - Известия Северо-Кавказского научного центра высшей школы, Технические науки, Новочеркасск, 1979, №2, стр.44-48.

159. Давыдов И.Ш. Продольная вибрация при прямолинейном движении стержня. - Вибротехника, Каунас, 1980, №1 (39).

160. Давыдов И.Ш. Дифференциальное уравнение продольной вибрации. - Тезисы докладов десятой республиканской научно-технической конференции по проблемам машиностроения и строительства, Кабардино-Балкарский областной совет НТО и Инженерно-технический факультет Кабардино-Балкарского государственного университета, Нальчик, 1980, стр. 41-42.

161.Давыдов И.Ш. Динамическая оптимальность параметров зацепления. - Тезисы докладов десятой республиканской научно-технической конференции по проблемам машиностроения и строительства, Кабардино-Балкарский областной совет НТО и Инженерно-технический факультет Кабардино-Балкарского государственного университета, Нальчик, 1980, стр. 43-44.

162. Давыдов И.Ш. К расчету нелинейных колебаний зубчатых механизмов. - В книге: "Механика машин", Академия Наук СССР, выпуск 58, издательство "Наука", 1981, стр. 3-10.

163. Давыдов И.Ш. (под псевдонимом: Иосиф Соулсон). Миры. - Интернациональный Научный Центр, Нью-Йорк, 1991, 400 страниц.

164. Давыдов И.Ш. Сотворение и эволюция. - Интернациональный Научный Центр, Нью-Йорк, 1997, 384 страниц.

165. Давыдов И.Ш. Познание истины. – Интернациональный Научный Центр, Нью-Йорк, 2004, 424 страниц.

НЕОПУБЛИКОВАННЫЕ РАБОТЫ
автора Давыдова Исая Шоуловича

165. Давыдов И.Ш. Теоретическое исследование параметрических колебаний одноступенчатой прямозубой передачи с упругими опорами. - Диссертация на соискание ученой степени кандидата технических наук. Московский энергетическиий институт, Москва, 1967.

166. Давыдов И.Ш. Проблемы динамики зубчатых передач. - Диссертация на соискание ученой степени доктора технических наук. Нальчик, 1980, 476 страниц.

ОГЛАВЛЕНИЕ

Дорогие читатели!

С этой и другими книгами Исая Шоуловича Давыдова вы можете ознакомиться в крупнейших библиотеках США, России, Израиля, Канады, Японии и некоторых других стран. Вы также можете их приобрести по почте. Цена каждой книги $25.00. Если вы покупаете 10 книг одним чеком, то их суммарная цена $120.00. Если вы покупаете 20 книг и более, то цена каждой книги $10.00. Пересылка за ваш счет. Мони-ордеры или чеки, платежеспособные в банках США, присылайте на имя

Isay Davydov
17 Filbert Lane
Palm Coast FL 32137
United States of America